国家社科基金
后期资助项目

马克思经济学经典问题阐释与当代发展

An Interpretation of Classic Issues and Modern Development of Marxist Economics

方　敏　著

社会科学文献出版社
SOCIAL SCIENCES ACADEMIC PRESS (CHINA)

国家社科基金后期资助项目
出版说明

后期资助项目是国家社科基金设立的一类重要项目，旨在鼓励广大社科研究者潜心治学，支持基础研究多出优秀成果。它是经过严格评审，从接近完成的科研成果中遴选立项的。为扩大后期资助项目的影响，更好地推动学术发展，促进成果转化，全国哲学社会科学工作办公室按照"统一设计、统一标识、统一版式、形成系列"的总体要求，组织出版国家社科基金后期资助项目成果。

全国哲学社会科学工作办公室

目　录

第一章 绪论

随着我国由传统计划经济体制向市场经济体制转变，现代西方经济学的理论和政策在各个领域和层次的实践中大量引入，由不同经济学说构成的"思想市场"变得更加具有竞争性。这导致在我国理论、政策、意识形态和实践活动中长期占据指导地位的马克思主义政治经济学也受到了较大的冲击，甚至在一段时期内出现了边缘化的趋势。对此，人们往往把原因归结为外部环境的变化。市场经济体制的建立必然导致反映市场经济关系的理论和意识形态兴起。市场主体及其利益的多元化也必然导致经济思想的多元化。然而，把马克思主义政治经济学自身的发展变化完全归因于外部环境的变化是一种回避问题的态度，因为坚持马克思主义政治经济学的指导地位不可能仅仅是出于外部环境的需要而不是其本身所具有的科学性。如果马克思的经济理论是真正科学的理论，并且能够得到深入地和创造性地研究，那么即便在多元化的"思想市场"上，它也不会丧失竞争力，更不会因为市场经济的实践而被取消或者被西方经济学替代。所以，当前维护马克思主义政治经济学的地位的关键在于正确理解其理论的科学意义。

由于众所周知的原因，特别是受到过去一段时期内的教条主义影响，无论是马克思主义政治经济学理论本身还是社会主义实践都被设置了许多错误的界限和障碍，以至于在相当一个时期内，马克思主义政治经济学存在着不发达和欠发展的状况。这种状况直到今天还影响着人们对马克思主义政治经济学理论的基本认识，其中比较突出的有：不是把马克思主义政治经济学首先当成科学的理论来看待，而是注重其改造社会的工具主义价值；不是把《资本论》当成"揭示现代社会的经济运动规律"的分析著作，而是把它与批判资本主义直接画等号。如此一来，《资本论》的副标题"政治经济学批判"所具有的理论革命性就被降低为一种价值判断和道德批判，而马克思的劳动价值论、剩余价值理论等则被简化为维护无产阶级利益的意识形态。由于此类认识偏误，在一段时期内，特别是在社会主义市场经济体制形成后，有人认为马克思主义政治经济学是过时的学说，不具有当代价值，不如与市场和资本具有天然"亲和力"的西方经济学那样具有实用性和建设性。

如果马克思的经济理论是真正科学的，并且可以对其进行深入的和创造性的研究，那么即便在多元化的"思想市场"上，它也不会丧失竞争力，不会被替代或取消。所以我们必须到马克思主义政治经济学的发展状况内部去寻找问题的答案。

马克思主义政治经济学目前存在的突出问题在于它的不发达和欠发展。受过去的教条主义和"苏联范式"影响，马克思主义政治经济学为自身设置了许多错误的界限和障碍，以至于不论是批评者还是捍卫者，都存在许多对马克思主义政治经济学的僵化的和错误的认识。其中最突出的表现如，把马克思的经济理论看成是为其社会理想服务的工具，把他的理论的革命性等同于政治斗争的革命性，把他对资本主义经济制度的批判理解为一种价值判断和道德批判，把劳动价值论和剩余价值理论理解为无产阶级的意识形态。如此一来，在我们进行经济建设和改革的阶段，特别是在实行市场经济体制的情况下，这样一套学说自然不如"亲市场"和"亲资本"的西方经济学那样具有实用性和建设性。这种狭隘的错误的理解事实上构成了马克思主义政治经济学发展的巨大障碍。

为了阐明马克思主义政治经济学的当代价值，本书围绕马克思主义政治经济学的基本性质，分别就其独特性、科学性、有用性和开放性等问题进行论述，同时也说明它与古典政治经济学和新古典经济学的基本关系。

一　马克思主义政治经济学的独特性

"政治经济学"从称谓上简化为"经济学"，这一演变实际上反映了人们对政治经济学研究对象的认识转变。

在古典政治经济学时代，无论是亚当·斯密研究资本主义兴起过程中的财富增长原因，还是李嘉图研究"日益增多的产品赖以分配的规律"，或是马克思研究"资本主义生产方式以及和它相适应的生产关系和交换关系"，政治经济学的研究对象被认为是生产、交换等经济活动的社会性质及其规律。就像约翰·穆勒（1991）所说，政治经济学的研究对象（财富的生产和分配规律）"不属于自然科学的范畴，而是属于道德和社会科学的范畴"。然而，新古典经济学兴起后，政治经济学的研究对象成为"稀缺性迫使人类采取的行为方式"，以及"经济主体的最优化决策"（萨缪尔森语）。经济学成为研究生产和交换（资源配置）的效率的学科，不仅借鉴了许多自然科学的分析工具和研究形式，而且经济学科的性质也和穆勒所说的相背离，更加偏向于自然科学甚至工程学。政治经济学关于生产和交换的社会性质、历史性质的研究很大程度上从经济学的视野内消失了。

造成这种转向的原因并不是二者（古典政治经济学和新古典经济学）对作为物理事实的"稀缺"重视程度不同，不是对人们从事经济活动的效率意见有分歧，甚至也不是对人们的经济利益有不能通约和不可比较的伦理价值判断。二者的根本区别在于看待"生产"这个最基本的经济范畴的方式和重点截然不同。

对于所有的基础经济理论——不管是马克思主义的还是新古典主义的——来说，都如马克思所言，"摆在面前的对象，首先是物质生产"。因为生产活动是人类社会克服稀缺性这个物理事实、满足自身需要的基本途径，是实现人的发展的基本手段。马克思为了分析这一发展过程，抽象出生产力和生产关系这对最基本的经济范畴，并在自己的历史唯物主义学说或社会经济史观当中，提出生产力与生产关系相互适应的基本原理。马克思在这一原理性命题中表明，生产具有二重性，即物质技术属性与社会历史属性的统一，或生产的一般性与特殊性的统一。对于前者，人们认识起来没有什么困难，困难在于理解生产的特殊的历史性质。这种特殊性质是由各种现实的具体的生产关系赋予的。

在马克思看来，约翰·穆勒所谓的"财富的生产规律和条件具有自然真理的特性"，即一切生产阶段共有的一般条件，的确可以在思维上当作一般规定确定下来。但是我们用这些抽象的要素不可能理解任何一个现实的具体的生产阶段。对每个生产阶段的把握必须要靠我们对具体的生产关系、财产形式以及在此基础上表现出来的法权关系等进行分析。其中，生产资料在社会成员之间的分配、社会成员的劳动在各类产品和部门之间的分配是生产的先决条件。因此，如果说分配问题涉及社会制度，生产将必定属于"社会制度的问题"，而不是生产函数表示的物质技术问题。前一期生产的结果（工具和产品的分配）构成了下一期生产的前提。即便是那些被思维抽象出来的所谓生产的"自然前提"（如人口、分工等一般范畴），经过特定生产方式的生产过程，也会从"自然发生的"东西变成历史的东西。① 政治经济学就是要在生产和再生产过程中研究"一般历史条件在生产上是怎样起作用的，生产和一般历史运动的关系又是怎样的"②。

把生产关系、生产的社会历史性质或生产的制度结构作为研究对象，构成了马克思主义政治经济学独特的理论视角，也正是马克思所说的古典政治经济学的正确的传统（"研究了资产阶级生产关系的内部联系"）。以其中最优秀的代表亚当·斯密为例，亚当·斯密的劳动（技术）分工理论为人熟知，但是人们往往忽略了——马克思指明了这一点——斯密虽然是从技术分工入手，但随后就转入了对社会分工的论述。因为无论是增加劳动力的数量还是提高雇佣劳动的生产力——在亚当·斯密看来，这是增加国民财富的两种方法——都有赖于资本积累。而且，分工的深化有赖于市场范围的扩大，这也是和商业资本和商业活动分不开的。虽然亚当·斯密并没有像马克思那样明确规定生产关系是政治经济学的研究对象，但是从他论述的诸多问题和内容来看，无疑属于马克思所说的生产关系的范畴。"正是由于斯密如此看重人与人的社会关系，他的著作——不仅在道德哲学方面，而且在政治经济学方面——才不同于并且远胜于他的许多前辈和同时代人的著作。"（米克，1962）以启蒙运动的自由理性主义为基础的亚当·斯密，通过他的政治经济学论证了个体追求自身利益能够实现社会的普遍繁荣（"看不见的手"），从而在 19 世纪中后期经典社会理论蓬勃兴起之前，为我们提供了一种关于社会秩序的解释。在一些社会学家看来，斯密对社会理论的真正贡献在于"生存模式"（mode of subsistence）居决定性地位的历史唯物主义概念和社会阶级理论。它既是马克思的批判对象，又是其思想来源（Clark，1993）。而

---

① 资本主义的再生产过程"不仅生产商品，不仅生产剩余价值，而且还生产和再生产资本关系本身：一方面是资本家，另一方面是雇佣工人"，"起初仅仅是起点的东西，……就作为资本主义生产本身的结果而不断重新生产出来，并且永久化了"。参见《资本论》第一卷，人民出版社，1975，第626、634页。

② 《马克思恩格斯文集》第8卷，人民出版社，2009，第21页。

马克思则揭示了在自由主义理论预设的个人背后存在着一定的社会关系，并通过他的政治经济学批判，对生产过程中的社会交往形式进行了历史唯物主义研究。马克思在批判古典政治经济学的错误时指出，鲁滨孙式的原子生产者（"单个的孤立的猎人和渔夫"）不过是一种自然主义假象，其背后的现实基础乃是 18 世纪走向成熟的市民社会。① 站在马克思主义的立场看，这种批判对今天的新古典经济学是同样成立的。

令人遗憾的是，古典政治经济学的这一优秀传统被李嘉图对抽象演绎法的过分强调而冲淡。随后，约翰·穆勒采取的更容易被庸俗经济学接受的折中的二分法（"财富的生产规律和条件具有自然真理的特性"，财富的分配才涉及 "社会制度的问题"）取代了生产的二重性学说。在新古典经济学中，人们在生产过程中的联系被封存在冰冷无情的生产函数 "黑箱" 中，古典政治经济学研究资本主义生产关系内部联系的传统消失殆尽，甚至被粗暴地划入不具有科学性质的 "规范经济学" 范畴，被占主流的实证经济学排斥。

马克思在《资本论》中从生产关系和社会分工出发，要求我们走进生产的 "隐蔽的场所" ——新古典主义生产函数的 "黑箱"。因为在那里 "赚钱的秘密最后一定会暴露出来"。亚当·斯密在《国富论》中则带领读者从直接生产过程（技术分工）出发，探讨资产阶级社会的内部联系和资本主义的社会分工。虽然顺序不同，但都是以生产关系为研究对象。今天，我们要发展马克思主义政治经济学，必须遵循这一传统，要深入企业、产业、国家的内部，去发现 "黑箱" 中的生产关系。笔者相信，政治经济学的这种独特性不仅不会与研究资源配置效率相排斥，而且应该更有解释力和说服力。

二　马克思主义政治经济学的科学性

在比较马克思主义政治经济学和新古典经济学的时候，有人提出新古典经济学更 "科学"，更 "真实"。这是对经济学方法论的误解。

从古典政治经济学（包括马克思主义政治经济学）转向新古典经济学

---

① 《马克思恩格斯选集》第 2 卷，人民出版社，1995，第 1~2 页。

的过程中，对经济学方法论问题（特别是关于经济学的科学性质）的认识发生了深刻的转变，其意义不亚于前面所说的关于经济学研究对象的认识转变。亚当·斯密等开创的古典政治经济学传统是启蒙运动下理性主义的产物。伴随着科学哲学对"科学""理性"等基本概念的反思和批判，特别是在卡尔·波普等人的推动下，在经济学领域发生了一场方法论的革命，即实证主义转向。今天的经济学家对古典政治经济学家致力于研究的具有客观真理性质的"经济规律"普遍持怀疑的态度。萨缪尔森、弗里德曼等人则把经济学的科学性定位于操作的性质和工具的性质。在今天的新古典经济学看来，一个经济理论就是一个包含了假说、假设条件和推断等在内的科学模型。其中，假说就相当于公理或定理（但并非罗宾斯所说的"内省"得到的严格意义上的公理），可以是纯粹先验的命题，也可以是凭借"经济学直觉"从经验事实中提出的某种推测。重要的是，在弗里德曼等人看来，人们无须追究理论或假说本身的真实性、客观真理性，我们只需用已有的或即将发生的经验事实，对从假说出发经过逻辑推理（演绎）得出的结论和预测进行验证就足够了。如果理论通过了实证的考验，我们就说这是一个好的或有用（效）的模型。反之，则认为该理论有可能被"证伪"了。

由于社会事实不具有自然的齐一性，同时人类的知识具有高度的不确定性，批判理性主义提出的"证伪"的科学标准比起理性主义的证实的标准的确可以说是一种进步。但是另一方面，我们必须看到这种进步是以对经济理论的客观真理性做出让步甚至放弃为代价的，实际上是通过从理性主义证实标准往后退却来实现的，以至于我们不得不接受"证伪"本身也具有"论证不充分"等不确定性的尴尬事实。因此，认为新古典经济学更加具有科学性和真实性，这种观点不啻对新古典经济学方法论的误解，甚至可以说是一种讽刺。

不过，即便我们接受"精致证伪主义"和实证经济学的方法论标准，马克思主义政治经济学依然可以作为一个具有生命力和进步性的理论体系或"科学研究纲领"。① 弗里德曼在阐述实证经济学方法论时提

---

① 关于从波普主义到"精致证伪主义"的演变，参见汉兹（2009）。关于为什么要用"科学研究纲领"而不是"范式"的框架说明马克思主义政治经济学，参见方敏（2006）。关于"科学研究纲领"和"精致证伪主义"，参见拉卡托斯（1986）。

出，任何一种有意义的科学假说或理论都"只包含该假说认为是重要的那些力量……对这样一些假设所做的选择，通常是出于下述两个方面的考虑：一是它们在表述该假说方面的简便性、清晰性及准确性；二是它们带来间接证据的能力"。（弗里德曼，1991）历史唯物主义学说作为马克思主义政治经济学研究纲领不可动摇的"硬核"，完全符合这样的标准，其基本内容在《政治经济学批判序言》中已经得到了经典的表述。围绕这一"硬核"，马克思的《资本论》等经济学著作建立了一套至少包括三个层次的"辅助性学说"或"理论保护带"。其中，基础性的学说包括马克思的所有制理论和劳动价值理论（关于二者之间的联系，请参见后文）。马克思据此对资本主义生产方式的内部联系展开分析，提出了有关资本主义生产方式的若干基本理论。这个层次的"辅助性学说"包括劳动力商品理论、剩余价值生产和再生产理论、职能资本间的社会分工理论、资本积累和产业后备军理论等。经由这些基本理论，马克思又进一步推导出更加具体和更加丰富的理论命题和经验推测，包括资本主义直接生产过程中技术与生产关系的发展变迁（协作、工场手工业和机器大工业），特定条件下社会利润率平均化和下降的趋势，具有相对过剩性质和周期性质的资本主义经济危机等。事实上，除了这些经典的理论和命题，资本主义制度在马克思身后的若干发展，比如阶级斗争的形式、劳动组织方式与劳资关系的变化、资本主义国家福利制度的形成与演变、政府在经济发展中的作用、世界经济体系的变迁乃至社会主义国家进行经济建设的成功与失误等，都可以充实马克思主义政治经济学研究纲领的"保护带"，并且通过理论与经验的实证，不断地进行"问题转换"，为马克思的基本理论提供积极的"正面的启发"，从而不断地扩展纲领的"保护带"，为其"进步性"做出实质性的贡献。

综上所述，虽然马克思主义政治经济学从研究对象到研究方法都不同于新古典经济学，其主要的结论、命题和经验含义也有别于西方的主流经济学，但是导致差别的原因并不是马克思的方法不符合现代经济学关于科学性的标准。采用"科学研究纲领"的框架和实证经济学的构建形式和分析形式，我们仍然可以推进马克思主义政治经济学的研究。

三　马克思主义政治经济学的有用性

在马克思主义政治经济学的批评者中，还有一种比较普遍的意见认为马克思的经济理论过于抽象，不够"现实"和"实用"，对解决当前的问题而言是"过时"的理论。有人甚至把经济理论的"实用性"当成是评价理论科学性的标准，由此得出马克思主义政治经济学是意识形态而不是科学的错误观点。

在这里，笔者不打算讨论政治经济学基础理论与经济学科中的其他理论特别是应用经济学的关系，也不打算论证政治经济学研究生产关系对于指导我国经济改革与发展的实践所具有的重大作用，具体分析可见胡钧（2009）。本书想着重指出一个命题，即经济理论的"有用性"总是和作者提出该理论的目的相联系的。因此，我们在评价某理论的有用性的时候，首先必须搞清楚它在马克思主义政治经济学体系中的内涵和它试图解释或解决的问题。

劳动价值论是受到人们质疑和批评较多的理论。一个重要的批评理由是认为劳动价值论在解释现实的价格决定和价格变化方面不如新古典经济学有用、有效。如果解释市场相对价格就是马克思主义政治经济学继承和发展劳动价值论的根本目的，如果经济学就是为了解释在市场交换条件下的价格决定及其变化，那么如果我们找到一套分析工具来实现"同时决定所有的变量"也是可取的。就像在新古典经济学理论中，供给与需求这两种市场力量集中反映了影响价格的各种可能因素。因此，对供求关系及其变化的讨论可以为我们提供一个理解价格变化的形式化的分析工具。

但是，解释市场的相对价格体系并不是马克思研究政治经济学的目的。由于明确了以生产关系为研究对象，对马克思来说，"当供求是在资本主义基础上发生的时候，当商品是资本的产品的时候，供求以资本主义生产过程为前提，因而是和单纯的商品买卖完全不同的复杂化了的关系。"[①] 这个时候，经济理论就是以交换价值和价格形成基础所具有的生

[①]《资本论》第三卷，人民出版社，1975，第217页。

产关系内容和性质为研究目的，即生产和交换的社会条件。其中最重要的是生产资料所有制的规定。如果商品生产者用自身的劳动与自己所有的或无主的生产资料相结合，实际上就构成了亚当·斯密著名的"猎人和渔夫交换"的条件，甚至可以说是洛克的自然权利学说背后隐含的社会条件（洛克，1964）。然而一旦这样的生产条件发生了变化，劳动者完备的生产权利和机会被资本主义私有制所破坏，劳动者的劳动力不得不作为资本所有者购买的商品才能与生产资料相结合，产品的交换价值就不再以劳动为基础，而是以资本行使"社会权力"而形成的生产价格为基础。①

劳动价值论虽然是马克思从古典政治经济学那里继承来的，但是他比其他吸收劳动价值论的古典政治经济学家伟大之处在于，从历史唯物主义这个"硬核"出发，马克思提出生产关系和交换条件具有历史的性质，从而价值、价格也是历史的范畴。劳动价值论是用以说明生产和交换的社会条件的理论，它与生产资料所有制（生产关系最重要的基础）保持着紧密的有机联系。这就是马克思之所以能够超越资产阶级自然权利学说、超越亚当·斯密和李嘉图的根本原因。这些"古典政治经济学的最优秀的代表人物……把资产阶级生产方式误认为是社会生产的永恒的自然形式"，并且被对价值量的分析完全吸引了。由于缺乏对资本主义生产条件和交换条件的历史分析，劳动价值论在李嘉图那里遭遇不可克服的难题就是必然的。

由此可见，通过对"武器的批判"，古典政治经济学创立并发展起来的劳动价值论才成为马克思手中的"批判（资本主义）的武器"。在马克思的经济理论体系中，劳动价值论并不是一个用来解释相对价格的工具性学说。它的意义和作用在于为马克思分析资本主义的生产、交换以及发展，提供一套基本的、完整的、一致的逻辑。所以，当人们把劳动价值论和新古典经济学的价格理论放在一起进行比较的时候，会批评它对价格的解释缺乏一般性、实用性（因而是过时的和错误的），他们非但不理解劳动价值论在马克思主义政治经济学中的真正内涵，而且犯了和庸俗经济学家一样的错误，即"只是在表面的联系内兜圈子"，把

① 《资本论》第三卷，人民出版社，1975，第218页。

仅仅存在于资本主义生产和交换条件下的价格决定过程"宣布为永恒的真理"。[①] "他们所以会这样做,因为生产价格是商品价值的一个已经完全表面化的、而且乍看起来是没有概念的形式,是在竞争中表现的形式,也就是存在于庸俗经济学家的意识中的形式"。[②]

四　马克思主义政治经济学的开放性

作为马克思主义最著名的批评者之一,波普(1999)指出:"把理性的方法运用于社会生活的最迫切的问题上,马克思作了诚挚的尝试。退回到前马克思的社会科学,是不可想象的。"马克思在政治经济学研究中运用的方法和提出的许多基本学说——生产力与生产关系的矛盾运动、生产资料所有制和财产权利结构的重要性、劳动与资本的相互关系、阶级斗争的性质与形式、资本的运动与积累的趋势等——已经彻底融入或深刻影响了现代社会科学体系,成为人类共同拥有的知识。

《资本论》包含的分析只是马克思六册研究计划的一部分,即马克思关于资本的"纯理论"。在此基础上,需要"上升到具体"的其他经济范畴(如劳动力市场、资本主义竞争、国家的作用、世界市场等),在《资本论》及其手稿中尚未得到充分成熟的研究。当代的研究者要想维护马克思主义政治经济学,不仅要继承马克思的方法、继承马克思已经完成的对资本主义发展所做的成功的理论说明,更重要的工作是围绕历史唯物主义或社会经济史观这个马克思主义政治经济学研究纲领的"硬核"[③],从理论和经验两个方面丰富马克思主义,对马克思主义政治经济学的具体命题或"辅助假说"进行"进步的问题转换"。事实上,马克思自己的政治经济学研究正是这样展开的,从《政治经济学批判序言》集中阐述的历史唯物主义出发,通过所有制关系理论,分析生产和交换条件的劳动价值论,分析资本主义生产过程"黑箱"得出的剩余价值理论,基于劳动与资本、资本与资本的竞争提出的工资和利润理论等,

---

① 《资本论》第一卷,人民出版社,2004,第99页,注32。
② 《资本论》第三卷,人民出版社,2004,第221页。
③ 卢卡奇在"历史唯物主义的功能变化"中指出,历史唯物主义"从科学的观点来看,它只不过是一个纲领,一种对应该怎样写历史的指示。"参见卢卡奇(1992:305)。

为其"硬核"提供了一条宽广深厚的"保护带"。正如列宁所说："使马克思的理论得到最深刻、最全面、最详尽的证明和运用的是他的经济学说。"①

然而，长期以来马克思主义政治经济学的阐发与研究往往囿于马克思在《资本论》等著作中提出的既有命题，甚至把这些具体命题当成的无条件成立的不可动摇的定理，从而偏离了马克思深入分析生产的社会形式、交换的具体条件的正确道路。这种做法相当于把许多本来属于研究纲领"保护带"的内容，当成了和历史唯物主义一样的"硬核"。其直接后果不仅使"保护带"变得稀薄，而且使马克思主义政治经济学研究纲领变得十分僵硬，缺乏转换问题的进步的能力，从而造成了马克思主义政治经济学欠发展和不发达的状况。

马克思主义政治经济学的当代发展必须打破这种有弊无利的做法。卢卡奇（1992）十分正确地指出："我们姑且假定新的研究完全驳倒了马克思的每一个个别的论点。即使这点得到证明，每个严肃的'正统'马克思主义者仍然可以毫无保留地接受所有这种新结论，放弃马克思的所有全部论点，而无须片刻放弃他的马克思主义正统……马克思主义问题中的正统仅仅指的是方法。"从科学研究纲领的角度看，这一方法对政治经济学研究而言指的应该就是历史唯物主义这一"硬核"和以生产关系为研究对象，深入分析生产和交换的社会形式与条件。在此基础上，当代资本主义和社会主义发展的许多问题完全可以在马克思主义政治经济学研究中得到广泛深入的研究。正如有学者指出的，这种研究给人们带来的结果不仅不会否定马克思，相反，却能再次向人们证明"马克思的理论核心有着无法反驳的论证"。（德赛，2006）

同样，在对待马克思主义政治经济学和西方经济学的问题上，我们无须做出二者是替代或互补、对立或融合的预设判断。使它们真正有所区分的是各自的"硬核"以及对政治经济学研究目的和研究对象的设定，也就是它们各自最基本的认知价值判断。西方经济学往往声称自己是"（伦理）价值中立"的学说。但是不能否认的是，每种经济理论都包含了一定的认知价值判断。是以生产关系为研究对象还是以个体的最

---

① 《列宁选集》第2卷，人民出版社，2012，第428页。

优化行为为研究对象，是以说明生产条件和交换条件为目的还是以说明满足特定条件下的价格决定为目的，都属于研究者必须首先做出的认知价值判断。[①] 它对经济学研究的意义和作用在于"影响到我们对自己生活于其中的经济制度的看法，而且影响到我们选择什么理论工具来理解这个制度"。（斯威齐，1997）

　　综上所述，马克思主义政治经济学要改变自身欠发展和不发达的状况、迎接西方经济学的挑战，必须保持其研究纲领的开放性和进步性。除了发达的经济分析工具以外，西方经济学的很多分析、结论和预测，通过将其中包含的特定条件转换成生产关系的内容，也可以纳入政治经济学。只有不断提高理论的丰富性和阐明历史和现实的能力，才能真正体现马克思主义政治经济学的当代价值。

[①]　关于伦理价值判断是否影响、如何影响研究者的问题，属于阶级意识或科学社会学的研究题目。需要注意的是，我们强调的是马克思主义政治经济学和西方经济学在认知价值上而不是伦理价值上的区分。如果像一些学者那样，认为马克思的经济理论——包括劳动价值论、剩余价值理论等——是其伦理观的产物，那就把马克思的学说拉回到了（马克思经常批判的）马克思之前的水平。

第二章 "范式之争"

一 经济学方法论辨析

马克·布劳格（1990）指出："方法论能够做到的是，提供接受或反对某种研究框架的准绳，制定帮助我们区分鱼目和珍珠的标准。"经济学科的发展也从来没有离开研究方法的变革。

对马克思主义政治经济学来说，方法论之所以重要，有两个原因。第一，方法论是区分马克思主义政治经济学与其他经济学派的根本标准。第二，方法论是理解马克思主义政治经济学的基本前提。对马克思主义政治经济学的许多错误理解（无论是教条主义的维护还是批判）从根本上讲，都是源自对马克思的方法论的误解。本章主要阐述方法论问题，试图说明以下几个问题。第一，马克思是从哲学批判、社会批判转向政治经济学批判。第二，对马克思来说，政治经济学必须建立在"科学"的基础上。哲学批判和社会批判采用的范畴和理论（如历史哲学、异化理论等）不能直接作为政治经济学的基础，它们必须转化为"历史唯物主义"这一历史理论以后，才能成为政治经济学研究的基础。第三，历史唯物主义和解释历史发展的辩证逻辑是马克思主义政治经济学的"硬核"，并决定了马克思主义政治经济学以生产关系为研究对象。围绕生产力和生产关系的相互作用展开的物质生产过程是历史发展和社会生活的基础，是人类通向"自由王国"的必经之路（由此可见，马克思的哲学批判、社会批判只有经过历史唯物主义这一理论桥梁，才能与政治经济学建立起联系）。马克思主义政治经济学通过研究生产关系的产生、发展，试图为历史唯物主义理论提供"实证"依据。

（一）历史与逻辑的方法

马克思主义政治经济学强调了抽象和具体、历史和逻辑的方法之间的关系。

马克思将"从抽象上升到具体"的方法定义为一种叙述方法，一种构建理论模型的具体方法，而不是研究方法。研究方法是从具体到抽象，从具体的现实的可观察的经验到抽象的概念。为什么会采取这样的方法？"具体之所以是具体，因为它是许多规定的总和，因而是多样性的统一"，把经济范畴按它们在历史上起决定作用的先后次序来排列，是不行的，而且是错误的。他们的次序倒不如说是由他们在现代资产阶级社会中同表现出来的符合历史发展的次序或者自然次序恰好相反的相互关系决定的。

理论和历史的关系如何处理？亚当·斯密的传统可以被看作历史加经济理论（政治经济学），两者不可分割，经济理论只不过是一颗颗钉在历史图表上的图钉，亚当·斯密的学说有历史的背景。他所理解的历史是真实的、现实的、经验的。由这个传统出发，一种是马克思的处理方式，即认为政治经济学是一个宏大的历史理论的附属，一种是德国历史学派，还有一种是美国制度主义，另外还有从李嘉图到穆勒的一些政治经济学家。但是和马克思不一样的地方在于，这些学说中的历史和经济理论就被割裂为两个性质不同的问题，经济学变成了纯粹的抽象的理论，采用形式逻辑推演，而不是像马克思那样按照历史和逻辑（范畴）相一致、按辩证逻辑发展的顺序来研究和叙述。

马克思的方法和古典政治经济学传统一样，研究过程是从具体到抽象，或者从归纳到演绎。经济学理论基本的研究过程、建构过程，都是从一定的经验出发，从马克思所说的具体出发，然后提炼为若干经济学具体命题和假说，然后再演绎，得出结论。区别在于对具体和经验的认识不同。穆勒认为经验是个体的有限的经验，是"特殊"，从特殊的经验出发再到理论和结论，因此理论是特殊的，是从特殊到特殊。穆勒之后的凯尔恩斯用经验对结论进行验证，把穆勒对经验的强调从事先挪到了事后。穆勒的总结是经济学是先验的科学，和物理等学科不一样（物理学是实验的、后验的科学）。把经济学定义为先验的科学很容易和形而上学混淆，因此凯尔恩斯希望把经济学变为实证的科学。由此可见，古典政治经济学、马克思、新古典经济学关于历史与逻辑的基本方法存在着不同。

（二）从朴素的证伪主义到科学研究纲领

卡尔·波普（1902－1994）的科学哲学思想被称为批判理性主义。波普科学哲学思想的核心是证伪主义，即一切知识命题，只有能够被经验事实证伪的才是科学的，否则就是伪科学。按照证伪主义思想所形成的科学方法论，即猜想－反驳方法论，它把现有知识看作是人们对外部世界的一种猜想，人们从发现现有知识、理论的错误入手，否定旧的理论，建立新的理论。因此知识不是始于观察而是始于问题，这一思想把传统上人们认为科学知识是采取渐进、平缓的方式积累起来的观念，转到了以批判、变革现有认识，用新知识取代旧知识的观念上。

霍奇森是最早试图把波普的证伪主义介绍到经济学领域的经济学家。英国的经济学家马克·布劳格也把波普的理论放在了经济学方法论中比较重要的地位。但从经济学界对待理论的方法看，大部分经济学家仍然是寻求对自己理论的证实而不是证伪。美国哲学家奎因和库恩对波普的学说提出两点致命的批评。第一，要拿来证伪的证据本身也是不可靠的（理论假说也会涉及价值判断），证伪过程中带有价值判断，包括认知价值判断和伦理价值判断。认知价值判断包含着对问题、工具、数据的选择。第二，科学领域并不是不断在发生革命，而是平稳地发展，这才是科学的常态。例如，经济学理论可以在发现反常事实的时候不断地得到修正而不是被彻底变革，需求理论中关于吉芬商品的分析就是一个典型。

库恩的科学方法论包括三个核心范畴。首先是范式，指的是在一定世界观指导下，人们对研究领域事实的内容、结构的基本判断，以及由这一基本判断所决定的研究思路、研究方法、工作模式等。其次是科学共同体，指一批采用共同范式进行研究的科学工作者，他们未必属于同一有形的组织机构，但是面对共同的问题，他们采用共同的思想方法、判断准则、研究手段等。最后是常规科学和科学革命。库恩把科学发展的模式描述为从常规科学发展到科学革命——形成新的常规科学——从新的常规科学再发展到科学革命的过程。所谓常规科学就是在一定范式基础上所形成的一整套科学活动。当原有范式无法解释的反常现象越来越多从而面临危机，迫使人们放弃原有范式、建立和采用新的范式时，就发生了科学革命。

范式必须遵循共同的认知价值判断，遵循共同的规则、约定，以及隐性协议。对范式进行区分的标准是认知价值判断。每一种范式都会为自己进行辩护。范式是团体共同的认知价值。基于以上两点，库恩得出结论：范式具有循环论证的特点，不同范式之间无法真正沟通，有的只是劝说或不同的修辞。范式理论表明，科学是一种意识形态。库恩的理论是对科学发展规律的一种尝试性概括，我们不能将它作为一种公式随意加以套用，经济学领域中一种范式代替另一种范式的过程可能并非像库恩所说的那样简单。

伊姆雷·拉卡托斯（1922－1974）倡导的"科学研究纲领方法论"（简称 MSRP），事实上提出了一种精致的证伪主义（不同于波普的朴素证伪主义），试图调和波普主义与范式理论，同时保持波普学说的革命性和范式学说的稳定性。科学研究纲领不是单一的理论，而是由某种坚定的信念支撑的体系。它是开放的、可变动的，具有很大的弹性和韧性，不是轻易可证伪的。纲领具有精致的结构，由"硬核"和"保护带"组成。"硬核"是不可触动的深层的核心假说与根本信念，包含认知价值判断（如新古典经济学的硬核是经济人假说等）。一切纲领都具有其硬核规定的特征，硬核周围有一层必须经受检验压力的由众多辅助假设组成的保护带。

研究纲领具有两个规则。第一是反面启发性——通过反常的经验对硬核进行维护，使矛头不指向硬核，比如价格不是由商品耗费劳动量决定（生产价格理论）。第二是正面启发法——指示该做的事，主动地调整保护带、处理可预期的反常。例如新制度经济学是新古典经济学的延伸而不是革命。研究纲领有进步与退化之分。一个纲领如果能够做出更多可能得到确证的新预言，并能产生更有启发力的新理论，那么它就是进步的，否则就是退化的。

作为研究纲领的理论都具有代表其根本特征的硬核，硬核决定了理论体系的根本特征，研究纲领指导下的其他具体理论的内容，都是硬核合乎逻辑的发展。"保护带"是围绕研究纲领的硬核而提出的一系列辅助性假说与前提条件，它的任务是保护硬核不受到经验事实的否定，使硬核成为不可反驳的。保护带是理论中灵活的、可改变的部分，当一项理论所提出的判断或结论受到证伪时，保护带就会调整和改变其内容，使理论与事实重新符合。这样，理论在事实面前就具有了韧性，它就不会轻易地被证伪乃至放弃。一个研究纲领为研究者规定了一系列必须遵循的方法论规则，其中一些规则规定了研究者所应当采取的研究路线和研究方向，以及由此决定的重要研究课题。拉卡托斯把这类方法论称为

"正面启发";另一些规则规定了研究者不可以这样做,指出其应该避免哪些研究道路,这类方法论被称为"反面启发"。拉卡托斯主张在科学上要给予各种研究纲领以发展的机会,虽然最初一种研究纲领会因不完善而出现与事实不符的情况,但只要它有足够的正面启发性,就应当给它机会,让它发展完善起来。他反对任何形式的学术垄断,因而也对库恩所提出的由占统治地位的范式所决定的常规科学能够促进科学发展这一命题提出质疑。拉卡托斯认为,科学革命是在不同研究纲领的长期竞争中逐步实现的过程。

(三) 实证与规范的二分法

实证与规范的二分法是经济学最基本、最有争议的方法论之一。[①] 在最近的一轮的争论中,哈佛大学的实用主义哲学家普特南(2006)再次向它提出了挑战——由于事实与价值相互缠绕,二分法已经崩溃。这一观点好似在现代经济学的基石上放置了一枚炸弹(马太,2005)。然而,在经济学领域,除了达斯古普塔(Dasgupta,2007)外,鲜有其他人做出回应。[②] 这显然并不是因为该问题已经得到解决或者不再有讨论的价值和意义,而是由于经济学业已完成实证主义转向,以及现代学者对经济学史和方法论问题的忽视。[③] 如果人类要依靠解剖学知识来学习走路的话,难免会有绊倒的危险(韦伯,2009:10)。所以,在被问及方法论问题的时候,经济学家就像蜈蚣被问到如何协调它的腿一样感到困惑(里克曼,1996:146)。

但是正如门格尔所言,科学的创造与革命正是由科学方法推动的(J. N. 凯恩斯,2001:3)。经济学对方法论问题是不能回避的。经济学家对普特南的挑战、对二分法的历史和命运应该做出自己的判断。这一

---

① 实证和规范大体对应于是和应该是、科学和艺术、事实和价值、描述(description)和规定(prescription)、解释和建议、对错和好坏、经验和伦理、原理(laws)和规则(rules)、客观的和主观的、可检验的与不可检验的、理论与政策、纯理论的与应用性的。

② 国内哲学界有关二分法的研究也大都把重点放在解决"休谟问题"(在事实判断的基础上无法推出价值判断)或寻求事实与价值的贯通上。个别学者试图跨越经济学和哲学,但也仅限于指出经济学中的事实与价值相互缠结,或者经济学离不开伦理学,等等。参见孙伟平(2000)、余章宝、杨玉成、谢寿光(2005)。

③ 萨缪尔森甚至说:"有科研能力的人,从事科学研究;没有科研能力的人,就闲聊科学方法论。"参见汉兹(2009:1)。

判断不仅涉及经济学，也涉及其他社会科学，[①] 并且与来自现实的对
"正确的经济学同高尚的伦理学是不可分离的"的呼吁也密不可分。[②]

1. 争论的双方

普特南（2006：59）指出，二分法源于贫困的经验主义（以及后来
同样贫困的逻辑实证主义）的事实观。这种观念在 20 世纪产生了严重的
现实后果，经济学则是"重灾区"。因为经济学是一门政策科学，经济
学家经常向政府和非政府组织提出建议。在经济学内部，关于目的或价
值能否被理性地讨论这个问题已经争论了几十年。罗宾斯关于价值无法
论证的观点已经遭到诺贝尔经济学奖得主阿玛蒂亚·森的批判。普特南
以绘制地图为例做了一个类比。为徒步旅行者绘制地图不需要选区、矿
藏、人口密度等信息，而为地质学家绘制地图则不需要显示徒步的路径。
与此类似，经济学家在建构模型的时候通常漫不经心地告诉读者他的科
学模型（地图）是价值中立的。但是我们从绘制地图的例子中可以发
现，建模必然涉及什么重要、什么不重要的判断。拿经济学的具体例子
来说，在模型中涉及连续性或凸性的数学假设或者关于行为主体拥有信
息的假设只有满足了以下条件，我们才能说它是"价值中立"的或工具
性的：要么给定该模型的价值取向，要么其中隐藏着某些价值不被认可
的事实（如果模型希望自己支持的政策得到执行）（普特南，2006：1，
2，59）。

普特南和瓦尔士提出，所有的科学研究都是事实、理论和价值的
"缠结"。如同量子力学中相互缠结的量子，整体量子态无法表现为各组
成部分的量子态之和。事实中有价值的负荷，价值以事实为基础，两者
相互影响，无法分开。（郑林，2007：24，40）"描述两人拥有不同的价
值观但却共同认可一个事实的假设确实很好，但何时何地一个纳粹和反

---

① 按照沃勒斯坦的观点，现代社会科学分成明显不同的独立学科尚不超过一个世纪，大
部分其他社会科学的建立晚于经济学。现在不仅经济学家，甚至人类学家、政治学家、
社会心理学家和受经济学家影响的社会学家近来都在主张经济学方法是唯一合法的、
富有成效的人类行为研究方法。也就是说，经济学是所有社会科学必须效法的模范。
参见豪斯曼（2007）。

② 温家宝在 2010 年的十一届全国人大三次会议的记者招待会上谈到，"一个正确的经济
学同高尚的伦理学是不可分离的。也就是说，我们的经济工作和社会发展都要更多地
关注穷人，关注弱势群体，因为他们在我们的社会中还占大多数"。

纳粹者、一个共产主义者和一个社会民主党员、一个原教旨主义者和一个自由主义者在事实方面认识相同呢?"（Dasgupta，2007）因此，把事实与价值截然分开的二分法是站不住脚的。

普特南并非最早质疑或批评二分法的人，反对意见早已有之。二分法在经济学中成形于西尼尔－穆勒传统，[①]并在当时就遭到了德国历史学派的批判。历史学派认为，在"是什么"和"应该是什么"之间划出一条明显的界限是不可能的。对此，马克斯·韦伯（1998）提出了自己的担心："如果人们……试图把两个领域强行合在一起，那么这两个领域各自的地位都会给毁了。"罗宾斯（2000）则在韦伯的基础上更加坚定地把凯尔恩斯提出的实证、规范与技艺的划分简化成实证与规范二分，指出经济学涉及的是可以确定的事实，伦理学才涉及评价和义务，二者风马牛不相及。进入实证主义阶段以来，经济学进一步坚持将事实与价值分开的必要性。霍奇逊、萨缪尔森、弗里德曼等人都竭力捍卫罗宾斯的观点。索洛提出，必须区分经济学分析和意识形态讨论——即使二者并非完全相互独立，因为它们让人信服的理由完全不同（吴易风，2015）。以上观点遭到了激进经济学、制度经济学等非主流经济学的批评。例如，保罗·布什认为，"在真理应该是什么与真理是什么之间，不存在认识论上的差异"。克里夫·彼得认为"实证科学和规范科学之间的区分是站不住脚的"，要把事实判断（实证研究）从价值判断（规范研究）中分离出来非常困难，甚至是不可能的。（霍奇逊，2007：25，26）

霍奇逊指出，在后实证主义时代存在着一种陷入规范困境的危险。"在真理应该是什么与真理是什么之间，不存在认识论上的差异"意味着否定科学和意识形态之间存在的任何区别。承认实证与规范之间存在复杂的关系，并不意味着要否定它们的所有区别。不应该用规范之车去拉实证之马，把车放在马前头，或看不到车和马之间的区别，因为这会使任何推动经济理论向新的方向发展的尝试变成徒劳。对科学家来说，不应该主要从意识形态的角度来评价理论。主流经济学对二分法的认可

---

① 西尼尔和约翰·穆勒也认为，政治经济学研究的是客观经济现象的内在规律，这种客观研究必须与立法科学（穆勒使用"社会哲学"一词）鲜明地区别开来，后者包括幸福与福利这样的主题。这种划分实际上是现代经济学中的实证与规范二分法的最早雏形。参见布劳格（1990）。

可以借用人们对高利贷的看法为例来说明。人们对高利贷可能有不同的伦理评价（这种评价在某种情况下可以得到理性地讨论，这一点在后面会讨论），但是有关高利贷的经济学分析所得出的结论（比如高利贷的利率通常和市场中的无风险利率正相关、和高利贷的风险大小正相关）与人们是否赞成高利贷的伦理观没有关系。搞清楚高利贷产生的原因及其利率的决定因素，与高利贷应不应该存在或者其利率是否公平并不是一回事（虽然两者相关）。在主流经济学眼中，前者是一个事实（实证）问题，后者则是与伦理标准相关的价值（规范）问题。虽然个人的价值判断可能会影响到他的研究，但是我们不能就此认为人们不该尽可能客观地讨论事实，也不能把人们关于事实的不同认识简单归结为是由于不同的价值观所致。

二分法的反对者大都认可上述理由。普特南（2006：13，74）也承认日常的区分有自己的适用范围，我们并不要求它们总是适用。但是"当这种区分变成一种二分法——也许我应当用约翰·杜威的术语，一种二元论——时，它就典型地开始伴有一组高度有争议的形而上学主张（即使它们被典型地宣称为反形而上学的主张）"。因此，普特南挑战二分法的重点不在于事实与价值是不是一回事，或者二者该不该分开，而是二者到底能不能分开。

下面就围绕普特南的若干重要论据进行讨论。第一，二分法是否来自贫困的经验论；第二，经济研究能否做到价值中立；第三，经济学能否提出政策建议；第四，伦理价值能否得到理性的讨论。

2. 二分法是否来自贫困的经验论

哲学界和方法论学界常常把事实与价值的二分法等同于"休谟问题"或"休谟的铡刀"（Hum's Guillotine），① 即实然得不出应然。普特

---

① 在其经典的《人性论》中，作为哲学家和经济学家的休谟说道，"在我所遇到的每一个道德学体系中，我一向注意到，作者在一个时期中是照平常的推理方式进行的，确定了上帝的存在，或是对人事作了一番议论；可是突然之间，我却大吃一惊地发现，我所遇到的不再是命题中通常的'是'与'不是'等连系词，而是没有一个命题不是由一个'应该'或一个'不应该'联系起来的……这个应该或不应该既然表示一种新的关系或肯定，所以就必须加以论述和说明；同时对于这种似乎完全不可思议的事情，即这个新关系如何能由完全不同的另外一些关系推出来也应当举出理由加以说明。"参见休谟（1980：509，520）。

南对二分法的批判始于休谟的"贫困的经验论"。但是经济学中的二分法可以追溯得更早。坎梯隆在《商业性质概论》（写作于 1730－1734 年，出版于 1755 年）中已经提出："让绝大多数人过贫困恶劣的生活是否比让少数人过非常安乐的生活好，这也是超出我论述范围的一个问题"。（罗宾斯，2000：122）曼德维尔在《蜜蜂的寓言》中也说："事物的好坏需参考别的事物来确定，要依据人们对它们所持有的看法和观点"。（埃克伦德、赫伯特，2001：51）曼德维尔和坎梯隆在某种程度上也都是经验论者。我们是否可以说经济学中的二分法起源于一种贫困的经验论呢？

要回答这个问题，我们必须搞清楚经济学如何理解经验归纳与逻辑演绎的关系，如何走上实证化的道路并修正自己关于实证的看法。众所周知，李嘉图是演绎法的坚定支持者，要回答这个问题，我们必须搞清楚经济学如何理解经验归纳与逻辑演绎的关系，如何走上实证化的道路并且修正自己关于实证的看法。

众所周知，李嘉图是演绎法的坚定支持者。他在《评马尔萨斯》一书中引用萨伊的话说："劝告不是政治经济学者的职责——他应告诉你如何致富，但他不应劝你喜欢财富而不喜欢懒惰，或喜欢懒惰而不喜欢财富。"（罗宾斯，2000）西尼尔继承了笛卡尔的理性主义，[①] 在李嘉图之后更为系统地论证了经济学是从四项"不证自明的公理"中演绎出来的体系。约翰·穆勒虽然同意孔德的所有的社会现象必须是可观察的这一观点，但是在认识到自然研究与社会研究的不同并赞成科学方法的统一性的情况下，坚持政治经济学应该用抽象演绎法将经济现象同其他社会现象隔离开来，并由此称政治经济学是"先验的"科学（Delanty，2005：26）。J. N. 凯恩斯和马歇尔等也提出了类似的意见。J. N. 凯恩斯在坚持穆勒传统的基础上，首先提出了实证与规范的区分，并对实证的含义进行了新的解释。在 J. N. 凯恩斯的眼中，实证指的是演绎式的经济理论研究，研究的是和现实中的具体事实相对应的抽象事实。经济学作为一门实证的科学，在方法上是抽象的和演绎的，抽象方法更适用于处理理论问题。只是在处理现实问题的时候，我们需要在很大程度上依靠历史的

---

① 关于经济学的理性主义，参见程恩富、胡乐民（2002）。

和归纳概括的方法。①

20 世纪 30 年代以后，随着统计技术的发展和逻辑实证主义哲学渗入经济学，实证经济学的形态乃至性质发生了重大变化。在 1938 年发表的《经济理论的重要性及其预设》一文中，霍奇逊认为经济学和一切经验科学一样，必须从事经验概括的建构和检验。纯理论的经济学命题深陷于各种限制条件的体系，只是空洞的定义或逻辑真理，无法被检验。为了成为科学，经济学必须基于客观的观察和归纳。基于逻辑形成的命题必须与事实相对照，以检验该命题是否是真理。到弗里德曼阐述实证经济学方法论的时候，甚至对逻辑命题和理论假说的要求也改变了，认为只要这些假说或假设得出的预测与经验观察相符，就是有效的。萨缪尔森说："一想到经济学中经常出现的那些有关演绎法和先验推理的力量的夸张要求——由古典作家、1932 年的莱昂内尔·罗宾斯……奈特的门徒和路德维希·冯·米瑟斯提出——我就为自己学科的名声捏着把汗。幸运的是，我们已经脱离了这个时期。"（考德威尔，2007：152）

虽然经济学家对实证方法的定义仍然存在分歧，但是经济学显然不是以"贫困的经验论"为基础的。可以说，经济学是介于古典政治经济学的演绎法与目前广泛采取的经验实证主义这两条道路之间。这也是布劳格的观点。他指出有两种经济学研究方法。一种是"基本演绎法"，它认为经济理论完全是一种逻辑推论体系，来自一系列由内省所推导出的假设，本身不以经验的证实为条件（比如理性经济人假设）。另一种是"极端经验主义"，它拒绝承认任何不可能被独立证实的假定或假设。大多数的经济学家的方法都处于这两者之间（布劳格，2009：553）。

考虑到经济学理解和运用实证方法的曲折过程以及它不得不面对的"两难选择"，普特南以贫困的经验论来否定二分法显得有失偏颇。

3. 经济研究能否做到价值中立

在西尼尔–穆勒传统中，关于事实与价值、实证与规范的研究只是

---

① 参见 J. N. 凯恩斯（2001：8，34，46）。J. N. 凯恩斯的这种平衡观点很大程度上是德国历史学派和英国古典学派（包括奥地利学派）关于方法论之争的折中结果。前者为制订具体的政策服务，而后者是为建构经济学理论体系服务，前者强调历史与归纳的方法，后者强调演绎的方法。

政治经济学内部不同类型的科学。抽象演绎的理论就是韦伯的理想型。[①]这种方法具有简化现实的功能，可以针对杂乱无章的经验事实建立起一种研究框架，让我们借此认识无限世界某一部分的因果联系（韦伯，1998：29）。韦伯明确指出，理想型与评价判断毫无干系，与研究者的政治立场和世界观无关，具有"价值中立"的特性。理论研究和论证过程应该严格按照形式逻辑的格式和规则进行推理，以保证结论的必然性和普遍性，保证主体的目的、利益、需要以及情感意志等在推理过程中的"中立性"，从而保证推理的"客观性"（孙伟平，2000：98）。韦伯认为，经济学假定了纯粹经济利益的支配地位，也就排除了政治力量和其他非经济意图的影响，通过逻辑推理就能认识现在和过去的经济事实。换句话说，经济理论研究应该并且能够做到"价值中立"。

韦伯的"价值中立"之说为经济学的实证方法提供了一条重要的标准和依据。但是根据布劳格的意见，由此也导致了一种最简单的对二分法的质疑：既然所有的理论分析必然是基于对需要解决的问题的意义的某种认识，而意义本身不是一项事实，而是一个价值判断，并且数据的收集和选取等也必定涉及一定的选择标准，在这种情况下，强调价值中立的实证经济学有可能与规范经济学相区分吗？

普特南的回答是否定的。他指出，事实、理论和价值的缠结就像一个凳子的三条腿，三条腿都是必需的，否则凳子就会垮掉。科学本身就预设了认知的价值，如"融贯性""似然性""合理性""简单性"等规范判断。认知价值在要点上与伦理价值同样具有价值论的特征，这不仅是因为它们是规范判断和评价标准，而且这些标准的实现也因人而异。"我们许多的重要观念——理解事物的观念，某些事物有意义的观念，某些事物能够被证实、知情或被发现为真或假的观念，甚至某些事物能够被陈述的观念——都是规范性的观念。"（Putnam & Walsh，2007）

事实上，目前大多数学者甚至包括逻辑实证主义者也承认事实与认知价值存在着普特南所说的缠结，但是认知价值和伦理价值在科学研究中具有不同的地位。科学研究并不否定研究者具有特定的价值观，只是不主张将研究者的主观伦理判断带入其从事的工作。处于特定环境下的

---

① 关于韦伯和英国传统的经济学的关系，参见胡明、方敏（2009）。

研究者，其认识世界的立场、选择问题的倾向必定受其价值取向的影响，存在着所谓的"价值关联"（value relevance）。但是作为任何科学研究都不可或缺的价值判断，认知价值是为了了解事实，并不需要做出评价性的推断或提出应该如何的建议，而伦理价值则意味着对某种行为及其后果做出是否欢迎的明示。进一步来说，认知价值对研究者个人来说并不是一件随心所欲的主观的事情。经济学要研究的问题往往是具体时代和环境的产物，并非完全由研究者自身所决定。研究的前提与假设也取决于能否让研究深入下去、能否被同行所接受。所以，承认实证经济学是"价值中立"并不意味着经济学家的个人价值判断或具有价值负载的概念（如理性选择、最大化个人利益和自由竞争等）不会影响问题的选取和推理的过程。虽然"把事实的经验陈述与价值判断区分开来"很困难，即使韦伯本人也曾违背了所要求的这种区分（克勒斯，2000：233），但是价值中立只是要求基于一定认知价值的"经济学科工作者无论在任何时候，无论是在专业实践中还是在发表研究成果时，都必须戒除评价式表述"。

4. 经济学能否提出政策建议

二分法之争之所以在经济学中如此突出，在很大程度上是因为经济学从来就被看作一门政策科学。传统上经济学家对提出政策建议的态度历来谨慎。比如西尼尔一度认为经济学家不能提出政策建议，因为经济学忽视了太多的现实因素，人们要提出政策建议就不能不考虑这些因素。约翰·穆勒曾说："只研究政治经济学而不研究其他任何科学的纯粹政治经济学者，如果企图将他的科学应用于实践，那就非失败不可。"（布劳格，1990：67）凯尔恩斯认为经济学者提出的实际忠告包含了超科学的评价，即超出了科学证明范围的偏好。J. N. 凯恩斯则认为，只有知道了是什么（实证问题）和应该是什么（规范问题），才能提出政策准则（采取什么样的手段或政策措施），后者属于一门艺术。马克斯·韦伯（1998：8）从另一个角度阐述了这个问题，认为科学对社会政策的作用仅限于澄清手段与目的之间的关系，而不是对有待选取的具体目标做出裁决。经济科学只局限于认知领域，不能进行价值的优劣判断或回答"应该如何"的问题。他认为："以为能够首先为实际的社会科学提出一条原则并证明它在科学上是有效的，然后便可从中明确地推出用于解决实际的个别问题的规范，纯属天真。"

但是在现实中，无论是传统学者还是现代的经济学家，都难以谨守上述规则。J. N. 凯恩斯（2001：10，38，39，47）特别辨析了经济学与英国当年流行的自由放任政策之间的关系，指出政治经济学与自由放任政策之间并没有实证性的联系。自由放任政策是一个现实准则，不是科学的教条，不能把它看作不可动摇的公理。无论是亚当·斯密还是其他古典政治经济学家均把它看作一种现实结论，其效力如何要依具体情况而定。凯恩斯在 20 世纪 30 年代的大萧条时期就提出了国家干预主义的经济政策。① 现代经济学家如弗里德曼（1991）提出区分实证和规范可促成人们在政策问题上达成一致意见，因为"在目前的西方世界，尤其是在美国，在公正无私的公民间存在的关于经济政策的分歧，主要来源于对所采取的行动所造成的经济后果的不同预期——这些不同从原则上说可以通过实证经济学的发展予以消除——而不是基本价值观方面的根本分歧"，因而"人们对'正确'的经济政策的一致意见较少地取决于纯规范经济学的进步，而更多地取决于实证经济学的进展"。经济学家黄有光（2005）也认为，虽然价值判断不可证实，但并非不可证实的判断都是价值判断，也就是说，还存在对事实的主观判断。经济学家较其他人更有资格就相关事实进行主观判断，而且应该当仁不让地作出这种判断。比如庇古就和马歇尔一样提倡研究实际问题、进行有现实性的理论分析。② 对福利经济学涉及的规范价值判断，庇古认为它们有其合理性并且为许多人认同，因此是可以接受的。例如他基于"富人的收入对社会福利的实际影响较穷人收入的影响小"的规范判断，指出收入再分配如果不减少社会福利就是可取的。

---

① 熊彼特批评凯恩斯本应该分析一个历史特定的情况，而不是试图从一个自称具有一般性的理论中，推导出具体的政策。"凯恩斯先生在其题目中强调了通论这个词的重要性……但是……他四处寻求的却是有明确界限的政策……"参见施建生（2012：83）。

② 庇古将理论分为获取果实的理论（fruit - seeking theory）和获取光明的理论（light - seeking theory），前者指现实的理论（realistic theory），后者指纯理论（pure theory）。在庇古的眼中，"胜任我们研究任务的一定是实际的，而非纯理论类型的科学"。需要指出的是，庇古也反对仅仅罗列观察到的事实而不进行理论的推理和检验的做法（德国历史学派明显具有这种倾向），他认为无穷无尽的描述本身永远不能完成预测，当然也不能形成实际所需的进行预测的能力。参见庇古（2007：6）。

由此可见，价值中立的要求并没有彻底断绝经济学者提出政策建议的道路。韦伯（1998：6）早就指出，经验科学虽然无法说明应该做什么，却可以说明我们能做什么以及在某些情况下想做什么。实证经济学的研究价值首先在于为特定的政策目标提供解决手段，分析出台某项政策可能的成本和收益，以此来比较各种政策手段的优劣。这不仅没有违背价值中立的要求，而且只有如此经济政策才具有科学性（胡明、方敏，2009：44-50）。

但是，如果政策建议涉及政策目标的合意性等问题，原则上就只能由规范经济学处理，或者在实践中由政策制订者判断。正如达斯古普塔所说，人们在政策上的分歧可以追溯到他们对个人和社会福利（即人类伦理价值）的理解的不同。（Dasgupta，2005）如果经济学者要参与政策制订，没有若干预先的价值规定或者不关注伦理问题，他们甚至会不知道该政策的意义所在。要了解这一点，经济学者就必须考虑"什么样的目标具有真正的合理性或正当性"，公平目标还是效率目标、集体利益还是个人利益更值得追求？例如美国的保守政党通常会将降低通货膨胀作为其优先施政目标，而自由派政党通常则会将降低失业率作为其核心目标。目标的拟定需要讨论二者的取舍或各自内在价值的比较。当经济学者在寻找理想手段或指导既定目标下的决策时，必然要涉及规范经济学的内容，必须分析经济学的伦理基础，并帮助决策者确定目标（豪斯曼，2007：6）。因此，对伦理价值的研究也十分重要。

5. 伦理价值能否得到理性地讨论

在传统上二分法认为目的（价值）不可能被"理性地"讨论。罗宾斯说："经济学和其他任何社会科学都无法解决第一种（对目的产生意见）分歧……如果我们对收取利息是否道德有不同意见（并且理解我们谈的是什么），那便没有争论的余地。"（罗宾斯，2000：122）但是阿玛蒂亚·森在《集体选择与社会福利》（2004：65-67）中反驳了罗宾斯的"根本不可能科学地进行个人之间的效用比较"的观点。森将价值判断分为基本和非基本两种。基本的价值判断可用于所有情景并且不受实际信仰的影响，非基本的价值判断则会受研究者对相关变量间的因果机制的特定信仰影响。森认为，非基本的价值判断是可以论证和验证的，我们不能排除对价值判断进行有益的科学讨论的可能性。

　　比森更早的一些经济学家也指出规范问题可以被理性地研究。例如，经济学中的"穆勒传统"就认为至少某种类型的伦理问题是科学问题。实证与规范的划分标准并不是科学与非科学，而是两种不同类型的科学（汉兹，2009：33，36－37）。韦伯也没有否定研究伦理问题的可能性。布劳格（1990：90，141）指出："摆脱估价对他（韦伯）来说并不意味着对人类的估价不可能加以理性的分析。相反，他坚决主张（关于估价的讨论）不仅是可能的而且有最大的效用……森对基本价值判断与非基本价值判断之间的区分（它引起一场关于人们实际持有的价值判断的理性讨论），显然在精神上是完全属于韦伯式的。"即便是对待规范经济学态度坚决的罗宾斯[1]，也强调提出二分法是"为了在这个充斥着太多可以避免的分歧的世界上我们能取得一些一致意见，值得慎重地将可以解决分歧的研究领域与不可解决分歧的研究领域区分开来，值得将中立的科学领域与争论较多的道德哲学和政治哲学领域区分开来"。（罗宾斯，2000：120，122）但是，规范经济学到底是涉及福利问题还是选择问题，是涉及价值判断的伦理研究还是研究价值判断的学科，是研究经济政策的学科还是讨论估价的学科，经济学家仍然莫衷一是。[2]这大概正是森所说的不幸的现实。森和韦伯一样，认为亚当·斯密并没有把经济建立在某种单一的动机上。[3]森以其更广阔的视野和严格的论证证明了福利经济学的传统功利主义伦理观的局限性。然而，森并不是要否定主流经济学。森批评逻辑实证主义认为伦理判断完全处于理性讨论的领域之外的观点有问题，但这不代表森要否定二分法。他只是呼吁经济学界强化对福利经济学的研究。希望通过更多、更明确的伦理学思考使经济学变得更有说服力。按照森的观点，"被称为'实证经济学'的方法论，不仅在理论分析中回避了规范分析，而且还忽视了人类复杂多样的伦理考

---

[1]　按照布劳格的意见，关于罗宾斯是否主张完全放弃福利经济学和否定规范经济学的科学性质，我们并不是很清楚。参见布劳格（2009：553）。
[2]　例如 Chris Archibald 和 Peter Hennipman 认为帕累托式的福利经济学的定理是实证经济学命题，参见布劳格（1990）.
[3]　韦伯提出要把那种认为经济增长不过是贪婪之心或牟利冲动的观念予以清除。其根源就像自由放任经济学的根源一样，可以追溯到通俗化了的亚当·斯密的"看不见的手"，并且扬弃了他把人类视为道德情操载体的复杂见解。参见格林菲尔德（2004：22）。

虑，而这些伦理考虑是能够影响人类实际行为的。根据研究人类行为的经济学者的观点，这些复杂的伦理考虑本身就是基本的事实存在，而不是什么规范判断问题。"① 例如，韦伯研究的新教伦理和森（2000：26）谈到的日本人的团体忠诚现象就属于事实问题，研究它既具有经验意义，也有道德意义，并且可以通过实证的方法进行研究。在这种情况下，这些所谓规范问题是可以依赖于实证研究的。因为实证分析有助于清晰表述某些伦理原则，有助于探讨伦理问题的准确内涵，澄清价值、价值的结果以及获取价值的必要途径等。② 事实上，这恰恰是经济学和伦理学的结合点所在。

二　"范式之争"

学界关于马克思主义政治经济学与现代西方主流经济学相互关系的讨论由来已久。从马克思主义政治经济学建立自身独立的理论体系时起，批评、争论乃至敌意的攻击就已存在，庞巴维克的"体系终结论"和波普的"历史主义贫困论"都在其列。今天，对马克思主义及其经济学的质疑和反对意见在很大程度上，尚未完全脱离这两种观点的范围。与此同时，马克思主义政治经济学的研究传统即使在新古典经济学占主流地位的西方也并未消失。因此，有的学者指出："问题已经不再是马克思主义政治经济学的一些具体论点是否有效、能不能被否定，而在于马克思主义政治经济学作为一个整体，作为一种范式是否具有可行性和生命力。"（张宇、孟捷，2002）

出于维护和发展马克思主义政治经济学的目的，将其纳入"范式"或常规科学的分析框架，以论证其科学性，这种做法具有积极的意义。它试图表明，马克思主义政治经济学具有统一的框架，并且在和西方主流经济学范式比较的时候具有明确的边界。在此基础上，人们通常提出的问题是：马克思主义政治经济学能否被西方主流经济学取代？在哪些

---

① 参见森（2000：13）。黄有光也提出福利经济学可以用实证的方法加以研究，参见黄有光（2005）。

② 参见博曼（2006：254）。豪斯曼认为社会选择理论这类最具技术化的经济学分支，最有可能对伦理学做出贡献，参见豪斯曼（2007：242）。

方面或层面上二者可能互补？但是，在回答这些问题之前，我们首先需要考察如何定义马克思主义政治经济学范式。如果把马克思主义政治经济学和现代西方主流经济学视为并列的范式，主流范式无法消解的马克思主义政治经济学的方法是什么？

(一) 范式的定义问题

我们首先来看国内外学界定义马克思主义政治经济学范式或研究纲领的两个代表性观点。霍华德与金 (2003) 认为，要想使马克思主义政治经济学不至于沦落为新古典经济学理论中一个具有社会倾向和历史意识的细小分支，其"坚硬的内核"就应该包括四个方面的内容：(1) 资本主义社会的阶级性质及其斗争的现实；(2) 紧紧抓住社会再生产过程中的关键问题，即资本主义社会所发生的变化、繁荣和衰退的情况等；(3) 强调再生产过程的矛盾性，特别是阶级和阶级分化对该制度可能产生的威胁；(4) 从"不平衡发展"的概念出发，说明作为一个"世界体系"的资本主义为什么不能平稳而协调的发展。

林岗、张宇 (2001、2003) 等学者认为："历史唯物主义的两个基本命题，即生产力决定生产关系、经济基础决定上层建筑，构成了马克思主义政治经济学的分析范式"，马克思主义政治经济学的方法论原则可以归结为五个基本命题：(1) 用生产力与生产关系的矛盾运动解释社会经济制度的变迁；(2) 在历史形成的社会经济结构的整体制约中分析个体经济行为；(3) 以生产资料所有制为基础确定整个社会经济制度的性质；(4) 依据经济关系来理解和说明政治法律制度和伦理规范；(5) 通过社会实践实现社会经济发展合规律与合目的的统一。

不过以上定义存在的问题是，用于定义范式的命题到底是属于范式本身即方法论的规定，还是仅属于范式的"附加规则"？在范式分析框架内，规则表现为一种把问题或事实联系起来的稳定结构,[1] 从而为遵从该范式的人提供了一种使其"能满怀信心地集中钻研由这些规则和现有知识已为他界定好了的深奥问题"的承诺 (库恩，2003：39)。范式是比具体规则更具有优先性、全局性和约束力的方法论或世界观。范式

---

[1] 这种结构既可以表现为某种因果关系的法则，也可以采取由"是"导出"应是"的命题的方式，甚至也可以是科亨 (1989) 为历史唯物主义进行辩护所采取的功能主义解释。

及其方法论原则是在规则之上并导出规则或命题的原因。定义范式所包含的选择问题的标准、解决问题的手段等并不为遵从该范式的人提供"承诺"。即使没有规则，范式仍能指导研究。因此，"范式的存在并不意味着有任何整套的规则存在"。（库恩，2003：41）如果遵从范式的人始终按照某种既定的规则来确定事实或理论的关系，常规科学就会受到相应的制约，从而不可能取得连续的、累积的进步。因此，库恩认为"范式代替规则将使我们对科学领域和专业的多样性更容易理解"。（库恩，2003：46）

如果我们接受范式学说（包括库恩对"范式"与"规则"的区分），就会发现，上述两种关于马克思主义政治经济学范式的定义实际上都是从马克思主义政治经济学研究应当遵从哪些规则的角度出发的。因为社会的阶级性质、"制度变迁是由生产力和生产关系的矛盾导致的"，以及"社会经济制度的性质是由生产资料所有制决定的"等命题都是从马克思主义学说中直接提取的经典结论。因此，用这些范畴和命题来定义马克思主义政治经济学范式，只是一种同义反复式的循环论证，而不能为该范式的科学性提供终极支持。用规则来定义范式，对马克思主义政治经济学的发展构成了制约。事实上，把马克思主义政治经济学纳入范式分析框架所遇到的困难，从来都不是从马克思主义学说中抽象或发展出各种各样的规则，而是确定该范式的核心方法论。正如卢卡奇（1992：47-48）指出的："我们姑且假定新的研究完全驳倒了马克思的每一个个别的论点。即使这点得到证明，每个严肃的'正统'马克思主义者仍然可以毫无保留地接受所有这种新结论，放弃马克思的所有全部论点，而无须片刻放弃他的马克思主义正统。所以，正统马克思主义并不意味着无批判地接受马克思研究的结果。它不是对这个或那个论点的'信仰'，也不是对某本'圣书'的注解。恰恰相反，马克思主义问题中的正统仅仅是指方法。"

重新认识或修正规则属于完善研究纲领的"保护带"的工作，并没有触及范式或研究纲领的"硬核"，也不足以改变范式。如果要正确定义马克思主义政治经济学范式，就必须回答以下问题：马克思主义政治经济学核心的方法论原则是什么？透过这一原则，我们应该看到一幅与主流经济学范式不同的图景。接下来将考察马克思主义政治经济学范式的若干方法论特征能否满足这个要求。

(二) 范式的比较问题

把马克思主义政治经济学纳入范式分析框架的一个重要目的是为了与主流经济学范式进行比较，并从中指明马克思主义政治经济学范式的方法论特征。学界具有代表性的观点分别从生产的物质性与社会性、个体主义与整体主义、历史主义与形式主义的二分法等方面，试图说明两种范式的对立和区别。

1. 生产的物质性与社会性

从最一般的意义上来讲，马克思主义政治经济学的研究对象及其分析工具与古典经济学相比，并没有显著的差别。① 它们都把社会经济关系作为政治经济学的研究对象。马克思提出，《资本论》的研究对象是"生产方式以及和它相适应的生产关系和交换关系"和"现代社会的经济运动规律"。约翰·穆勒（1991）在《政治经济学原理》中也阐述了经济学的研究对象，他写道："政治经济学家们声称是讲授或研究财富的性质及其生产和分配规律的……就各国的经济状况取决于物理知识而言，这是自然科学和建立在自然科学之上的工艺技术所要研究的问题。但是，就原因是道德的或心理的，依赖于各种制度和社会关系，依赖于人类的本性而言，这些则不属于自然科学的范畴，而是属于道德和社会科学的范畴，是所谓政治经济学研究的对象。"

就一般的分析工具而言，马克思指出："分析经济形式，既不能用显微镜，也不能用化学试剂。二者都必须用抽象力来代替。"他引用了当时学者对《资本论》的评价："就理论本身来说，马克思的方法是整个英国学派的演绎法，其优点和缺点是一切最优秀的理论经济学家所共有的。"②

但是，如果马克思在研究对象和分析工具上没有超越古典学派，取

---

① 除非我们认定马克思使用的范畴——比如生产方式、生产关系、经济运动规律等——具有特殊的含义。但是，这种特殊性恰恰就是有待讨论的方法论原则。

② 在非马克思主义政治经济学看来，马克思的经济学说是古典政治经济学的分支，继承了李嘉图学派的传统。例如，熊彼特认为"批评李嘉图就是他（马克思）的方法"，"因为他自己的议论显然是从李嘉图的命题出发，更重要的是他从李嘉图那里学会推理的艺术"。

代古典学派而发展起来的新古典范式是否意味着也超越了马克思主义范式呢？如果马克思主义政治经济学仍然是可以与主流范式并存的范式，它在方法论上——而不是具体命题或结论——有哪些内容不仅是超越古典学派的，而且也是不能被新古典范式消解或取代的呢？

一种具有代表性的观点认为，马克思主义政治经济学与研究资源配置或"生产一般"的新古典范式相比，强调的是研究特定生产方式的资源配置问题（吴易风，1997）。换句话说，二者在强调生产的社会性与物质性方面存在着深刻的对立。① 这种看法虽然突出表明了两种范式在研究对象上的区别，但是把主流范式的研究对象归结为抽象的资源配置或生产的物质内容而不涉及生产方式和生产关系，这种做法恐怕过于简单。按照罗宾斯（2000）提出的标准，"一门学科的统一性，仅仅表现在该门学科所能解决的问题的统一性上"，穆勒的上述观点可以延伸为以下结论：由于现实的人类行为是经济、政治、伦理等各方面因素共同作用的结果，所以政治经济学或经济学只能"把注意力集中于人类行为的某一特定方面，即稀缺性迫使人类采取的行为方式"。② 因此，为了与穆勒－罗宾斯传统相对应，把马克思主义政治经济学定义为研究生产关系即生产的社会内容的范式，充其量只能使其获得与主流范式对等的理论地位。不仅如此，这种定义和划分还使两种范式形成了事实上的互补关系。由此带来了理论上的一种尴尬：在强调马克思主义政治经济学范式的指导地位的同时，不得不承认并强调主流范式对于解释"社会化大生产的一般规律"是有用的，是应该借鉴的。而主流范式同样可以说，马克思主义学说的许多思想和观点已经融入了现代社会科学的各个领域，其强调利益关系及冲突的思想方法对今天的主流范式仍然构成了一种补充。

实际上，马克思主义和非马克思主义政治经济学对经济二重性的认识并不存在表面分歧。任何社会的生产过程都既是物质的、技术的过程，也是社会的、历史的过程；经济主体既是具有独立意志的个体，同时也

---

① 至于生产的历史性质和非历史性质的问题，参见下文的分析。

② 布劳格指出，罗宾斯以现代语言重申了西尼尔、穆勒、凯尔恩斯的立场。虽然他的定义带有奥地利学派的色彩，但是"现在在每一本价格理论教科书的第一章都有这一定义的回响"。

会受到现存制度和规则的约束。重要的是对于二重性关系给予理论说明。如果把二重性的内部联系割裂和对立开来，将其分置两端，以其中的某一个方面来定义范式，这就成了简单的二分法。把马克思主义政治经济学与主流经济学的对立看成是强调生产的社会性与物质性的对立，就是二分法的产物。基于二分法来比较范式，是不可能得出哪个范式更优越的结论的。因为不同范式"选择问题的标准"不一样，"范式辩论总会涉及这个问题：哪一些问题比较值得去解答"。（库恩，2003：100）每个学派都会用自己的范式为该范式进行辩护。① 正如前面讨论范式定义的问题时指出的，循环论证的特点使范式——不管其说服力有多强——最终只能作为一种劝说的手段。（库恩，2003：87）

2. 个体主义与整体主义

个体主义与整体主义是另一个被经常作为两种经济学范式区别的二分法的产物。其依据是经典作家批判庸俗经济学对社会经济事实进行了"过度的抽象"。马克思曾经指出，被斯密和李嘉图当作出发点的"单个的孤立的猎人和渔夫"只是大大小小的"鲁滨孙一类故事所造成的美学上的假象"。这种经济学把摆脱了狭隘的自然联系和依附关系的个人当成是历史的起点，但是这样的个人实际上只是18世纪走向成熟的市民社会——"具有迄今为止最发达的社会关系的时代"——的结果。② 在马克思看来，个人"是经济范畴的人格化，是一定的阶级关系和利益的承担者……不管个人在主观上怎样超脱各种关系，他在社会意义上总是这些关系的产物"③。

应该看到，马克思所批判的本体论的个人主义方法论的问题已经被现代主流经济学范式意识到并加以了改造。今天的主流范式转而从实证主义和工具论的角度构建其"理性人"的基本概念。这种方法论提出的

---

① 也许有人认为范式间的区别可以被归结为阶级利益和阶级意识的产物，即资本主义生产方式的确立和生产关系的变化导致资产阶级经济学的历史使命发生了相应的转变。这种解释的困境在于，首先，两种范式的成员实现自身利益的社会机制（比如职业）的差别并不像其观点的对立那样突出。其次，即使科学家或经济学家自觉、不自觉地成为某个阶级的代言人，但这对任何范式的成员来说都是一样的，而我们在判断范式的优劣时很难从阶级性的角度找到一个对应的科学标准。

② 《马克思恩格斯文集》第8卷，人民出版社，2009，第5页。

③ 《资本论》第一卷，人民出版社，2004，第10页。

基本图式是：只有个人才有目标和利益，因此对社会现象的解释应该以
个体的特性、信念、禀赋及其相互关系为依据，社会系统及其变迁最终
可以追溯到个人行为。而整体主义方法则强调整体对部分行为或功能的
制约，因此有关个体行为的解释应该以社会的法律、习俗以及个人在整
体中的地位或作用为依据。（博兰，2000）

如果人们不能提出一个超越个体主义工具论的方法，而把马克思主
义范式的方法论原则定义为与个体主义本体论相对立的（制度）整体主
义，就会把马克思主义政治经济学范式暴露在个体主义方法对整体主义
方法的批判之下。因为从本体论的角度来讲，个体主义与整体主义的二
分法存在着"无休止倒推"的问题。（霍奇逊，1993）个体和整体都无
法取得绝对的第一性地位。由此带来的后果是，人们不得不用"制度选
择模型和制度理性模型"来补充马克思主义的历史唯物主义命题。（张
宇、孟捷，2002）但是这样一来，马克思主义政治经济学与主流经济学
（包括该范式内的新制度经济学）的边界不是变得更清晰了，而是变得
更模糊了。

用整体主义方法定义马克思主义政治经济学范式的偏差在于混淆了
整体和总体两个不同的范畴。与整体主义的"整体"概念相比，马克思
主义政治经济学强调的是"总体"概念，也就是把个别的、具体的、孤
立的经济事实（"具体历史"）理解为"总体历史"的中介环节。这些所
谓的"具体历史"或中介环节，在理论中既是扬弃现实矛盾的产物，也
是被扬弃的现实矛盾。①"具体历史"和个别事实的"合理性"不取决于
它自身或纯粹理性的规定，而是根据它在"总体历史"中的地位和作用
确定的。所以，理论对社会经济事实"合理性"的把握只有在对"总体
历史"的把握中才能确定。即使我们可以借助自然科学的方法，实证地、
完备地获得有关"具体历史"的具有"精确性"和"纯粹性"的事实，
但是如果没有总体的历史观，政治经济学就会"把有机地联系着的东西
看成是彼此偶然发生关系的、纯粹反思联系中的东西"。②

"总体"对个别事实和"具体历史"的优先性与"整体"对部分或

---

① "矛盾"不能直接等同于"对抗性"和"不合理性"。它只是表示社会经济事实不断改
　变、各个中介环节不断向新的中介环节过渡的事实。
② 《马克思恩格斯文集》第8卷，人民出版社，2009，第12页。

个体的"第一性"有着本质的区别。"总体"的优先性是方法论意义上的，即社会经济历史是通过一系列运动和转化的中介环节才得以成为能被理论把握的总体。政治经济学既不存在独立于个别事实或部分之外的"整体"，也不存在不进入总体历史的部分或个体。① "科学上正确的方法"是从表象的具体达到越来越稀薄的抽象，直到一些最简单的规定，然后再回到一个具有许多规定和关系的丰富的总体。"历史发展总是建立在这样的基础上的：最后的形式总是把过去的形式看成是向着自己发展的各个阶段。"② 由此可见，马克思著名的"从抽象上升到具体"的方法论命题只不过是总体方法的一种运用。而在整体主义方法当中，"整体"不仅是"第一性"的，而且具有某种不为部分（个体）所具有的特质。因此它理所当然地要求把某个"整体"置于理论的开端。但是，在个体主义看来，通过把这一"整体"处理为外生变量或约束条件，静态或比较静态的研究就能够彻底转移到个体主义的立场上。从根本上来讲，由于个体与整体在理论和逻辑上具有对称或等价的地位，把马克思主义政治经济学方法定义为整体主义不可能构成对主流范式的实质性超越。

3. 历史主义与形式主义

历史唯物主义命题在马克思主义理论体系中具有基础性的地位。无论是马克思主义的支持者还是像波普这样的反对者，一致认为这一历史观构成了马克思主义研究纲领的"硬核"。马克思主义范式因此也被贴上了历史主义的标签。因此，如何认识"历史主义"及其与主流范式的"形式主义"的关系，就成为论证马克思主义范式科学性的重要问题。

马克思在《〈政治经济学批判〉序言》中对历史唯物主义命题作了经典的阐述，即"人们在自己生活的社会生产中发生一定的、必然的、不以他们的意志为转移的关系，即同他们的物质生产力的一定发展阶段相适合的生产关系。这些生产关系的总和构成社会的经济结构，即有法律的和政治的上层建筑竖立其上并有一定的社会意识形式与之相适应的

① 卢卡奇（1992）对此有过一个很好的比喻："对历史的一个方面的描述同对历史作为一个统一过程的描述之间的对立，不是像断代史同通史之间的区别那样只是范围大小的问题，而是方法的对立，观点的对立。"

② 以劳动为例。马克思指出，这个被现代经济学提到首位并且表现出适用于一切社会形式的经济范畴是以"对任何种类劳动的同样看待，以各种现实劳动组成的一个十分发达的总体为前提"的。

现实基础。物质生活的生产方式制约着整个社会生活、政治生活和精神生活的过程。不是人们的意识决定人们的存在，相反，是人们的社会存在决定人们的意识。社会的物质生产力发展到一定阶段，便同它们一直在其中运动的现存生产关系或财产关系（这只是生产关系的法律用语）发生矛盾。于是这些关系便由生产力的发展形式变成生产力的桎梏。那时社会革命的时代就到来了。随着经济基础的变更，全部庞大的上层建筑也或慢或快地发生变革。"①

　　众所周知，对上述命题最有力的攻击来自波普。通过把马克思主义描述为"历史主义的最纯粹的、最发达的和最危险的形式"，波普（1999：140，145 – 146）宣称"马克思主义的方法是十分贫乏的"。与此同时，波普（1986）认为，辩证逻辑不能构成一种与形式逻辑对等的科学的逻辑理论。为了维护马克思主义范式并论证历史唯物主义的"科学性"，现代的研究者试图把历史唯物主义命题分解为若干形式主义的命题。比如分析哲学的代表人物科亨（1989）。在他们看来，把马克思的历史观分解为"生产力的第一性""在历史形成的社会经济结构的整体制约中分析个体经济行为""经济关系决定政治法律制度和伦理规范"等形式主义的命题，就可以避免把历史唯物主义当成一种含混的历史主义。②

　　但是，只要把历史主义看成是与形式主义相对立的方法，把历史发展的辩证逻辑看成是与形式逻辑相对立的分析工具，无论形式化的工作多么完备，历史唯物主义命题都摆脱不了人们对于其中的"历史决定论"和"社会进化论"色彩的质疑。一方面，它既不能使历史唯物主义命题免受形式逻辑——在这里是指与矛盾推理不相容的"纯粹的科学方法"——的批评（波普，1986）；另一方面，也无法使其免受"社会境况的逻辑"——把历史唯物主义命题视为"依赖的因果之链"——的批评（波普，1999）。解决历史主义与形式主义的矛盾的办法，并不是给历史唯物主义命题穿上符合主流范式标准的形式主义的外衣。我们无须

---

① 《马克思恩格斯选集》第 2 卷，人民出版社，1995，第 32 ~ 33 页。
② 波普区分了历史唯物主义"两个不同的方面。第一方面是历史主义，主张社会科学的领域应该和历史的或进化论的方法相一致，尤其是和历史相一致……第二个方面是经济主义（或'唯物主义'），即主张社会的经济组织、我们与自然界进行物质交换的组织，对一切社会制度，尤其是对它们的历史发展而言，是基本的"。波普认为，第一种主张应该消除，而第二种主张是很正确的。

直接讨论历史唯物主义命题的真伪就可以发现，如果要为其进行辩护，必须坚持采取马克思主义范式独有的方法论原则。这个核心的方法论原则只能是总体历史观和总体方法，而不能以形式主义为标准。

马克思、恩格斯指出，历史唯物主义"这种历史观就在于：从直接生活的物质生产出发阐述现实的生产过程，把同这种生产方式相联系的、它所产生的交往形式即各个不同阶段上的市民社会理解为整个历史的基础，从市民社会作为国家的活动描述市民社会，同时从市民社会出发阐明意识的所有各种不同理论的产物和形式，如宗教、哲学、道德等等，而且追溯它们产生的过程"。① 这种历史观并没有包含着对历史决定论或社会进化论的诉求，同时也无法以形式主义作为其"科学性"的标准。因为形式主义本身只是一种"自身对自身"的关系（即自我定义的符号系统），它无法成为判断事实真实性和理论科学性的充分条件。而且，形式主义对于说明中介范畴相互转化、总体历史逐渐"浮现"的理论构建要求并不是一个合适的工具。正如马克思在批判蒲鲁东时指出的："每一个社会中的生产关系都形成一个统一的整体。蒲鲁东先生把种种经济关系看作同等数量的社会阶段，这些阶段互相产生，像反题来自正题一样一个来自一个，并在自己的逻辑顺序中实现着无人身的人类理性。"② 这种"把运动的逻辑公式看作是一种绝对方法"的思想观点如果"运用到政治经济学的范畴上面，就会得出政治经济学的逻辑学和形而上学……（从而）没有'与时间次序相一致的历史'，只有'观念在理性中的顺序'"。③

如果说马克思主义政治经济学范式具有历史主义特征的话，其真正的含义不仅在于它比主流经济学范式更加强调生产的历史性质，④ 而且与强调"具体历史"和个别事实的历史学派不同，它是通过总体方法来认识和把握特定生产方式的内部关系的，也就是把个别的、具体的经济

---

① 《马克思恩格斯文集》第 1 卷，人民出版社，2009，第 544 页。
② 《马克思恩格斯文集》第 1 卷，人民出版社，2009，第 603 页。
③ 《马克思恩格斯文集》第 1 卷，人民出版社，2009，第 600 - 602 页。
④ 正如罗宾逊（1962）指出的："（正统派）不注意实际情况的历史特征，尤其他们往往用平等的小有产者社会的经济学来分析进步的资本主义……马克思的知识工具要比他们的粗糙得多，但他的现实感却比他们强烈得多，他的理论以粗率而黯淡的壮观高耸在他们错综复杂的建筑之上"。

事实理解为"总体历史"发展过程中的一个个中介环节，从它们的矛盾和转化关系中说明历史发展的规律，并且"在对现存事物的肯定的理解中同时包含对现存事物的否定的理解，即对现存事物必然灭亡的理解……对每一种既成的形式都是从不断的运动中，因而也是从它的暂时性方面去理解"。① 如果没有总体历史观，政治经济学就会"把有机地联系着的东西看成是彼此偶然发生关系的、纯粹反思联系中的东西"。②

举两个《资本论》中的例子。在分析货币的起源和性质时，马克思是以商品世界的内部矛盾为基础的。商品二因素导致的交换过程的困难，使商品交换采取了相对价值形式与等价形式对立的形式，这种形式的最终发展结果就是作为货币的特殊商品从一般商品世界中独立出来，从外部与其他商品相对立。"货币的魔术就是由此而来的。"但是，如果仅仅采取形式主义的分析，由于从商品内部矛盾发展为货币与商品的外部对立的"中介运动在它本身的结果中消失了，而且没有留下任何痕迹"，也就无从"了解商品怎样、为什么、通过什么成为货币"。③ 再比如价值转化为生产价格的"转形问题"。至今仍有不少学者试图为其提供一个符合形式主义标准的答案。④ 但是，从总体方法的角度来看，马克思提出"转形问题"的目的并不在于获得技术上或形式（逻辑）上的某种推理结果，而是说明资本主义商品生产关系对一般商品生产方式的改造和"扬弃"。在形式主义分析中，我们完全看不到货币按照商品交换的逻辑转化为资本、商品所有权规律转化为资本主义占有规律、资本与劳动在资本主义生产过程内部的对立转化为资本与资本在市场上的外部对立等中介环节。正如有的学者指出的那样，"转形问题"对政治经济学的重要性"不存在于生产价格的量上，而是存在于它们的意义和观念上。把转形问题改变成仅仅是计算问题，简直就是把马克思改变成新古典经济学"。（谢克，1992）

马克思主义政治经济学体系中很多在形式主义看来相互矛盾的范畴，比如价值与生产价格的背离，在总体方法看来却是同一逻辑——所有制

① 《资本论》第一卷，人民出版社，2004，第22页。
② 《马克思恩格斯文集》第8卷，人民出版社，2009，第12页。
③ 《资本论》第一卷，人民出版社，2004，第112-113页。
④ 比如"Temporal Single System"学派，参见 Kliman & McGlone (1999)。

和所有权——发展的结果。① 马克思在一段著名的论述中指出："尽管每一个单独考察的交换行为仍遵循交换规律，但占有方式却会发生根本的变革，而这丝毫不触犯与商品生产相适应的所有权。这同一所有权，在产品归生产者所有，生产者用等价物交换等价物，只能靠自己劳动致富的初期，是有效的；在社会财富越来越多地成为那些能不断地重新占有别人无酬劳动的人的财产的资本主义时期，也是有效的。……商品生产按自己本身内在的规律越是发展成为资本主义生产，商品生产的所有权规律也就越是转变为资本主义的占有规律。"②

由此可见，理解和描述总体历史观的工具——辩证逻辑——并不是一种与"英国学派的演绎法"即形式逻辑并列的纯粹的逻辑理论。它和形式逻辑也谈不上对立和冲突。总体方法需要使用辩证逻辑根据总体历史观来"摆放"个别事实和具体历史在理论中的位置，因此辩证逻辑的作用主要体现在研究过程中，而形式逻辑的作用主要体现为一种叙述方法。马克思十分清楚二者的区别。他在《资本论》中写道："在形式上，叙述方法必须与研究方法不同。研究必须充分地占有材料，分析它的各种发展形式，探寻这些形式的内在联系。只有这项工作完成以后，现实的运动才能适当地叙述出来。这点一旦做到，材料的生命一旦在观念上反映出来，呈现在我们面前的就好像是一个先验的结构了。"③ 这个看似先验（符合纯粹理性和形式主义标准）的理论结构，其实只是利用辩证逻辑把握社会经济事实及其发展进程的结果。总体的历史"事实上是思维的、理解的产物；但是，决不是处于直观和表象之外或驾于其上而思维着的、自我生产着的概念的产物，而是把直观和表象加工成概念这一过程的产物"。④ 只有从这个意义上才能理解马克思提出的"历史与逻辑

① "在每个历史时代中所有权是以各种不同的方式、在完全不同的社会关系下面发展起来的。因此，给资产阶级的所有权下定义不外是把资产阶级生产的全部社会关系描述一番。"《马克思恩格斯选集》第1卷第177页的这段经常被人引用的话特别明确地表达了"总体的历史观"，即有关"所有权""生产价格"这样的具体范畴或具体历史是如何融入"总体历史"的。马克思的这段话同时还表明了，"资产阶级的所有权（制）"并不是整体主义方法意义上的"第一性"的关系和范畴。
② 《资本论》第一卷，人民出版社，2004，第677~678页。
③ 《资本论》第一卷，人民出版社，2004，第21~22页。
④ 《马克思恩格斯文集》第8卷，人民出版社，2009，第25页。

相一致"的命题，而不是把历史主义与形式主义看成不可调和的方法论原则。

（三）结论

施蒂格勒在《经济学家与说教者》中建议人们在六十岁以前不要考虑经济学的方法论问题。因为方法论问题带有终极性质，凝聚了范式成员秉持的共同信念和价值，是具有形而上性质的"硬核"。[①] 仅仅为了搞清楚有关方法的确切含义及其基础，学习者就将花费大量的时间。把人们束缚在有关方法的严格定义上会阻碍知识的积累，并且知识积累往往先于按照某种（科学的、道德的、实践的）标准对知识进行取舍或筛选的过程，因为标准本身也是知识积累的产物。正如西奇威克所言，经济学家容易"低估探索每一个关键术语的最确切定义的过程本身所具有的意义，而容易夸张最后找到它的意义"。（J. N. 凯恩斯，2001：108）

但是对马克思主义政治经济学研究来说，讨论方法论问题却十分必要。因为在诠释和发展马克思主义的过程中，除了显而易见的庸俗见解之外，[②] 更值得人们注意的是那些似是而非的深刻见解。今天的马克思主义者仍然有必要把波普的话视为有益的提醒："坚持马克思主义根本上是一种方法，是十分正确的……谁要评判马克思主义，他就必须把它作为一种方法来深究和批评，也就是说，他必须以方法论的标准来衡量它。"（波普，1999：145）

把马克思主义政治经济学纳入"范式"分析框架对于维护和论证其科学性的意义十分有限。一方面，用马克思主义政治经济学的具体命题即"规则"来定义范式，具有循环论证的性质；另一方面，在对马克思主义政治经济学范式与现代西方主流经济学范式进行比较的过程中，基于生产的物质性与社会性、个体主义与整体主义、历史主义与形式主义

---

① 拉卡托斯认为，科学研究纲领的反面启发法禁止我们将否定后件式对准其中的"硬核"，而应该将其转向作为"保护带"的辅助假说。因此，纲领支持者的方法论决定了"内核"是不可辩驳的，而一个没有"潜在的证伪者"的命题就是"形而上学的"。参见拉卡托斯（1986）。

② 一种比较流行的看法是，马克思主义政治经济学的劳动价值学说、剩余价值理论以及社会主义社会取代资本主义生产方式的预言只不过是社会价值观和人文关怀的产物。这种看法把马克思主义及其政治经济学降低到了马克思在《哲学的贫困》中批判过的"人道学派"的水平。

等二分法来界定马克思主义政治经济学范式的边界，不仅不能构成对主流范式的超越，反而将其暴露在主流范式的批评下。这种做法对于维护马克思主义政治经济学的"硬核"来讲存在着极大的缺陷，甚至是一种倒退。基于二分法来比较两种范式的区别，这种做法存在着严重的缺陷：一是"规则"不足以代表或代替"范式"本身；二是用二分法来界定马克思主义政治经济学范式的边界不仅不能构成对主流范式的超越，反而会使其暴露在主流范式的批评之下。因此，这种做法对于维护马克思主义政治经济学"硬核"的作用十分有限，甚至是一种倒退。

为了使马克思主义政治经济学能够成为"进步的研究纲领"，马克思主义者必须不断发展和完善其"可反驳的保护带"。在此意义上，我们并非不能接受主流经济学的规则和命题。但是另一方面，如果把马克思主义政治经济学当成一种范式，就不能简单地在替代或互补的关系中寻求它与主流范式的和解，不能简单地把马克思主义政治经济学看成仅仅是对新古典范式遗漏因素——历史、制度、国家和阶级等——的补充分析。① 本书认为，作为马克思主义政治经济学研究纲领和范式的"硬核"是总体方法。总体历史观对于理解历史唯物主义命题、政治经济学的研究对象和范围（生产关系及其再生产②）等问题具有方法论上的优先性。马克思主义者应该借鉴《资本论》等成功范例传递给我们的信息，将这一方法用于当代经济社会关系分析，并且通过不断发展"保护带"来保持马克思主义政治经济学的生命力。

三 作为科学研究纲领的马克思主义政治经济学

为了克服范式分析的局限，同时又符合现代科学哲学建立的标准，我们将马克思主义政治经济学纳入拉卡托斯倡导的"科学研究纲领"框架，为完成其现代转化、阐释其当代价值提供可行的基础。"科学研究纲

① 马克思主义者不能因为诺斯对马克思表示的敬意而得意忘形。
② "人们是在一定的生产关系中制造呢绒、麻布和丝织品的……这些一定的社会关系同麻布、亚麻一样，也是人们生产出来的"。（参见《马克思恩格斯选集》第1卷第141页）"把资本主义生产过程联系起来考察，或作为再生产过程来考察，它不仅生产商品，不仅生产剩余价值，而且还生产和再生产资本关系本身：一方面是资本家，另一方面是雇佣工人"。（参见《资本论》第一卷第634页）

领方法论"（简称 MSRP）相当于一种精致的证伪主义，既不同于波普"不断革命"的学说，也不同于库恩把科学发展归结为非理性信念变换的范式学说，换句话说，该学说试图同时保留波普学说强调的革命性和范式学说强调的稳定性。科学研究纲领是一个理论系列，而不是一个孤立的理论，它由四个部分组成：（1）由不容反驳的基本理论构成的"硬核"；（2）由许多辅助性假设构成的、尽可能保护"硬核"不受经验事实反驳的"保护带"；（3）禁止经验反驳的矛头指向硬核、通过调整（修改或增设辅助性假设）保护带而保护硬核的"反面启示法"；（4）积极改善和发展保护带从而促进纲领进步的"正面启示法"。科学研究纲领的发展变化取决于调整辅助性假设产生的两种影响：如果一个科学研究纲领经过保护带的调整之后，构成了进步的"问题转换"，即理论的预见性或逻辑推理的有效性增强了，又或者理论增加的经验内容得到了证实，它就是一个进步的研究纲领，否则就是一个退化的研究纲领。

在研究纲领分析框架下，坚持、维护和发展一套理论学说大体上分别对应的是：坚持——硬核的内容不容反驳和否定；维护——通过"反面启示法"将新的经验反驳导向辅助性假设的调整；发展——通过"正面启示法"实现理论上或经验上进步的问题转换。如果我们把马克思在《资本论》中构建的理论体系视为一个研究纲领，那么既可以看到其中对历史唯物主义理论的坚持并将其作为政治经济学批判的基本武器，也可以看到马克思为了解决剩余价值与商品等价交换规律之间的矛盾（经验反驳）而建立了劳动力商品理论（增加辅助性假设），还可以看到马克思在资本主义竞争的基础上提出利润率趋于下降的理论。因此，科学研究纲领方法论对于马克思主义政治经济学是适用的。相比前面提到的范式学说，研究纲领具有更大的弹性和韧性，对于哪些内容是不容更改的，哪些内容是应该接受经验事实的验证并随之调整的，哪些内容是需要发展和创新的，也有更加清晰的界定。而且相比以二分法为基础的范式之争，研究纲领为马克思主义政治经济学的开放性及其与西方经济学合理成分的结合提供了可能。

（一）马克思主义政治经济学的"硬核"

硬核是一个研究纲领的基础和核心，决定了这套理论系统的基本性质和特征。这一点与范式有相通之处，只不过库恩的范式学说把范式共同体的心理信念置于中心位置，拉卡托斯的学说则坚持科学研究的理性原则和经验性质。按照这一标准，一套经济学理论体系硬核的基本要素一是其研究对象，二是其根本的方法论原则。马克思主义政治经济学研究纲领的硬核就是以生产关系作为政治经济学的研究对象，以唯物史观作为最根本的方法论基础。

　　研究对象的界定之所以重要，原因在于它为研究者确立了选择问题的标准，决定了"哪一些问题比较值得去解答"。在古典政治经济学时代，无论是亚当·斯密关于资本主义国民财富增长根本原因的研究，还是李嘉图关于财富分配规律的研究，其性质和目的与马克思提出的"揭示现代社会的经济运动规律"是一样的。正是在这个意义上，马克思指出古典经济学不同于"只是在表面的联系内兜圈子"的庸俗经济学，而是"研究了资产阶级生产关系的内部联系"。在新古典经济学时代，政治经济学的研究对象被罗宾斯定义为因稀缺性导致的人类行为方式，甚至政治经济学的名称也为了模仿自然科学的学科名称而简化为经济学。进入现代以来，在贝克尔、波斯纳等人的倡导下，经济学的研究对象甚至消失了，转而成为一种纯粹的研究方法或决策方法（个体的理性选择）。由个体效用、最大化行为等理论构件组成的现代西方经济学的硬核已经完全脱离了古典经济学对政治经济学研究对象的界定，更不可能把生产关系作为所要研究的问题的选择标准。其后果是生产、交换、分配等经济活动的社会历史性质很大程度上从经济学的视野内消失了。

　　造成上述转向的原因不在于古典政治经济学家和马克思没有认识到作为物理事实的"稀缺性"，或是不关心经济活动的效率。马克思在《〈政治经济学批判〉导言》中开宗明义地提出"摆在面前的对象，首先是物质生产"。物质生产活动是人类社会为了克服稀缺性满足自身需要的根本途径，也是实现人类自身发展的基本手段。虽然经济学理论可以把一切生产阶段共有的一般条件当作一般的规定或者前提确定下来，但是我们无法用这些抽象的要素理解任何一个处于特定历史阶段的现实经济系统。一方面，社会中从事生产和交换活动的主体不是"被斯密和李嘉图当作出发点的单个的孤立的猎人和渔夫"之类的虚构的人物。现实的经济主体总是"一定的阶级关系和利益的承担者"，"不管个人在主观上怎样超脱各种关系，他在社会意义上总是这些关系的产物"。马克思对古典政治经济学家的错误的批判也适用于新古典经济学。另一方面，如果仅仅停留在经济活动的表象，我们可以认为"在生产中，社会成员占有（开发、改造）自然产品供人类需要；分配决定个人分取这些产品的比例；交换给个人带来他想用分配给他的一份去换取的那些特殊产品；最后，在消费中，产品变成享受的对象，个人占有的对象"。似乎生产、交换、分配、消费也存在某种联系，但是这种表面的联系"是一种肤浅的联系"。因为不仅产品的分配会涉及社会制度与经济利益，直接生产过程本身就是以生产资料在社会成员之间的分配以及社会成员（劳动）在各类产品和部门之间的分配为前提，涉及生产资料所有制这一类的基本制度安排。而且，前一期生产的结果（工具和产品的分配）又构成了下一期生产的前提。那些被思维抽象为生产的"自然前提"（如人口、分工等一般经济范畴），通过特定生产方式的生产和再生产过程，就会从"自然发生的"东西变成历史的东西。正如作为资本主义经济起点的资本家和雇佣工人会"作为资本主义生产本身的结果而不断重新生产出来，并且永久化了"一样。

把生产关系作为政治经济学的研究对象并不是一种武断的随意的选择，它和马克思主义政治经济学研究纲领硬核中的另一个部分——唯物史观——密不可分。首先，唯物史观必然会将政治经济学的研究对象导向"人们在自己生活的社会生产中发生一定的、必然的、不以他们的意志为转移的关系，即同他们的物质生产力的一定发展阶段相适合的生产关系"。历史唯物主义作为《资本论》的根本研究方法，马克思称之为"我所得到的、并且一经得到就用于指导我的研究工作的总的结果"。按照这一认识方法，人们在社会中从事的物质生产活动具有二重性，即物质技术属性与社会历史属性的统一。生产的二重性又表现为生产力和生产关系的对应关系和相互适应的内在要求。其次，政治经济学只有在历史唯物主义方法的指导下才能对生产关系进行科学的研究。一方面，即使是"研究了资产阶级生产关系的内部联系"的古典政治经济学在方法论上也存在缺陷，"把资产阶级生产方式误认为是社会生产的永恒的自然形式"。另一方面，揭示表象背后作为本质的生产关系是科学研究的任务。但是庸俗经济学把经济关系的异化的表现形式当成是不言自明的，对"资本－利润、土地－地租、劳动－工资"这个三位一体的公式"感到很自在"。现代西方经济学的理论形式可以更复杂，工具也可以更精巧，但是从马克思主义的方法论角度看，其主要内容仍然属于对生产当事人的观念做的教条和系统的解释与辩护——消费是个体获取效用的过程，生产只是用生产函数刻画的要素间的物质技术关系，不受阻碍的交换过程最终保证资源能够配置给对其评价最高的人（科斯定理），社会的分配结果则完全由要素市场的供求和价格决定。这种看似完美和自治的理论体系仍然只是在生产、交换和分配的"表面的联系内兜圈子"，仍然犯了《资本论》副标题"政治经济学批判"指向的方法论错误。

以唯物史观为最根本的方法论，以生产关系为研究对象，是马克思主义政治经济学最基本、最独特的理论视角和研究方法。通过将历史唯物主义方法这一"批判的武器"用于古典政治经济学的主要研究对象，马克思确立了自己的政治经济学研究传统和研究纲领。总的来说，马克思主义政治经济学与古典政治经济学的联系主要体现在性质相同的研究对象方面，而古典政治经济学与庸俗经济学以及新古典经济学的联系则主要是在最基本的方法论方面。马克思主义政治经济学与庸俗经济学以及新古典经济学则是具有完全不同的硬核的研究纲领。就马克思主义政治经济学与古典政治经济学的联系来讲，以古典政治经济学的优秀代表亚当·斯密为例，斯密的劳动分工理论虽然也被后来的西方经济学所接受，但是往往被人忽略的是，斯密从技术分工入手，随后就转入有关社会分工问题的论述。因为把劳动者集中在一起进行细致和深入的分工是以一定的资本积累为前提的，而且分工的深化有赖于市场范围的扩大，这和商业资本和商业活动是分不开的，于是就把政治经济学关于财富生产的问题导向了特定的生产关系。"正是由于斯密如此着重人与人的社会关系，他的著作——不仅在道德哲学方面，而且在政治经济学方面——才不同于并且远胜于他的许多前辈和同时代人的著作。"但是从方法论来看，以启蒙运动的自由理性主义为基础的亚当·斯密，试图通过政治经济学论证个体追求自身利益能够实现社会的普遍繁荣（"看不见的手"），从而在19世纪中后期经典社会理论蓬勃兴起之前，为我们提供了一种关于社会秩序的解释。马克思则揭示了在自由主义理论预设的个人背后存在着一定的社会关系，鲁滨孙一类的原子式的生产主体是以18世纪走向成熟的市民社会作为现实基础的。马克思通过他的政治经济学批判，对生产过程中的社会交往形式进行了历史唯物主义研究。亚当·斯密在《国富论》中是带领读者从直接生产过程（技术分工）出发，进而探讨了资产阶级社会的内部联系和社会分工。马克思在《资本论》中则是从生产关系和社会分工出发，带领读者走进生产的"隐蔽的生产场所"（被生产函数掩盖的"黑箱"），"在那里，不仅可以看到资本是怎样进行生产的，还可以看到资本本身是怎样被生产出来的。赚钱的秘密最后一定会暴露出来"。这一论述顺序的区别，体现的正是方法论上的不同。

（二）马克思主义政治经济学的"保护带"

围绕由研究对象和唯物史观方法论构成的政治经济学研究纲领"硬核"，马克思建立了一系列的"辅助性假设"和"保护带"。其中既包括生产资料所有制理论这样的基本原理，也包括劳动价值论这样的基础理论，还包括有关资本主义生产方式的特殊理论命题，如剩余价值理论、资本主义积累的一般规律等。这些辅助性学说通过"从抽象上升到具体"的叙述方法联系在一起，构成了一个内容丰富、层次递进的体系。马克思在《〈政治经济学批判〉导言》和《资本论》中阐述了"从抽象上升到具体的方法"的实质，它是以从具体上升到抽象的研究方法为前提的叙述方法，而不是具体本身的产生过程。其背后的研究过程在于"充分地占有材料，分析它的各种发展形式，探寻这些形式的内在联系"。从研究纲领的角度解读，"从抽象上升到具体"的方法就是通过建立或增添辅助性学说对现实运动或历史现象（包括经验事实或反驳）进行理论阐述，使之"适当叙述出来"。通过这些辅助性学说，马克思解决了古典经济学无法克服的难题，对资本主义生产方式内部联系进行了历史与逻辑相一致的分析。

生产资料所有制理论是马克思主义政治经济学研究纲领的基本辅助性学说，可以说是位于最接近硬核的第一层次的保护带内容。林岗、张宇（2003）从范式的角度提出，以生产资料所有制为基础确定整个社会经济制度的性质是马克思主义政治经济学分析范式应该遵循的一项具体规范。不过从研究纲领的角度来看，所有制理论并不是马克思主义政治经济学硬核的直接构成部分，它是从历史唯物主义理论出发得到的一个必然推论。由于生产资料的分配是物质生产过程的现实起点，特定的所有制关系决定了直接生产过程是由谁控制的，劳动方式是如何组织的，生产成果是如何分配的。因此一方面，生产资料所有制关系在生产关系总和构成的社会经济结构中具有基础和核心的地位。另一方面，如果抛开其他现实的生产关系，孤立地考察所有制关系，我们也得不到任何有意义和有价值的结论。因为所有制关系的表现形式是物（生产资料）的归属或财产关系。如果不考察这种特殊的财产权利关系如何影响生产、交换和分配，我们就无法确定所有制关系的特殊性质和历史性质，无法区分历史上各种不同的私有制经济的不同性质。因此马克思指出："在每个历史时代中所有权是以各种不同的方式、在完全不同的社会关系下面发展起来的。因此，给资产阶级的所有权下定义不外是把资产阶级生产的全部社会关系描述一番。"

劳动价值论是马克思主义政治经济学体系的一项基础理论。该理论不是马克思"发明"的，但是马克思一方面运用自己的方法论对古典政治经济学的价值理论进行了批判和改造，另一方面又通过增加新的辅助性学说，克服了古典政治经济学的内在难题，使劳动价值论成为分析资本主义生产方式的理论基础和逻辑起点。马克思运用方法论批判和改造古典政治经济学的价值理论主要体现在他提出的劳动二重性学说上。马克思指出："古典政治经济学在任何地方也没有明确地和十分有意识地把体现为价值的劳动同体现为产品使用价值的劳动区分开"，"商品中包含的劳动的这种二重性，是首先由我批判地证明了的。这一点是理解政治经济学的枢纽"。劳动二重性学说不仅消除了马克思之前的经济学在价值概念上的混乱，为阐明劳动是价值的唯一源泉提供了可靠的基础，而且还是理解资本主义生产过程的性质（劳动过程和价值增殖过程的统一）、剩余价值的创造过程以及消除"西尼耳的最后一小时"之类的谬误的关键。马克思还通过增加一系列新的辅助性学说来克服古典政治经济学的内在难题，其中最重要的内容包括马克思通过劳动力商品理论解决了资本主义剩余价值与等价交换之间的表面矛盾，通过建立生产价格理论解决了资本主义的市场价格与劳动价值不一致的矛盾。从研究纲领的角度讲，需要政治经济学解决的矛盾相当于经验反驳，马克思提出的这一系列独特理论都是运用正面启示法和反面启示法的结果，或者是修正（古典政治经济学）原有的理论和辅助性假设，或者是根据资本主义的现实经济关系增加新的辅助性学说，从而保持了学说的体系完整和逻辑一致。

最终，这些理论呈现为一条完整的逻辑链条，从形式上看就是由一系列中介构成的"从抽象上升到具体"的过程。

所有制理论和劳动价值论都属于马克思主义政治经济学研究纲领的保护带内容，二者之间存在着紧密的联系，忽视这种联系往往是对劳动价值论产生误解和质疑的根源。对劳动价值论最常见的一种批评意见认为它在解释现实的价格决定和价格变化方面不如西方经济学的供求价格理论实用有效。进一步的质疑认为，既然劳动价值论必须经过"转形"才能解释资本主义市场价格，我们为什么还要保留"转形"之前的理论而经过这样一种不必要的迂回呢？其实，马克思对劳动价值论和生产价格理论反映的不同经济关系讲得再清楚不过了："当供求是在资本主义基础上发生的时候，当商品是资本的产品的时候，供求以资本主义生产过程为前提，因而是和单纯的商品买卖完全不同的复杂化了的关系"。价值的本质规定是由私人劳动转化而来的社会劳动。只要私人劳动还不是直接社会化的劳动（比如共同体当中的个人劳动），而且也不能依靠自己的劳动实现自给自足，还必须通过与其他人进行交换来满足自己的需要，那么按照价值的本质规定，这种价值关系已经包含了"迂回"的必然性。然而，私人劳动的社会化在不同的经济关系当中会采取完全不同的（价值）形式。这时，生产和交换的社会条件——其中最重要的是生产资料所有制关系——对于价值形式就具有决定作用。然而，即使是以斯密和李嘉图为代表的最优秀的古典政治经济学家也都把注意力完全放在了对价值量的分析上面，而"把价值形式看成是一种完全无关紧要的东西或在商品本性之外存在的东西……忽略价值形式的特殊性，从而忽略商品形式及其进一步发展——货币形式、资本形式等等的特殊性"。

商品生产和发达的商品流通是资本主义的历史前提。商品形式或劳动产品的价值形式是资本主义生产方式最一般的形式。然而，比较简单商品流通形式和资本的流通形式可以发现二者存在根本的不同。商品的价值在简单流通中采取的形式（货币）只是充当交换的媒介，运动一结束就消失。"相反，作为资本的货币的流通本身就是目的，因为只有在这个不断更新的运动中才有价值的增殖。"由此可见，价值形式在简单（纯粹）商品经济和资本主义商品经济条件下是不同的。人们通常理解的劳动价值论可以称为狭义的劳动价值论，也就是反映简单商品经济中的价值关系的学说。简单商品经济的所有制基础是生产资料归商品生产者私人所有（在极端的情况下也可以是生产资料对所有人而言是无主物），生产者既是所有者又是劳动者。从资本主义经济的角度来看，简单商品经济是一种"自我雇佣"的劳动制度。斯密关于猎人和渔夫的交换理论，事实上就是以这种生产和交换条件为基础提出的一个"思想实验"。洛克的财产权利学说背后也隐含着性质相同的社会条件，即每个人对生产资料——在洛克那里表现为最初是无主物的土地——的占有以不破坏其他人从事生产的机会和权利为条件。我们把这种所有制关系的表现形式称为劳动者具有完备的"自生产权利"。资本主义经济的所有制关系是以劳动者与生产资料相分离为基础建立的（资本）雇佣劳动制度。劳动者完备的"自生产权利"被资本通过竞争和流动实现的平等的支配劳动及其产品（等量资本获得等量利润）的权利所代替，因此资本主义经济关系中的价值形式不再是以劳动价值作为交换的基础，而是以资本获取的平均利润作为交换的基础。

由于背后的所有制关系性质不同，反映的经济关系也不同，劳动价值论和生产价格理论在马克思主义政治经济学体系当中是不能互相代替的，因此也就不存在"迂回"和一个理论取消另一个理论的问题。其实，那种认为应该抛弃劳动价值论、只需保留价格理论的批评和质疑没有什么新意。马克思早已指出："他们所以会这样做，因为生产价格是商品价值的一个已经完全表面化的、而且乍看起来是没有概念的形式，是在竞争中表现的形式，因而是存在于庸俗资本家的意识中，也就是存在于庸俗经济学家的意识中的形式。"

马克思主义政治经济学研究纲领的保护带还包括有关资本主义生产方式的一系列更加丰富和具体的理论命题。比如绝对和相对剩余价值生产理论、工资理论、社会总资本的再生产与流通理论、职能资本的社会分工及其竞争的理论、资本主义条件下的地租理论、资本主义积累的一般规律及其历史趋势理论等。这些基本理论又包含了许多更加具体的辅助性学说，比如马克思从协作、分工和工场手工业、机器和大工业等几个阶段考察了技术（劳动方式）与生产关系在资本主义经济条件下的发展变迁，提出了资本主义经济在一定条件下利润率趋于下降的规律，指出了资本主义经济危机的相对过剩性质等。限于篇幅，本书不再展开论述。可以预见的是，除了这些经典的理论命题，由于《资本论》只是马克思主义政治经济学研究计划的一部分，有待进一步"上升到具体"的其他经济范畴及相关理论（比如资本主义条件下的劳动力市场、国家的作用、世界市场等），以及资本主义制度在当代的发展（比如劳动组织方式与劳资关系的变化、资本主义国家福利制度的形成与演变、政府在经济发展中的作用、世界经济体系的变迁乃至社会主义国家的经济实践）都有可能也有必要按照正面和反面启示法继续深入研究，以充实马克思主义政治经济学研究纲领的"保护带"，并从理论和经验两方面进行进步的问题转换。

第三章　商品经济与市场制度

一　商品和商品经济

资本主义生产首先是商品生产，商品是理解资本主义生产方式的基本元素。

亚当·斯密这样的英国经济学家更注重经验主义，但进入理论层面，在讨论某些基本概念或理论时往往会采取另一种形而上的态度。关于商品生产，亚当·斯密的论述除了分工之外，还有人性的假设，认为交换是人们的天性。而马克思对商品生产却采取了一种历史的观点，认为商品生产只是一种特殊的历史的生产方式，并不是一种从人的天性出发的永恒的符合人的天性的生产方式，商品生产可以和不同的生产方式、生产关系相结合，封建社会也可以从事商品生产，而且这种方式不具有彻底的独立性，在人类历史上找不到一个非常纯粹的商品生产阶段，只能看到资本主义的商品生产、封建的商品生产，而纯粹的或马克思所称的简单的商品生产并不存在。

马克思之所以把商品生产作为劳动价值论讨论的起点，更为根本的原因是他试图从一般的商品生产理论出发来解释资本主义生产方式。对于他的任务来说，资本主义的逻辑要通过商品生产的基本逻辑来得到解释，这点也和古典政治经济学有重要的区别。对古典政治经济学来说，商品生产和资本主义生产是很难分开的，甚至是同一的。所以古典政治经济学乃至现代经济学对资本主义的解读往往等同于对于商品经济的解读，而马克思把两者分开了。资本主义的商品生产要靠商品经济的逻辑来理解，但二者既是结合在一起的，又是有所区别的。

到底在什么条件下会有商品生产？第一，从生产力角度来说，很显然只有在生产力发展到一定阶段，产品有了剩余之后，商品经济才可能实现。有了剩余，交换才有了现实的稳定的基础。第二，生产关系方面的基础就是私有制。只有当产品属于个人交换才会发生。第三，分工，这是一个复杂的问题。最注重分工是亚当·斯密，而分工是属于生产力还是生产关系取决于对《国富论》的不同解读，新古典经济学倾向于认为分工是一种生产力概念，是一种技术分工。分工为什么会产生？因为资本会把人们聚集在一起，在工厂里实现技术分工。对亚当·斯密来说，国民财富来源于资本的积累。但是现代经济学认为亚当·斯密只讲技术分工，而忽视了他对资本积累的论述。有了资本的积累，分工交换才会带来财富的增长。对斯密来说，资本是手段，财富是目的，途径是分工和交换。资本积累取决于资本主义的私有制，马克思于是提出除了技术分工以外还有社会分工，社会分工属于生产关系范畴，其中私有制是一种最基本的社会分工，一部分人拥有资本，另一部分人只有劳动力，是社会性质的分工。对于这两种分工如何判断？方法是看当生产资料所有制改变后某种分工是否还存在。比如变为公有制，但在现代生产体系中依然有专业化的生产，这就属于技术分工。

　　进一步可以讨论分工和劳动性质的关系。在分工体系下，个体劳动同时具有私人的性质和社会的性质。私人性质首先表现在生产的目的是对某种使用价值的需要，其次表现在个体劳动具有不同的具体形式。与此同时，劳动最终要满足劳动者自身需要必须借助交换，而交换是社会过程，所以从这个意义上来说分工劳动又具有社会性的一面。私人劳动之所以能够和其他人的劳动产品进行交换是因为他们的劳动抽象掉了不同的具体形式、使用价值的差异之后都是无差别的人类劳动，也就是抽象劳动。从分工劳动的二重性质出发，马克思进而确定商品的二因素，即使用价值和交换价值，也就是为这两个属性找到了生产的基础。劳动的二重性是马克思对古典政治经济学的完善。为什么它是理解马克思主义政治经济学的关键？首先它从概念上找到了商品的二重性的生产基础。其次是涉及后续剩余价值生产，劳动的二重性学说把价值的创造和转移问题也解决了。同一个生产过程通过劳动的具体形式把不同的生产资料和活劳动结合在一起形成新的商品，具体劳动把生产资料中的旧的价值转移到新的产品中去。与此同时，抽象劳动也创造了新的价值。

　　商品经济的基本矛盾是私人劳动和社会劳动统一对立的关系，这种矛盾不一定是对抗性的。分工下的劳动既具有私人性质也具有社会性质。

统一性是由同一个生产者的劳动过程决定的。对立性是生产的目的，是满足个人需要，但要经过社会交换，取决于他人对其劳动产品的评价，即其劳动产品必须对其他人是使用价值。但是在商品生产条件下没有人能保证私人劳动能够在交换过程中得到别人的承认。要实现私人劳动的价值、使商品交换出去非常困难，直到社会产生了一种机制，即一种特殊商品也就是货币发挥作用。马克思就这样从商品生产的内在矛盾过渡到对货币起源的分析。货币之所以是特殊的商品是因为它是一般等价物，这不是马克思的首创。马克思的首创性在于探究了为什么货币从一般商品中分离出来，认为这是商品生产自身的固有矛盾导致的。这种分离又被称为扬弃。

关于商品和商品经济的总结就是拜物教理论。在拜物教理论中，马克思想说明商品交换关系是以物的形式承载着人和人的关系，交换关系从形式上看是不同物品和劳动之间的交换，背后是社会的劳动分工，是私人的分工劳动之间的交换。但是一般在分析商品社会时是从商品的表象上分析，而没有涉及背后的劳动分工关系。

马克思主义政治经济学中关于商品经济的理论具有重要现实性的原因就是在社会主义公有制经济中引入市场机制的问题（简称"兼容问题"），这在社会主义政治经济学中一直存在着广泛的讨论和争议。对这个问题的理解有两种不同的思路。一种是把市场经济看成一种资源配置的技术方式，在不同的社会经济制度条件下都可以利用。另一种是把市场经济看成一种经济关系，因此社会主义与市场经济的兼容问题涉及不同利益关系的调整和转化。

实际上，如果仅从生产和配置资源的技术性与程序性的角度来理解市场经济，就不会存在真正意义上的"兼容问题"。兰格所设计的"市场社会主义模式"的根本缺陷恰恰在于对市场经济做了简单化、静态化的新古典经济学的理解。如果从政治经济学的研究角度来看，社会主义与市场经济的结合问题并不简单。关于"兼容问题"的多年讨论、争论充分表明了这一点。因为从根本上来说，社会主义经济和市场经济存在不同的经济利益关系。马克思明确指出，市场经济或商品生产与交换的基础是私有制和分工。也就是说，市场经济必须承认生产者和交换者对其产品的独占的所有权。劳动的分工形式不仅使交换成为必要，而且只有通过交换才能使分散的、彼此独立的个人劳动发生联系,成为社会的必要劳动。而在社会主义条件下,由于公有制取消了私人对生产资料的彼此对立和排他的所有权,并且个人劳动属于社会劳动的直接组成部分,所以在公有制经济内部不存在商品生产和交换的基础。

对于在社会主义国家中仍然存在商品生产的解释,最基本的观点沿用了斯大林在《苏联社会主义经济问题》一书中提出的理论,即社会主义国家还存在不同的所有制,它们之间的交换只能采取商品关系。但是问题在于公有制经济内部是否存在商品关系。斯大林认为公有制使得生产资料不是商品,只有消费资料才是商品。针对这种观点,胡钧(1998)在《关于全民所有制内部商品价值形式问题》一文中从理论逻辑的角度,也就是从社会主义公有制最本质的利益关系的角度提出,不能根据劳动者以货币买卖的形式取得消费资料就认为在劳动者与国家之间存在一种商品关系。因为"这里的劳动者,并不是以自己的什么'商品'与国家或其他劳动者交换,来换取自己需要的消费品,而是从国家取得一个自己在生产中劳动的质量和数量的证明,这个证明是国家根据他的劳动,预先确定分配给他的消费品数量的证明……马克思所以把这种消费品数量说成是'预先确定'的,就是因为他们的劳动质量和数量,不是在物的等价上即在商品交换过程中被评价的,而是直接在生产过程中就被评价了的"。的确,我们不能根据是否利用货币形式进行分配来判断是否存在实质上的商品关系,因为这不是个形式问题,而是实质性的经济关系问题。

另一种比较普遍而且使问题显得似乎一般化的观点认为,社会主义公有制条件下存在商品经济的主要原因是存在劳动者或企业之间的利益差别(中国社会科学杂志社,1987)。这种利益差别首先体现在劳动还只是谋生的手段,因此劳动者对自己的劳动成果还有物质利益的要求,这个要求又决定了由许多劳动者组成的企业的结合劳动也必然具有物质利益要求。总之,社会主义的企业和劳动者都具有自己独立的经济利益。我们认为正因为这种观点过于一般化,所以对社会主义条件下存在商品关系的论证并不充分。首先,在不同的生产方式和所有制关系条件下,个人的利益都是存在的,并且相对于其他个人的利益来讲,都可以认为是一种特殊的利益。关键是这种利益是由什么决定的,又是通过什么方式实现的。这就使问题重新回到社会制度、所有制的内在规定上来。所以一般地、直接地从个人或企业的利益的角度来说明问题，实际上仍然没有回答社会主义公有制经济关系是否存在商品关系。其次，如果我们更进一步地考察社会主义内在的规定就会发现，相对于其他生产方式和社会制度来讲，社会主义劳动者和企业的利益关系的特殊之处恰恰不在于它是商品关系即"等价交换"关系，而是"等量劳动互换"关系。关于二者的区别，胡钧（1998）已经在多处做了分析。概括来说，商品关系中包含的劳动关系和利益关系与按劳分配中包含的劳动关系和利益关系，不仅在劳动的内容即"质"的方面存在根本的不同，而且社会对劳动的承认即由劳动实现的利益关系也存在"量"的和形式上的差别。对于商品生产中的分散的个人劳动来讲，它是通过与其他劳动的交换来实现社会对它的承认的，而且这种承认一方面是以社会必要劳动即价值为标准的，另一方面还包含了生产资料转移过来的那部分价值。在按劳分配关系中，由于个人劳动直接就是社会劳动，所以它不需要采取价值这种"迂回的"形式。社会的评价是以劳动者的实际劳动为基础的，既不包括生产资料中的物化劳动（虽然消耗的生产资料必须得到补偿，而且在"核算价格"中包括这部分，但是它并不属于社会承认的劳动者的劳动），还必须扣除劳动者因使用不同的生产资料特别是生产工具而产生的劳动生产率差异的因素，即生产资料的"级差收益"。同时，由于受生产力和劳动者自身劳动生产率的限制，社会主义社会（即马克思所说的共产主义第一阶段）的劳动还具有旧分工性质，劳动者长期地和固定地从事某一种具体形式的劳动，因此按劳分配从表面上看，就是从事不同劳动的劳动者之间互相交换各自的劳动，但是这种交换与商品交换在内容上和原则上都改变了。这就是社会主义条件下劳动者和企业的劳动关系及其利益的特殊性。所以，用劳动者和企业的特殊利益关系来说明社会主义存在商品关系，相当于把按劳动分配等价于"等价交换"。对此，胡钧指出："在存在实质商品交换关系的地方，是不能完全贯彻按劳分配原则的……这一情况不是足以表明用按劳分配来说明商品的存在是错误的吗？……假如要想论证它是实质的商品关系或有商品的内容，那就必须证明它是按劳分配这种经济关系的一种必然要求，但这就必须证明人们的收入水平是与商品交换的结果直接相联系的，像真正的商品关系那样。"他明确地指出:"当然可以论证,在目前条件下,商品形式是一种较好的形式;但为什么是较好的,就不能用按劳分配来直接说明,而是要探讨其他的原因了。"他的看法是:"利用价值形式将是很长时间的事情。劳动差别的多样性复杂性,使得直接用劳动时间计算,即使建立了全面的全民所有制以后,在一定的技术水平下也是一件很困难的事情。但是严格计算劳动时间,又是发展生产和产品分配所绝对必需的。因此价值形式就是一种唯一较好的形式,也是一种已经普遍利用而为人们所熟悉的形式。所以,完全没有必要在目前考虑改变这种形式……价值形式什么时候不再被利用,也是一个自然过程。"(胡钧,1998:155–160)

　　总之,试图把社会主义公有制经济内部的生产关系与商品关系和市场经济直接联系起来,实际上相当于肯定公有制内部存在真正的商品生产和交换关系,这种思路是错误的。既然社会主义公有制与市场经济规定了不同的经济关系和利益关系,就不能认为商品关系是"内生于"社会主义公有制。我们后面将专门分析这一问题。

二　作为制度的市场

　　市场经济仅仅意味着"自由放任"(法语可直译为"无为而治")吗?在市场原教旨主义看来,市场是一个制度的真空(只是私有产权+自由价格体系)。市场原教旨主义认为市场可以自动恢复平衡,不需要政府以任何方式进行干预。而实际上市场存在制度,必须有制度保障,用来界定、维护私有产权(占有正义、交换正义),整个市场是制度体系,在现实世界中,纯粹的市场经济很少,我们有的只是具体的市场经济,"小商品生产"(类似纯粹市场经济)在历史上不存在。不同的产权制度和交换体系界定出具体的市场经济。商品经济总是和历史的制度结合在一起。

　　然而,为什么主流经济学存在着对市场制度的认识偏差呢?第一,我们的教科书和经济学家更偏重于解释市场经济的功能和运行机制,而对市场经济中的制度和道德问题等,则基本上只是轻描淡写,甚至只字不提。造成这种情况的原因,可能与经济学与伦理学的分立有关,与实证经济学–规范经济学的二分法有关。似乎商业道德、契约精神这些问题都属于价值判断，应该交给伦理学、法学、管理学去研究，而不应该放在经济学理论当中。关于这个偏差，首先，我们谈论的是市场交易中的基本道德约束、规范，而不是个体的道德情操，更不是关乎人性本身的哲学、心理学问题。经济学家本来不应该对此过于敏感。其次，正如阿马蒂亚·森所说，"现代经济学不自然的非伦理特征与现代经济学是作为伦理学的一个分支而发展起来的事实之间存在着矛盾"。经济学与伦理学的分离，已经造成了经济学的贫困。关于人类行为的动机问题，它与一个人应该怎样活着这一伦理道德问题有关。第二，我们的教科书和经济学家长期以来，更偏重于讨论"分配的正义"，而很少讨论"交换的正义"。在组织社会生活的时候，"正义"概念是一个无法绕过去的基础问题。"自亚里士多德以来……与现代经济，尤其是市场经济密切相关的有两个'正义'问题"（森，2000）。经济学家即便愿意走出实证经济学的领地，谈"正义"问题，也往往局限于"分配"的正义，而对"交换"的正义很少提及或分析。倒是我们在新旧制度主义经济学家如康芒斯、布洛姆利等人那里，可以看到对这个问题的分析。以上两方面的偏差，造成我们在理解市场经济时的一种狭隘观念，即认为似乎市场能够解决因个体自利行为产生的一切后果，并使之趋向社会的公共利益。换句话说，我们对亚当·斯密做出了狭隘的解读。

《国富论》被引用最多的一段话是："不论是谁，如果要和他人做任何生意，请首先照这样做：请给我所要的东西吧，同时，你也会获得你所要的东西——这是交易的通义……我们每天所期望的食物，不是出自屠夫、酿酒师或面包师的仁慈，而是出自他们自利的打算……不要对他们讲我们的需要，而要谈对他们的好处。"很多人由此对斯密以及他所论证的"看不见的手"产生了一种狭隘的理解，同时也是一种过度的诠释，即鼓励市场，也就是赞成和鼓励人的自利，最终能产生良好的社会效果。"通读《国富论》后，我们会发现，他（斯密）是指讨论价格体系运行所依赖的恰当制度框架。……他显然认为，对上述这些制度问题的讨论，是一个经济学家不可或缺的正确而重要的一个部分。"（科斯，1994）第一，很多人忽略了斯密的这段话是以这样一个前提开始的："人类几乎随时随地都需要同胞的协助，但要想仅仅依赖他人的仁慈，那一定是不行的。如果能偶尔刺激他们的自利心，并表示对他们自己有利，那么，他们的行动就容易展开"。我们从中无法引申出斯密认为"人性应该如此（自利）"的含义。他只是告诉我们交易如何可能发生，并更加"容易展开"。正如森所说："把所有人都自私看成是现实的，可能是一个错误；但把所有人都自私看成是理想的，则更加愚蠢。"斯密关于屠夫和酿酒师的故事"并不表明他就由此认为，对于一个美好的社会来说，仅有自爱或广义的精明就足够了。亚当·斯密恰恰明确地站到了另外一边，他并没有满足于把经济拯救建立在某种单一的动机上面"。第二，当斯密在谈"每个人的自利"的同时，他也指出了交易的互惠性质。正是在这一点上，"自利"与"利他"取得了一致。从这个角度来看，就不存在所谓的"斯密问题"。第三，斯密试图说明，恰恰是市场经济有助于让人养成诚实守约的美德。"推广诚实和遵守时间的道德的乃是商业"，"一个人如果常常和别人做生意上的往来，他就不盼望从一件交易契约来图非分的利得，而宁可在各次交易中诚实守约。一个懂得自己真正利益所在的商人，宁愿牺牲一点应得的权利，而不愿启人的疑窦……在大部分人民都是商人的时候，他们总会使诚实和守时成为风尚。因此，诚实和守时是商业国的主要优点"。斯密曾引用坦普尔《对于荷兰的观察》："（商人）的坦白与诚实与其说是受良心或道德的驱使，毋宁说是由于习惯的关系，他们是由于必须相互交易而养成这个习惯的。商人依赖诚实公道，不下于战争依赖纪律。缺乏诚实风气，商业就要完蛋，大商家就会沦为小贩。没有纪律，战争就一定会失败，而兵士就会变成盗贼。"第四，斯密反对广泛的政府活动，原因在于政府管制往往会受到利益集团的影响。其中最重要的就是商人。"商人的利益……在若干方面，往往与公众利益不同，有时甚至相反。扩大市场，减少竞争，通常符合商人的利益……却不符合公共利益……他们这帮人的利益，从来不是和公共利益完全一致。一般来说，他们的利益在于欺骗公众，甚至在于压迫公众。"但是在斯密看来，政府的一个重要职责就是建立一个公正的法律体系或正义体系，因为"商业的一个重大阻碍是有关契约的法律的不完备性"。斯密绝不是认为有定价体系就足够了。

在市场中道德与契约精神为什么重要？市场让社会得以获得分工的好处。"富裕起因于分工。"一方面，市场的范围和交换的深度决定了分工的深度。另一方面，更重要的是，如果没有市场价格体系，我们就不可能维持一个以极其广泛的以劳动分工为基础的社会。但是，不论是劳动分工还是知识的分工，我们在乐享其成的同时，也承受着巨大的代价。我们被置于相互依赖的境地，我们的生存维系于其他人的生产和交换。而且随着交换的频率增加，随着特定知识的日益分散，以及信息不对称问题，契约不完备问题日益增多，由此产生巨大的交易成本。如果我们无法找到与分工同样"经济"的办法来克服风险和交易成本问题，我们就无法拓展分工的好处，甚至可能丧失分工的好处。当我们今天由于食品安全、医药质量和价格、教育市场混乱等问题而不得不成为化学专家、医药专家、法律专家、育婴专家、电子专家的时候，分工与交换的好处将消失殆尽。一般来说，在信息不对称并缺乏有效监督的情况下，对于因商人或企业的自利行为、短期行为给交易对手造成损害的情况，由消费者、投资人和社会公众个人与之进行一对一的谈判显然是不经济的。因此，政府管制也许具有很强的规模经济。

三　科斯主义批判

（一）关于科斯定理

"科斯定理"在经济学、法学和政治学等领域流传甚广，已经演变成一种政策取向上的"科斯主义"。它强调产权改革对提高经济效率的决定性作用，并把私有化作为经济转型的要务。一种理论在其流行并上升为政策实践的过程中往往面临着被错误引证和改造的危险。本节就是对这种危险的一个例证式的说明。

"科斯定理"是解决技术外部性问题的一种思路和方法。[①] 技术外部性问题可表述如下：两个当事人 1 与 2 的效用函数中含有可交易的商品 $x_{1i}, x_{2i}, \cdots x_{li}, i = 1,2$。假设当事人 1 的行为 $h(h \in R^+)$ 影响了二者的效用函数（或收益函数），且 $\dfrac{\partial u_2(x_{12}, x_{22}, \cdots, x_{l2}, h)}{\partial h} \neq 0$。考虑间接效用函

---

① 所谓"技术外部性"问题是指某种消费活动（生产活动）对其他消费者（生产者）的效用函数（生产函数）造成的间接影响。这种影响一般不通过价格体系起作用。通过价格体系（即改变相对价格水平）起作用的外部性影响被称为"金融外部性问题"，它与市场依赖性同义，已逐渐被"关联效应"等概念取代。

数 $v_i(p,w_i,h)$，$i=1,2$，其中 p 是除 h 之外的物品 $x_{1i},x_{2i},\cdots x_{li}$ 的价格。由于 $\dfrac{\partial u_2}{\partial h}\neq 0$，在当事人1单独决策的情况下，令其私人收益 $v_1(p,w_1,h)$ 最大化的 h 不是使"社会收益" $v_1(p,w_1,h)+v_2(p,w_2,h)$ 最大化的 h。

技术外部性问题一般被看成是分散决策的私人经济在社会协调上的失败，其传统的解决方案是"庇古修正税"。在20世纪50、60年代初，即科斯发表《联邦通讯委员会》和《社会成本问题》等文章的同一时期，已经有人提出自愿交易的效果可以与税收同样好甚至更好的思想，但是没有人像科斯那样明确论证自愿谈判与效率的直接关系。科斯指出，外部性影响对当事人双方而言具有"相互性"，因此应该放弃习惯法中有关损害－赔偿的因果关系原则。外部性影响并不是商品市场失灵的结果，而是缺乏外部性权利市场的结果。① 如果双方能够不受阻碍（交易成本为零）地就采取 h 行为的权利进行自愿交易，其结果不仅能使 h^* 的数量达到社会最优，而且这一结果不会受到法定权利初始分配的影响。②

此后，"科斯定理"被写入标准的教科书。但是，罗伯特·库特认为，"科斯定理"只是一个未被证明的命题或同义反复，其三种表述形式——权利交换论、交易成本论和完全竞争论——都存在论证的障碍。类似的观点认为，"科斯定理"是一个套套逻辑（tautology）和公设（axiom）。Varian（1995）和 Hurwicz（1995）等则证明，"科斯不变性定理"依赖于完全竞争和拟线性效用函数的假设。库特、萨缪尔森等人还以不完全竞争和"薄市场"理论对"科斯有效性定理"提出了质疑。

国内有关"科斯定理"的讨论大多关注其中的交易成本概念以及交易结构对"科斯定理"的影响，并通过论证"科斯定理是真理还是谬误"或者"科斯定理的条件是否满足"来推断其政策含义。本书的不同之处在于，我们试图分析"科斯主义"的政策取向与科斯为解决外部性问题提供的方案是否存在偏离，以说明前者是对后者的错误引证。

---

① 科斯似乎始终坚持创建外部性权利市场对于提高效率的重要性。他表示自己对"在芝加哥商品交易所创设一个排污权的交易市场"很有兴趣。

② "科斯定理"由此可以分为两个命题："有效性定理"（Efficient Theorem），即在一定条件下，法定权利的交易结果总是有效率的；"不变性定理"（Invariance Theorem），即只要满足上述条件，交易最终导致的权利分配结果不随其初始分配而改变。

"科斯主义"根据"科斯定理"的引申命题包括"权利界定是市场交易的基本前提",主张市场化改革的首要任务是明确产权或私有化,因为在此基础上,科斯交易将保证经济效率。但是,"科斯主义"忽略了科斯在其分析中隐含的一个重要事实:利用市场制度本身也是一种经济权利——我们称之为"交易权",即(被社会认可的)当事人将其财产用于交易并占有从中获得的收益的权利。"交易权"对当事人意味着一定的经济机会,因此它与其他财产权一样是有价值的。首先,它决定了当事人为改善自身利益可以选择的方式和途径。因为一旦卷入市场制度,就意味着参与者无法"退出",即丧失了"自生产的权利"。① 其次,由于个体的禀赋和特质不一样,市场交换制度带给他们的预期收益也不一样。虽然市场制度在形式(法律)上赋予其成员平等的"交易权",但是同一(并且数量相同)的权利对不同的当事人来说具有不同的经济价值(权利的预期收益),因此"交易权"的界定对参与者的收益函数、市场交易结构以及交换的社会效率并非无关紧要。

科斯分析的经典案例——工厂污染居民,实际上包含了两种权利的界定过程和外部性影响。一种是技术外部性影响(污染),与之相对应的是技术外部性权利(污染权)。另一种外部性影响是由界定"交易权"本身引起的。假定社会禁止就污染权进行交易——比如社会将污染视为犯罪,居民事实上就拥有了在不进行任何支付的条件下获得洁净空气的权利。假定社会或法律允许污染权交易,居民就只能通过支付才能获得洁净空气。由此可见,"交易权"的初始界定对科斯所考察的问题是很重要的。

总之,科斯的分析结果取决于"交易权"的界定对污染权的交易没有外部性影响。但是,科斯却将这一假定与"交易成本"混在一起,把"法律不允许交易"视为"交易的障碍"和交易成本过高。显然,把不允许交易(无交易)看成交易的成本是很矛盾的事情。事实上,科斯是把"交易权"的界定视为一个不需要特别说明的前提。问题是,界定"交易权"是市场化改革——提供交易制度——的应有之义,并且先于

---

① 我们不排除部分参与者能够"退出",但其条件(比如财富积累)对大多数参与者来说是无法满足的。

生产要素产权的界定。所以，"科斯主义"不能像科斯那样，把它当作前提，而必须把它当作有待解决的问题。

（二）"科斯定理"：乐观的理由

也许因为斯蒂格勒最初把"科斯定理"表述为"在完全竞争的条件下，私人成本等同于社会成本"，很多批评者都把"零交易成本"或完全竞争不现实当作质疑"科斯定理"的论据。本书认为，这种质疑是对"科斯定理"精神实质的误解。

在完全竞争条件下，当事人面对的复杂环境被简化为公开的市场信息，即外部性权利的价格 p。交易双方只需进行简单的计算（令外部性权利对己的边际价值等于 p）就可以决定持有外部性权利的最优数量。但是，既然外部性权利的价值已定并且公开，理论上就可以让第三方（比如政府）以拍卖或直接分配的方式实现外部性权利的社会最优配置。在污染的案例中，如果双方的效用函数是拟线性的，并由政府向工厂征税，然后把税收收入转移给居民①，这实际上相当于在工厂和居民之间进行了一笔交易。此时的"科斯交易"与"庇古税"没有差别。

但是科斯表示自己并不在意完全竞争这个条件。他认为，"在零交易成本下，垄断者（比如出现一个买者和一个卖者的情况）也将像竞争者那样行动"，因此完全竞争条件是不必要的。"科斯定理"只须"零交易成本"的条件即可。虽然库特等人认为，"谈判本身具有的内在不稳定性"使"科斯定理"（与"霍布斯定理"刚好相反）只是过分乐观的预言，并且博弈论和谈判机制设计中的若干"无交易命题"也构成了对"科斯定理"的反驳。但是科斯在面对此类批评时，称自己设想不出"既然双方可能达到一个对双方而言都更美好的境况，为什么他们不这么做呢？"对于科斯和"科斯定理"的乐观，我们尝试指出两点可能的理由。

首先，"科斯交易"的结果只取决于交易成本，而不依赖于外部性权利市场的结构，也不依赖于外部性权利对当事人的价值是私人信息还是公开信息。

为了说明这一点，请注意"庇古税"与"科斯交易"的一个重要差

---

① 不考虑税收转移方式的问题。

别。假设所有条件与前面一样。初始权利一定，"庇古税"的最终支付结果就一定，但"科斯交易"的结果却可以不同。因为"科斯交易"的发生只需要满足帕累托改进条件，即交易后的状态 (u_1, u_2) 比原来的状态 $(\tilde{u}_1, \tilde{u}_2)$ 更好（$u_1 > \tilde{u}_1, u_2 > \tilde{u}_2$）。假设最初居民拥有不被污染的权利 h。此时工厂需要向居民购买污染权（支付为 T）。居民的目标将是：[1]

$$\max_{h \geqslant 0, T} \varphi_2(h) + T$$

$$s.t. \quad \varphi_1(h) - T \geqslant \varphi_1(0)$$

将约束条件写成等式，我们有 $T = \varphi_1(h) - \varphi_1(0)$，代入目标函数并求一阶条件，可得 $\dfrac{\partial \varphi_2(h)}{\partial h} = -\dfrac{\partial \varphi_1(h)}{\partial h}$。对工厂进行最优化可以得到同样的结果。此时"科斯交易"与"庇古税"等价。但是考虑约束条件的不等性，均衡位置就不是唯一的了。如果把交易成本 C_e 加入约束条件，比如 $\varphi_1(h) - T - C_e(h) \geqslant \varphi_1(0)$，最后的污染量也不等于前面的最优量，但工厂仍然有购买污染权的激励，即"科斯交易"仍然可以发生，因为只要交易成本可以被测度，它就能够被引入收益（支付）函数而消解。所以对科斯来讲，其最终结果仍然是社会最优的，因为这意味着外部性影响仍然被交易内在化了。

如果把外部性权利看成普通商品，以上含义就会变得更容易理解。权利的交易增加了双方的总效用，即污染权的社会总（净）值。在这一点上，它不同于权利转移的"零和"性质。虽然一方出售的权利数量恒等于另一方购买的数量，但是只要权利的最终分配 $\tilde{h}_A + \tilde{h}_B$ 比初始分配 $h_A + h_B$ 的社会总价值更大，交易就改进了效率。

满足以上条件的话，科斯当然有理由相信交换不仅会发生，而且会持续到满足边际条件为止。除非交易结构对双方施加了过高的（超过其最终收益的）成本，以至于维持现状比进行谈判和交易还好[2]，否则交

[1] 设拟线性效用函数为 $u^i(x^i, h) = g^i(x^i_{-1}, h) + x^i_1$。记 $\varphi^i(p, h) = g^i(x^i_{-1}(p, h), h) - p \cdot x^i_{-1}(p, h)$，故 $v^i(p, w^i, h) = \varphi^i(p, h) + w^i$。

[2] 虽然维持现状在这里是社会静态最优的，但未必是动态最优的。如果改变交易结构、修订法律的成本低于交易的最终收益，社会仍然有改进的可能。后一种情况在理论上也可以纳入"科斯定理"的考察范围。不过，随之而来的是更复杂的问题。

易是值得的。在此意义上，批评者提出的"不合作""无交易"情况也可被视为在特定约束条件下的社会最优解。[①]

其次，使科斯保持乐观的第二点理由源自方法论。科斯之所以对界定"交易权"的问题不加特别说明，是因为交换行为及其动机在新古典范式中是一个几乎不需要理解的事实，或不言自明的前提。大部分经济问题乃至社会问题都可以用交换行为来刻画并解释。

但是，如前所述，把"法律不允许交易"视为"交易成本"势必造成混乱，即"交易成本"既包括"交易的成本"，也包括"无交易的成本"。问题是如何界定或衡量后一种成本？科斯在其论述为我们提供了一些线索。科斯（1994）写道："在研究经济政策时，似乎也应利用类似的方法，比较不同社会安排所产生的总产品。在本书中，正如经济学家通常所做的，分析限于比较由市场衡量的生产价值。但在解决经济问题的不同社会安排间进行选择，当然应在比此更广泛的范围内进行，并应考虑这些安排在各方面的总效应……在设计和选择社会格局时，我们应考虑总的效果。这就是我所提倡的方法的改变。"

在这段论述中，科斯从对待静态技术外部性问题的乐观态度过渡到了对待社会动态问题（通过"科斯交易"改变交易结构和社会制度）的乐观态度。换句话说，市场交换制度本身就是历史上达成的某项"科斯交易"的结果，并且由于"交换的天性"和人的理性，在一个社会中形成市场制度应该是无障碍的，即界定市场交易权的"交易成本为零"。如果这种解释符合其本意，那么科斯"提倡的方法"事实上是一种基于经济考量的社会契约论。它与 Gauthier（1986）的观点——效用最大化的个体针对"合作剩余"讨价还价，以获取最大的相对收益，即个人预期收益在合作与不合作之间的最大差额——如出一辙。

对于解决静态的技术外部性问题来讲，以上两点理由不仅可以使科斯对权利交易的效率乐观，而且可以使其将"交易权"界定的问题当作不言自明的前提。但是，当人们把社会契约论版本的"科斯定理"用于

---

① 如果把一切阻碍帕累托最优实现的因素（比如改变交易结构的努力）都视为交易成本，"科斯定理"可能因其无所不包而变成一个空洞的命题。但是本书试图指出的问题是，即使"科斯交易"对于技术外部性问题有效，我们还是无法确定它在解决两种以上相互关联的外部性问题和"交易权"界定问题时是否有效。

指导社会构建时，情况就不那么乐观了。

（三）"科斯主义"：不乐观的理由

1. 两种或两种以上的外部性影响

假设政府向居民发行了总量为 $\bar{h}$、票面单价为 p 的污染权证，工厂必须持有污染权证才能制造相应数量的污染。假设污染在物理上具有不可分性，只要至少一个居民向工厂出售了污染权证，其他居民不管是否出售污染权证都将受到污染。在这种情况下，出售污染权证的居民就会对其他居民制造一种与工厂污染居民并列的"新的外部性"。假设至少一个居民出售了污染权证，其他居民的理性选择将是也出售污染权证（在不改变被污染的事实的情况下，增加出售污染权证的收入），从而最终结果是全体居民都出售污染权证并导致其价格竞争。现在工厂只需给第一个出售污染权证的居民略高于 p 的价格，就能以较低的价格 $\varepsilon(p > \varepsilon > 0)$ 收购其余的污染权证。

在这个例子中，虽然居民出售污染权证可以实现帕累托改进（严格好于不出售的情况），但是最终的社会结果却与"科斯交易"解决一对一的外部性问题的最优配置相差甚远。如果要实现帕累托最优，居民内部必须达成行动和利益分享的同盟。一种可能是结盟。假设结盟无交易成本（无成本地说服每一个人），所有居民都把自己的污染权证交给一个（无运行成本的）委员会，再由后者与工厂进行一对一的谈判，并把出售污染权证的收益均分给居民。另一种可能是居民相互收购污染权证。如果收购是无成本的，收购者之间的竞争也可能达到类似于结盟的效果，即污染权证最终由一个人全部收购，此人再与工厂进行一对一的交易。

不过，单从逻辑上就可以判断，以上两种方式都不可能实现一对一的交易的效率。显然，居民个体在社会最优条件下获得的最大收益是 p。在结盟的情况下，如果委员会没有事先威胁或事后惩罚的机制，居民总会受到违约的激励——违约的机会成本是 p，而成为第一个出售者的收益却大于 p。在收购的情况下，收购者的动机只可能是从其他居民获得转移（否则收购者自己最多也只能得到 p）。总之，即使没有交易成本，"新的外部性"也无法全部内在化。

改变权利的初始分配，结果是一样的。假定工厂最初持有总量为 $\bar{h}$ 的污染权证，居民要减少污染就必须向工厂"赎买"污染权证。其他条件不变，居民只有"赎买"全部污染权证才能得到洁净的空气。只要至少一个居民不愿意支付 p（假如污染对他的负效用小于 p），最终结果就是无"赎买"行为（个人的赎买行为不改变自己被污染的状况）。

假设情况更一般化，即居民的效用是污染数量的函数。在这种情况下，污染的不可分性（比如由于空气流动）将使全体居民分享因居民 i 支付 p 而减少的污染数量，因此成了典型的"搭便车"问题。根据 Dixit 与 Olson（2000）的分析，随着居民人数的增加，居民选择"搭便车"的概率也将提高。

可见，在技术外部性问题（污染）中引入一种新的外部性将使"科斯交易"的有效性无法确定。虽然对于 m 种外部性和 n 个人，肯定存在科斯定理的一般化，即：只要对每一种外部性都存在一种独立的责任规则，对一种外部性进行的谈判独立于所有其他外部性的谈判，且零交易成本假设有效，那么，消除每一种外部性的配置效应是独立于产权界定的。当分别解决每一种外部性时，外部性的始作俑者及其受害者（受益者）之间会形成自然的结盟。零交易成本的假设确保这些结盟会形成。每一种外部性情形都成为双边谈判的问题。但是如果两种或两种以上的外部性影响相互关联，每个外部性权利市场的最优配置都取决于其他市场的配置，在市场之间就会出现溢出效应。此时，我们无法通过单一的协定或责任规则同时解决所有的外部性问题，因为"外部性权利市场"也失灵了。

以上结论对"科斯主义"来说是不利的。"科斯主义者"认为界定（生产要素）产权的方式不重要，即使它会产生社会成本，但只要建立起市场制度，科斯式的交易就能使之内在化。他们没有考虑到，事实刚好相反，界定初始产权（比如以私有化券的形式界定产权）的过程实际上是在界定"交易权"，进而会决定将来的市场交易结构，而不是通过后者使前者的外部性影响内在化。因为对"交易权"的界定会对将来的市场交换产生外部性，所以通过未来的市场交易实现社会最优是不可能的。与此类似的一种情况是所谓"外部性转形"问题，即某个领域界定产权的社会成本被转移到另一个领域，从而对后者产生外部性影响。比如在农村和农业领域明晰产权的结果对城市和工业造成了外部性影响，而国有企业明晰产权的结果又对政府、银行和社会造成了外部性影响。

在这种情况下，除非每个领域的权利交易是独立于其他领域的，否则每个领域的最优配置都不必然导致社会最优的配置。

在污染的案例中，科斯只提到了污染权最初归属产生的财富分配效应，即权利的初始分配决定了权利在交换中的转移方向。但是前面已经指出，这只是该案例包含的分配问题的一个方面。最基本的分配效应是由对"交易权"的界定决定的，即居民从不支付到可能（或必须）支付。① 由于科斯的目的只是解决技术外部性问题，所以他可以不考虑这两种权利界定的财富效应。但是"科斯主义"教条地引证这一点则是错误的，因为界定"交易权"的财富效应构成了对未来的市场交易的外部性影响。当人们指责以私有化券的方式界定产权隐含了某种不公平的因素时，他们实际上是指该过程为富人提供了"正的外部经济"，使其能以较低的价格收购私有化券。因为（数量相等的）私有化券代表的平等权利对不同阶层意味着不同的经济价值，因此这种产权界定方式只具有形式上的平等。

由于对"科斯定理"的错误引证，"科斯主义者"设想转轨国家在完成私有化以后，即使企业最初落入"坏的所有者"手中，它们也会很快被卖给愿意为企业建立长期价值的"好的所有者"。他们没有考虑到"坏的所有者"会利用自己在产权界定过程中建立起来的优势（如财富、信息或权力）采取行动。事实上，"坏的所有者"会利用一切机会进行掠夺——虽然是以市场交易的形式，并且不违背个体理性的原则。

2. 选择的自由

基于我们在本节提出的第二点理由，"科斯主义者"可能认为，单独就界定"交易权"而言（不考虑它对未来市场交易的外部性影响），"科斯交易"将达成一项最优的社会契约（市场交换制度）。回到前面污染的案例，假设为出售污染权证而竞争的全体居民组成社会，他们就可以通过"科斯交易"结成对社会最有利的共同体。

假如在所有可能的情况中，结盟是符合科斯标准——使居民得到最高的污染权证价格，从而使社会产值最大化——的选择。但是即使在这

---

① 权利从无到有或从有到无所引起的财富分配效应恰恰体现了权利作为排他的、独占的经济机会的价值。而科斯谈到的分配效应则可以通过拟线性效用函数等假设条件予以消解。

种情况下，联盟中那些对污染无所谓或者愿意以被污染换取收益 p 的居民还是对那些污染的负效用（的绝对值）大于 p 的居民制造了的负的外部性。进一步来说，只要具备污染的物理不可分性、居民个体的异质性和个体无法退出联盟（社会）等条件，这种外部性影响就不可能通过结盟这种社会机制内在化。只要社会中存在着（至少一个）前一类型的居民，并且联盟无法对其实施有强制力的约束，不出售污染权证的联盟就不可能出现。

上述条件可以分为两种类型。一是外部决定的自然因素，如污染的物理不可分性和居民个体的异质性；二是社会构建对个体施加的约束，即个体无法退出联盟。"退出权"对个体的价值只能以机会成本来衡量，即个体在无法退出的情况下将要承担的成本（负的外部性）。如果个体无法退出联盟（社会），部分居民就将受损。这种损害不是由"交易权"本身造成的，而是由于其他个体使用"交易权"造成的。

"退出权"可以被进一步推广到财产权利的一个重要维度——个人的"选择自由"，其价值体现为两种经济机会——由于某种社会构建施加的约束使他不得不放弃的最有利的经济机会和他在该约束条件下可以利用的最有利的经济机会——为个体带来的最大预期收益的差额。请注意，我们的定义排除了自然禀赋对个体的"选择自由"所施加的约束，并强调经济机会是（在给定自然以及社会的约束时）个体事实上（而不是理论上）能够利用的。

科斯在分析技术外部性问题的时候，并没有把当事人的"选择自由"视为一种有价值的财产权利。科斯所引用的例子（火车摩擦产生的火星引燃草垛、牛践踏草场、糖机振动干扰医师、废气污染等）基本上属于两个参与者的行动状态一一对应的情况（给定一方的行动状态，对方只有一种行动状态与之对应）。举一个例子来说，假如规定被动吸烟者必须待在房间内，那么他的"选择自由"就仅限于（通过与吸烟者谈判和交易）选择被动吸烟的数量的自由。库特在分析铁路公司补偿农民的案例时也指出，如果补偿以土地租值的减少额为准，农民就是价格补偿（假设土地市场是完全竞争市场）的接受者；如果补偿以烧毁的谷物数量为准，由于农民具有控制损失值的能力，因此其"选择的自由"也会相应增加。

显然，由于没有考虑"交易权"的界定问题，科斯自然也就没有考虑界定"交易权"对当事人的"选择自由"的影响。但是，市场制度（"交易权"）的确定对那些无法从中获得好处的人来说就意味着部分"选择自由"及其价值的损失。如果这一部分社会成员预见到这一点，社会就建立市场制度展开科斯式的谈判和交易未必能够达到社会最优的结果。此时可能出现两种情况。

（1）建议矩阵和补偿机制

在这种情况下，某一方提出改变初始收益矩阵的建议或要约。假设"建议矩阵"在点 (a_1, a_2) 处的收益是 $(\tilde{u}_1(a_1, a_2), \tilde{u}_2(a_1, a_2))$。如果它与初始收益 $(u_1(a_1, a_2), u_2(a_1, a_2))$ 相比，满足 $\tilde{u}_1 + \tilde{u}_2 = u_1 + u_2$，则"建议矩阵"只是参与者之间具有"零和"性质的利益转移协议。此时，建议方的收益 $\tilde{u}(a_1, a_2)$ 与初始收益 $u(a_1, a_2)$ 相比，既可能高也可能低。前者必须伴有一个威胁才可能，并且建议方一般是初始权利规定的行为主动者（比如拥有污染权的工厂向居民承诺，居民的支付行为可以降低污染，不支付则保持过度污染）；后者通常是由无初始权利的一方提出（比如居民向工厂建议，用货币换取污染的减少），可以不伴随威胁。

在当事人具有完全理性和完全信息的条件下，假设初始收益为

$$\begin{cases} u_1 = m_1 + u(h) \\ u_2 = m_2 - c(h) \end{cases}$$，只要"建议矩阵"的其余点不变，而在 $h = h^*$ 处有

$$\begin{cases} u_1 = m_1 + u(h^*) + B \\ u_2 = m_2 - c(h^*) - B \end{cases}$$，并且 B 满足 $c(h_n) - c(h^*) \geq B \geq u(h_n) - u(h^*)$，此建议就可被接受。但是在不完全信息（即使是完全理性）的条件下，建议方可能因为无法确定对方的底线而被拒绝。假如建议方通过反复建议找到合理的点，并且这种行为的（交易）成本为零或者全部由建议方承担，即可视为成功的"科斯交易"。假如建议方在对方不知情的情况下将成本摊入收益矩阵，此时即使达成交易（双方都实现了帕累托改进），其结果也不是社会最优的。

（2）惩罚和威胁

在静态或静态重复博弈中，从社会效率的较低状态达到较高状态实际上相当于从"囚徒困境"非效率的占优均衡中跳出来，实现在原来的非合作状态下不可能成为均衡的行动组合。对于这种情况，如果我们想

在一次静态博弈中得到合作解，就必须伴有外生的惩罚（补偿）机制，以改变初始收益矩阵的收益值。这在社会内部显然是不可能的。如果是重复博弈，则需要通过对未来行动做出某种（具有惩罚性质的）承诺——如"触发战略"，以保证双方合作的延续。但是既然将来不可能"退出"，因此社会内部仍然无法实施这种惩罚。总之，基于个人效用最大化的理性行为将破坏社会最优的协议。

如果社会全体成员就建立市场制度（确定"交易权"）进行"科斯交易"，按照"科斯定理"的逻辑，其结果将取决于签订社会契约的成本。但是，假如一部分社会成员预见到自己在接受交易条件之后无法退出，从而损失部分"选择的自由"，那么除非其他人能够（无成本地）提出"建议矩阵"，并就未来做出有约束力的承诺（包括补偿），否则就不可能实现"科斯交易"或达成社会契约。进一步地讲，即使建议方对补偿做出了承诺并实现了"科斯交易"，我们也无法确定其最终是社会最优的，因为这取决于补偿是否事实上发生。我们知道，除非受到第三方的约束，它们在社会内部不必然是自我实施的。

总之，如果要达成社会契约，我们事实上就必须接受科斯的批评者布坎南所强调的"一致同意"原则；或者必须和 Gauthier 一样，假定"一个起初追求个人效用最大化的人会发现这样做也是理性的，即基于个人主义的效用最大化原则，改变其合理性概念而接受一种约定的正确理性标准，我称之为受到限制的最大化……受到限制的最大化能够达成协议……并且，达成这种契约所带来的收益要比遵守这种协议所花费的成本要大得多"。

"科斯主义"对"科斯定理"的引证在其认为市场交易能够使社会成员在达成社会契约的过程中产生的外部性影响内在化的观点上达到了极致。之所以称之为"极致"，是因为它在诺齐克的"超弱意义国家"（ultraminimal state）与"最弱意义国家"（minimal state）之间直接画上了等号（前者仅为愿意购买服务的人提供保护，后者则保护所有的人）。我们的分析表明，要达到这个目的，我们就必须修改"理性"的定义和"自然法"。也就是说，把个体从一个个人主义的效用最大化者转变为接受"受到限制的最大化"标准的人所耗费的时间成本、知识成本当作"交易成本"，并假设它等于零。

　　现实的情况是，市场制度的确立并不是社会成员在"经济市场"上通过"科斯交易"达成的社会契约，而是在"政治（制度）市场"上做出的公共选择。与"经济市场"不同，"交易成本论"对制度市场的解释力相当有限，政治选择的结果必然包含了"民主的暴政"的因素，即"交易权"的界定对某些成员的外部性影响事实上无法被社会内在化。为了实现交易，社会不仅需要建立补偿机制，而且必须由第三方（政府或国际社会）施加有强制力的约束。如果不存在第三方或第三方不具备这种能力，通过市场交易的方式界定"交易权"不仅达不到社会最优的结果，而且很可能最终成为"最坏的资本主义"。

　　科斯的目的是为单一的技术外部性问题提供解决方案，因此他无须考虑"交易权"的界定问题。科斯这么做也许有足够的理由，但是我们最好还是把"科斯定理"看成一种为改变"自然法"而做的努力，一种提倡"合理的理性标准"的经济学措辞。问题在于，"自然状态"既不是市场化国家的起点，也不是其终点。忽视"交易权"界定问题的政策取向已经在建立市场制度的国家中造成了严重的后果。

　　我们提出的问题似乎还没有进入"科斯主义者"的视野，因此值得再次提醒：如果界定"交易权"的过程本身对市场交易具有外部性影响，或者社会成员预见到自己将来无法退出市场制度，"科斯交易"对于实现社会最优的制度只有不确定甚至否定的含义。由于我们无法实施一项可以同时使所有外部性影响内在化的单一规则，因此我们无法成为"科斯主义者"。

第四章　劳动价值论若干问题辨析

《资本论》开篇就提出了商品价值的范畴，劳动价值论也贯穿于《资本论》接下来的全部环节，包括货币、劳动力商品、剩余价值以及《资本论》第三卷分析地租提出的"虚假的社会价值"问题。劳动价值论在《资本论》的理论体系和分析逻辑中是如此重要，使得马克思主义的批评者和反对者从未停止过对劳动价值论的责难与攻击。恩格斯在《资本论》第三卷出版之际就指出，价值规律和利润率的矛盾"在马克思的原文发表之后会和发表之前一样引起争论，本来是预料中的事"。①

批评者认为，《资本论》第三卷提出的生产价格和第一卷中的劳动价值论存在直接的对立和冲突，因此《资本论》的逻辑和体系存在不一致性，庞巴维克据此宣称马克思"体系的终结"。在后来的经济思想史上，对劳动价值论的攻击反复出现，许多重要人物如琼·罗宾逊、熊彼特、萨缪尔森等，都提出了对马克思劳动价值论的否定意见，认为其充其量不过是价格理论的一个不具有现实意义的"特例"。随着新古典价格理论在西方经济学中取得正统地位，马克思的劳动价值论和李嘉图等古典政治经济学家的劳动价值论遭到了新古典经济学不加区分的抵制。

国内学界围绕劳动价值论曾经展开多次较为集中的讨论。直到最近几年，仍有不少学者围绕劳动价值论提出了一些新的观点和命题，比如"成正比"问题、劳动价值论的数理形式等②。但是，由于新古典经济学在国内的影响越来越大，劳动价值论在《资本论》和马克思主义政治经济学的教学与研究中也面临着越来越大的压力和挑战。与此同时，政治经济学界有一种苗头，即对《资本论》中劳动价值论的基本原理越来越不重视，更倾向于采用西方激进政治经济学对待价值价格问题的方法，比如采取斯拉法主义甚至一般均衡价格理论，来"重新"解释和论证价

---

① 《马克思恩格斯文集》第 7 卷，人民出版社，2009，第 1006 页。
② 代表性学者包括程恩富、马艳、孟捷、冯金华、张衔等。

值与剥削等问题，采取后凯恩斯主义等方法论证资本积累与危机等问题。需要注意的是，这种做法可能导致人们的错误认识，即以为马克思只是提出了正确的问题，却没有正确地解决问题。如果劳动价值论的范畴和基本原理不再具有方法与逻辑的科学性，剩余价值理论等马克思主义的经典理论必然就会丧失它们和劳动价值论的内在逻辑联系，《资本论》的整个逻辑和理论体系就是断裂的、不一致的。由此可见，捍卫劳动价值论的根本意义就是捍卫《资本论》和马克思主义政治经济学的方法、逻辑、体系，为此人们必须反复思考这个看似老生常谈的问题，不断回顾《资本论》关于劳动价值论的论述，深刻把握其中最基本的范畴和原理，同时对它们受到的质疑做出正确的回应和澄清。在笔者看来，其中有几个问题最为关键。首先是劳动价值论的理论属性问题：劳动价值论仅仅是一种关于相对价格的朴素而粗糙的理论吗？价值范畴是否存在现实的对应物？价值实体是客观实在吗？其次是所谓"转形问题"：商品价值转化为生产价格是对劳动价值论的修正和否定吗？最后是价值与价格问题：劳动价值论是否包含和兼容供求分析？下面就这几个问题分别加以分析。

一　劳动价值论的理论属性

站在新古典经济学的立场看，劳动价值论只是一种简单朴素的成本费用价格论，只考虑了影响商品价格的成本和供给端，而且成本也只包括劳动这一种要素。按照供求价格理论的标准，劳动价值论显然是错误的。

劳动价值论并不是马克思的首创，在古典政治经济学的兴盛时期，许多重要学者就从不同角度阐述了劳动价值论。不过即便在当时，劳动价值论作为价格理论也面临着很大的难题。比如，对古典政治经济学的集大成者李嘉图来说，坚持劳动价值论同时意味着对其理论体系的挑战，这最终导致了李嘉图学派的解体。马克思在继承和批判古典政治经济学优秀成果的过程中，对此当然是十分清楚的。但马克思并没有放弃或否定劳动价值论，而是通过革命性的改造，在劳动价值论的基础上提出了剩余价值理论，为分析资本主义生产方式奠定了最重要的理论基础。

　　一种在政治经济学初学者中间非常流行的观点认为，马克思之所以坚持劳动价值论，主要是出于他的维护劳动者利益、批判资本主义剥削的阶级立场。这种观点为劳动价值论预设了一个价值判断。撇开价值判断在逻辑分析中是否有效的问题，如果认为劳动价值论是基于阶级立场提出来的，那就必须回答一个问题：为什么具有不同阶级立场和研究目的的马克思和其他古典政治经济学家都采纳了劳动价值论？在古典政治经济学那里，包括劳动价值学说在内的政治经济学理论试图论证资本主义生产方式的合理性；但是在马克思这里，劳动价值论却论证了资本主义生产方式的剥削性质和历史性质。在约翰·洛克那里，劳动价值学说被用来论证私人财产的正当性，起到了为资本主义私有制辩护的作用；但是在马克思这里，劳动价值论却论证了资本主义私有制的历史局限性。劳动价值学说在应用中的"反转"表明，这种理论并不代表某种固有的阶级立场和价值判断。

　　其实，劳动价值学说在古典政治经济学那里带有更加抽象的预设价值判断。通过洛克、斯密等人的学说可以发现，洛克试图用劳动价值学说来论证私人财产的正当性，即"占有正义"，斯密等人试图用劳动价值学说来论证商品交换的平等性，即"交换正义"。在古典政治经济学之前，当政治经济学尚未独立、仍属于道德哲学范畴的时候，价值理论就开始扮演这一角色，被用来论证"自然价格""公平价格"等符合"交换正义"的交换关系和交换秩序，但实质上是为了维护一定的生产关系。由此可见，无论出于什么预设的立场，劳动价值论最终指向的实际上是一定的生产关系和交换关系，这是在商品的价格上无法直接看到的，因为商品间的交换比例或价格关系仅仅表示商品间的关系，而不表现交换背后人与人之间的关系。通过劳动价值论揭示出价格背后的生产关系即价值关系，是马克思对古典政治经济学的劳动价值学说的首要改造。自此，价值范畴就与商品的交换比例或价格有了本质区别，首先是一个表示生产关系的范畴，其次才具有量的意义。

　　由于新古典经济学不接受以生产关系为研究对象，它对劳动价值论的评判标准就是狭义的价格理论，即能否在劳动量与价格之间建立对应关系或函数关系。至于把劳动或劳动量称作价值还是别的名称，或者劳动是不是价值的来源，对它来说是无关紧要的。熊彼特把劳动价值论划分为"源泉说"和"度量说"两种类型，前者强调劳动是价值的唯一来源，是决定交换价值的基础；后者只是把劳动耗费当成测度商品价格的一种手段或"最大近似"。强调"源泉说"的理论被称为绝对主义的劳动价值论，以马克思为代表；强调"度量说"的理论被称为相对主义的劳动价值论，以李嘉图为代表①。按照熊彼特的划分方法，新古典价格理论是从两个方面对劳动价值论的否定：从"源泉说"的角度，否认劳动是价值的唯一来源；从"度量说"的角度，否认劳动量与价格存在确定的对应关系。

由此可见，把劳动价值论和狭义的或纯粹的价格理论画等号难免会落入新古典价格理论的"陷阱"。理解马克思劳动价值论的理论属性和定位，必须回到马克思关于政治经济学研究对象的规定，回到马克思对斯密和李嘉图劳动价值学说的批判。价值范畴之所以是客观实在，原因在于价值关系是客观实在的。政治经济学是否接受价值范畴和劳动价值论，取决于它们反映的现实生产关系即价值关系是否存在、以什么形式存在，而不取决于生产商品是否耗费了劳动、耗费了多少劳动。马克思指出："人们使他们的劳动产品彼此当作价值发生关系，不是因为在他们看来这些物只是同种的人类劳动的物质外壳。恰恰相反，他们在交换中使他们的各种产品作为价值彼此相等，也就使他们的各种劳动作为人类劳动而彼此相等。他们没有意识到这一点，但是他们这样做了。"② 价值关系是一种特定的生产关系，这种交换行为或交换秩序是历史的产物，"对任何种类劳动的同样看待，适合于这样一种社会形式，在这种社会形式中，个人很容易从一种劳动转到另一种劳动，一定种类的劳动对他们说来是偶然的，因而是无差别的。这里，劳动不仅在范畴上，而且在现

---

① "李嘉图这个最不形而上学的理论家采用劳动数量价值理论，仅仅是作为一种假设，用来说明我们在实际生活中所观察到的实际相对价格，……但对马克思这个最形而上学的理论家来说，劳动数量理论不仅仅是关于相对价格的假设。包含在产品中的劳动数量不仅'调节'产品的价值，而且就是产品的价值（的本质或实质）。产品就是凝结的劳动。""对李嘉图来说，相对价格偏离他的比例定理——除了暂时的偏离以外——就意味着价值的改变；对马克思来说，这种偏离并没有改变价值，而只是在商品之间重新分配了价值。……对李嘉图来说，相对价格和价值在本质上是同一种东西，……而对马克思来说，价值和价格却不是同一种东西"。参见熊彼特（1994）。
② 《马克思恩格斯文集》第 5 卷，人民出版社，2009，第 91 页。

实中都成了创造财富一般的手段"。①

总之，价值是反映特定生产关系的范畴，这种生产关系（价值关系）具有历史的性质。政治经济学只能在特定的价值关系中考察价格运动的规律。当价值关系以及生产与交换的社会形式发生了改变，商品的交换价值就不再必然以劳动价值为基础，典型的例如资本主义条件下发生的价值"转形"。新古典经济学的价格理论其实也隐含了特定的生产关系和交换关系，其中最重要的就是土地、资本、劳动等生产要素的私人所有权，在这种特定的生产关系条件下，商品按劳动价值交换当然只是一种"特例"。但是这不仅不能否定劳动价值论，反倒证明了是一定的价值关系决定交换的形式和价格的形成，而不是相反，由价格决定价值关系。马克思主义政治经济学不可丢掉的方法论就是必须从生产关系出发来理解价值范畴和劳动价值论。

二　价值关系和价值实体

有人提出，如果承认价值的本质是生产关系，那么生产关系怎么能够进行量的计算呢？劳动价值论因此被割裂成两个问题：质的分析和量的分析（斯威齐，1997）。这种看法是把价值关系和价值实体混为一谈了。价值关系作为生产关系和社会关系，自身当然不具备量的属性，但是价值实体是可计算的并具有量的属性。

西方学者对价值实体的质疑由来已久，琼·罗宾逊（1962：19；2011：26）等人就认为价值是一个具有形而上学性质的范畴。德国学者迈克尔·海因里希（Heinrich，2004）在其所著的《〈资本论〉导读》中明确提出，劳动价值论充其量只是一个论断，马克思并未对其做出证明。这些质疑的矛头主要就是价值实体。不可否认，《资本论》第一卷和第三卷关于价值量的不同表述也加深了这种质疑，尤其是第三卷提出的"第二种含义的社会必要劳动时间"以及市场价值的多种决定方式，与第一卷当中以下定义的方式规定的价值和价值量出现了较大的差别，使人觉得劳动价值论在《资本论》第一卷中的登场好像过于简单甚至

---

① 《马克思恩格斯文集》第 8 卷，人民出版社，2009，第 28 页。

"武断"。

原因一方面当然是《资本论》"从抽象上升到具体"的论述方式。比如，第一卷的分析撇开了供求、竞争等具体因素，只在最抽象的水平上说明什么是价值和交换价值。另一方面更重要的原因在于，商品的二重形式和劳动的二重性等马克思论证价值实体的方式难以被西方学者理解和接受。其实，在《资本论》第一卷中，马克思就明确指出价值实体是客观实在，是物化的、凝结的劳动，是劳动的结晶体。构成价值实体的劳动是在价值关系中由各种具体的私人劳动转化成的抽象的无差别人类劳动。价值实体的这个特性，使它既不同于作为其物质承担者的使用价值，又不同于作为其表现形式的交换价值或价格。由于价值实体没有独立于使用价值和交换价值的物质形式，因而不能被人们直接感知。价值实体的客观存在性只有通过使用价值的物质形态变化和交换价值的"对象性"才能被人们间接地认知。马克思在《资本论》中写道："同商品体的可感觉的粗糙的对象性正好相反，在商品体的价值对象性中连一个自然物质原子也没有。因此，每一个商品不管你怎样颠来倒去，它作为价值物总是不可捉摸的。……价值对象性只能在商品同商品的社会关系中表现出来。我们实际上也是从商品的交换价值或交换关系出发，才探索到隐藏在其中的商品价值。"① 换句话说，如果没有两种使用价值按照一定的数量和比例形成的"对象性"关系，人们甚至连间接地感知和认识价值实体也是不可能的。正是透过商品的这种"对象性"关系，政治经济学才把使用价值和私人劳动的差异性抽象掉，进而把价值实体归结为抽象劳动、把价值量归结为社会必要劳动时间。可见，价值范畴和价值实体既不是马克思武断地定义出来的，也不是从某个已知实体演绎或"证明"出来的。只有在价值关系下，劳动才形成价值实体，商品才成为具有自然形式和价值形式的二重物。价值、价值关系、价值实体不是矛盾的，而是劳动价值论中既有联系又有区别的范畴。

形式逻辑和演绎不能取代辩证法。如果仅仅从形式逻辑的角度看，《资本论》的个别表述似乎存在着"漏洞"。比如，马克思指出："如果把商品体的使用价值撇开，商品体就只剩下一个属性，即劳动产品这个

---

① 《马克思恩格斯文集》第5卷，人民出版社，2009，第61页。

属性。"① 庞巴维克（Bohm – Bawerk，1949：75）就认为马克思犯了逻辑错误，劳动产品并非商品的唯一共性。樊纲（2015：135）提出，如果去掉具体劳动的差别可以得到抽象劳动，那也可以去掉使用价值的差别得到"抽象的使用价值"，即效用。如果这一点成立，价值实体就不再唯一地由劳动构成，交换价值和价格就不再由劳动量决定。按照《资本论》的论述，可以从两个方面回应这种质疑。第一，使用价值和效用不是一回事。使用价值是商品自身的属性，即商品是满足人的某种需要的物，效用指的是消费者对商品的主观评价或者从消费商品中获得的满足。第二，商品之所以能够为消费者提供效用，不同的商品之所以需要进行交换，原因就在于商品是不同的使用价值，如果商品是同一的使用价值，也就没有交换的必要了。所以，承认商品是不同的使用价值，这是分析交换关系和交换价值的前提。

　　除了通过分析价值形式和价值"对象性"来论证价值实体，马克思还从另一个角度说明了价值实体的客观存在。他指出，在孤岛上的鲁宾孙，"需要本身迫使他精确地分配自己执行各种职能的时间。……价值的一切本质上的规定都包含在这里了"。在欧洲的封建制经济中，"劳动的自然形式，劳动的特殊性是劳动的直接社会形式"。如果有一个自由人联合体，他们"自觉地把他们许多个人劳动力当作一个社会劳动力来使用。在那里，鲁滨孙的劳动的一切规定又重演了，不过不是在个人身上，而是在社会范围内重演"。② 马克思在论述中提出了两个相关概念，一个是价值的本质规定，另一个是劳动的社会形式。价值的本质规定就是按照个体或者社会的需要分配劳动时间，劳动的社会形式是指具有历史特殊性的劳动方式和劳动关系。按照需要分配劳动时间是所有个体与社会生存发展的前提，但是在不同社会条件下，劳动及其产品的分配采取了不同的社会形式，具有不同的社会关系的外衣。只有在一定的社会条件下，劳动才形成价值实体，这个社会条件就是价值关系。只有当劳动既是私人劳动同时又是为交换进行的社会劳动，劳动及其产品才会采取价值的

---

① 《马克思恩格斯文集》第5卷，人民出版社，2009，第50～51页。
② 《马克思恩格斯文集》第5卷，人民出版社，2009，第96页。

形式。马克思在谈到商品经济的社会基础时指出，私有制和为交换而采取的劳动分工是劳动及其产品采取商品和价值形式的社会条件。没有这两个条件，劳动或者是纯粹的私人劳动，或者直接的社会劳动，不会采取商品和价值的形式。从中可以看到，理解价值实体的客观实在性，困难不在于理解劳动的客观性，而在于理解"为什么劳动表现为价值，用劳动时间计算的劳动量表现为劳动产品的价值量"。马克思指出，古典政治经济学"甚至从来也没有提出过这样的问题"。①

以古典政治经济学家喜欢的猎人和渔夫的故事为例，在古典政治经济学家看来，孤立的猎人和渔夫之间存在劳动分工和商品交换关系，这是劳动价值论的"原型"。然而，倘若生产资料（包括自然资源）是无主物或为社会共同所有，猎人和渔夫之间的产品交换其实并不构成真正的商品交换，而只是在分工基础上形成的劳动互换关系。只有当生产资料分别被猎人和渔夫私人占有，其相互交换才成为真正的商品交换，他们为对方进行的劳动才成为价值。马克思深刻地指出："古典政治经济学的根本缺点之一，就是它从来没有从商品的分析，特别是商品价值的分析中，发现那种正是使价值成为交换价值的价值形式。恰恰是古典政治经济学的最优秀的代表人物，象亚·斯密和李嘉图，把价值形式看成一种完全无关紧要的东西或在商品本性之外存在的东西。这不仅仅因为价值量的分析把他们的注意力完全吸引住了，还有更深刻的原因。……如果把资产阶级生产方式误认为是社会生产的永恒的自然形式，那就必然会忽略价值形式的特殊性，从而忽略商品形式及其进一步发展——货币形式、资本形式等等的特殊性。"②

只有处于价值关系中的私人劳动才会转化为一定量的社会劳动，形成价值的实体并表现为交换价值和商品价格。所以，价值实体和价值关系并不是互斥的、对立的，而是既有联系又有区别的重要范畴。价值关系的各种具体的特殊的性质决定了私人劳动按照什么规律转化为社会劳动。"转形问题"对此做出了最好的说明。

---

① 《马克思恩格斯文集》第5卷，人民出版社，2009，第98页。
② 《马克思恩格斯文集》第5卷，人民出版社，2009，第98~99页，注32。

三　关于"转形问题"

"转形问题"指的是《资本论》第三卷提出的"商品价值转化为生产价格"的问题。马克思对什么是转形、为什么要转形做了最清楚的说明:"全部困难是由这样一个事实产生的:商品不只是当作商品来交换,而是当作资本的产品来交换。这些资本要求从剩余价值的总量中,分到和它们各自的量成比例的一份,或者在它们的量相等时,要求分到相等的一份。"① 换句话说,商品价值之所以转化为资本主义商品的生产价格,原因就是价值关系从简单商品生产转化为了资本主义的商品生产。前者的商品按照价值或围绕价值交换,后者的商品按照生产价格或围绕生产价格交换。

经常被人忽略的一点是,《资本论》对"转形问题"的分析,既包含了对转形结果的分析,又包含了对转形过程的分析。人们最熟悉的是对结果的分析,马克思研究了生产价格的性质及其构成,指出资本主义商品的价格总和等于总价值、利润总和等于总剩余价值②。关于转形的过程分析,马克思提出了个别资本的劳动在资本主义竞争的作用下由个别价值转化为市场价值,最后形成资本主义商品的生产价格。

一百多年来,围绕"转形问题"产生了许多的争论和"解法"。自鲍特凯维茨开启了解决"转形问题"的代数传统以来,温特尼茨、塞顿等人沿着这一传统不断提出新的"解法"。1960 年,斯拉法发表了《用商品生产商品》,1977 年斯蒂德曼发表了《按照斯拉法研究马克思》,标志着劳动价值论彻底转向李嘉图传统,成为纯粹的价格理论,其实质是从实物量和技术关系出发,建立一个实际工资、利润率和价格的均衡价格体系。在这个体系中,价值关系和价值实体实际上变得可有可无,就

---

① 《马克思恩格斯文集》第 7 卷,人民出版社,2009,第 1014 页。
② "一个商品的生产价格,对它的买者来说,就是它的成本价格",因此用价值计算的成本价格应该也按照生产价格进行修正,否则"就总可能有误差"。虽然马克思很清楚这一点,但是他在演算中并没有完成这一步,他认为"对我们现在的研究来说,这一点没有进一步考察的必要",也就是对于搞清楚生产价格的性质来说不是必要的。这也成为后来"转形问题"的一个研究重点。参见《马克思恩格斯文集》第 7 卷,2009,第1014 页。

好像萨缪尔森提出的"橡皮擦"理论那样，价格体系不由价值体系导出，而价值体系则必须转化为价格体系，因此劳动价值论和"转形问题"成了"不必要的迂回"。

如果只看到马克思关于"转形问题"的结果分析而忽略过程分析，难免得出一种印象：资本主义的商品世界同时包含了一组价值变量和一组（生产）价格变量，即存在着价值与生产价格的"双体系"。传统的关于"转形问题"的解释和解法就是以这样的"双体系"为前提的。但问题在于，如果资本主义存在价值和（生产）价格并行的两个体系，并且成本价格经过了修正，那么要同时满足价值与价格、剩余价值与利润总量相等的条件就存在很大的困难。这在国内外学者对于"转形问题"的长期研究中已经得到了充分的体现。①

面对这种困境，20 世纪 80 年代以来，西方激进政治经济学开始从"双体系"转向"单体系"，其中最有代表性的观点包括"新解释"和"分期单一体系"（Temporal Single System，简称 TSS）学说。"新解释"提出了"劳动时间的货币表现"（Monetary Expression of Labor Time，简称 MELT）这一概念。TSS 学说利用这一概念进行分期研究，试图在价值体系和价格体系之间建立联系。"新解释"和 TSS 学说都认为理解"转形问题"不应该陷于传统的"双体系"，并试图依托"劳动时间的货币表现"这一概念来化解"双体系"和"转形问题"。不过，正如"新解释"学说的代表人物 Foley（2000）所说，"新解释"只是关于"转形问题"的一种新解释而不是新解法。提出 MELT 这个概念充其量在一定程度上化解了"双体系"的相互转化问题，但不足以消除"双体系"本身。

本节一开始就指出，马克思对"转形问题"的实质讲得非常清楚。所谓"转形"，从表面上看是商品从一种价值形式转化为另一种价值形式，但实质上这种转化是从一种价值关系转化为另一种价值关系，即从简单商品生产转化为资本主义的商品生产。在前一种价值关系中，是"商品按照它们的价值或接近于它们的价值进行的交换"；在后一种价值关系中，是商品"按照它们的生产价格进行的交换，则需要资本主义的

---

① 国内代表性学者包括丁堡骏、白暴力、张忠任等。

发展达到一定的高度"①。如以生产关系或价值关系论，在资本主义生产方式内部，不存在两个并行不悖并由前者转化为后者的"双体系"。资本主义商品生产和简单商品生产是两种完全不同的生产关系和价值关系，《资本论》第一卷分析资本总公式时就已经明确了二者的根本区别。资本主义商品生产和简单商品生产的价值关系之所以不一样，根本原因在于它们是两种不同性质的私有制。简单商品生产或小私有制条件下，生产者拥有生产资料并运用自身的劳动力进行生产，从而具备了免受他人支配的生产机会和生产能力，本书将其称为劳动者拥有"自生产权利"。"自生产权利"当然不是一种天赋的权利或自然权利，而是由生产资料所有制决定的社会权利和历史权利。资本主义私有制是以剥夺劳动者的"自生产权利"为前提的。古典政治经济学把二者混为一谈，想当然地用孤立的猎人和渔夫的劳动分工与交换来解释资本主义的生产与交换，无视荒岛上的鲁滨孙和资本主义社会之间的巨大的历史与社会鸿沟。资本主义私有制通过使劳动者与生产资料相分离的原始积累过程得以建立，经过资本主义的再生产，商品生产的所有权规律彻底转变为资本主义占有规律，从而撕下了洛克为私有财产辩护而提出的资本主义占有于社会无损的这一遮羞布②。古典政治经济学用劳动价值论分析资本主义生产方式遇到的难题，不是因为劳动价值论错了，而是因为古典政治经济学对劳动价值论的解释是非历史的。

在传统的"双体系"中，资本主义商品的价值实体被当成简单商品生产中的价值。但是，在资本主义生产方式内部，资本主义商品的价值实体怎么可能是由简单商品生产的价值决定的呢？由于马克思在《资本论》第一卷和第二卷对资本主义商品的价值实体进行了抽象和简化，比如假设资本主义商品的价值与价格相一致，个别资本的剩余价值与利润相一致，所以必定需要在一定条件下转变以价值进行叙事的方式，问题不过是马克思的分析为什么不从商品的生产价格开始。

这个问题不难回答。价格反映的只是资本主义的交换关系，但要理解资本主义生产方式的本质，政治经济学必须离开"自由、平等、所有

---

① 《马克思恩格斯文集》第 7 卷，人民出版社，2009，第 197 页。
② "这种开垦任何一块土地而把它据为己有的行为，也并不损及任何旁人的利益，因为还剩有足够的同样好的土地，比尚未取得土地的人能利用的还要多。"参见洛克（1964）。

权和边沁"占统治地位的流通领域和交换领域，首先进入资本主义的生产过程。要理解资本主义商品价格背后的生产关系，必须先搞清楚资本主义的商品是怎么生产出来的。要搞清楚这个问题，个别资本的商品具体按照什么价格交换并不重要。一旦我们把资本主义生产关系的根本性质和基本运动规律确定下来，资本主义商品的价格运动规律也就清楚了。这就是为什么《资本论》不能一开始就从资本主义商品的价格入手，而要从一般商品和货币入手。在资本主义特有的价值关系下，个别资本在商品生产中耗费的活劳动和物化劳动，通过资本主义的竞争，形成了资本主义商品的价值实体，最终形成资本主义商品的生产价格。如果一开始就以资本主义商品的价格为中心，不加分析地接受资本主义的交换关系和它背后隐藏的生产关系，甚至将其视为理所当然的事情，政治经济学就会和庸俗经济学一样，把交换关系当作本质，而把生产过程当作被交换过程决定的次要环节。

资本主义生产方式内部不存在"双体系"。《资本论》第三卷提出的"转形问题"不是对第一卷以及劳动价值论的修正和否定。《资本论》第一卷指出价值关系的历史性质以及货币转化为资本，就已经预示了资本主义商品价值实体的特殊规定。生产价格是私人资本支配的劳动在资本主义价值关系下形成的特殊的价值形式，《资本论》分析了其形成的过程和机制。

四　价值、价格与供求

恩格斯在《资本论》第三卷序言中指出："每一篇的开端通常都相当细心地撰写过，甚至文字多半也经过推敲。但是越往下，文稿就越是带有草稿性质，越不完全，越是离开本题谈论那些在研究过程中冒出来的、其最终位置尚待以后安排的枝节问题，句子也由于表达的思想是按照形成时的原样写下来的而越冗长，越复杂。"① 《资本论》第三卷第十章"一般利润率通过竞争平均化。市场价格和市场价值。超额利润"就具有这样的特点，但是其重要性是显而易见的，因为它既是马克思对资

---

① 《马克思恩格斯文集》第7卷，人民出版社，2009，第4~7页。

本主义商品价值实体的论证，也是关于"转形问题"的过程分析，揭示了个别资本的劳动耗费在资本主义价值关系下如何从个别价值转化为市场价值，最终形成资本主义商品的生产价格。

在《资本论》第一卷中，马克思对价值与价格的关系只是作了最基本的原则性的规定，把价值关系对价值和价格的作用归结为价值规律。而《资本论》第三卷对商品价格与价值相符合的交换关系做了更加具体的说明："1. 不同商品的交换，不再是纯粹偶然的或仅仅一时的现象；2. 就直接的商品交换来说，这些商品是双方按照大体符合彼此需要的数量来生产的，这一点是由交换双方在销售时取得的经验来确定的，因此是从连续不断的交换本身中产生的结果；3. 就出售来说，没有任何自然的或人为的垄断能使立约双方的一方高于价值出售，或迫使一方低于价值抛售。"① 综合《资本论》第一卷和第三卷的论述，包括第三卷提出的"第二种含义的社会必要劳动时间"，马克思无非是说价值或价格的决定既取决于生产条件又取决于交换条件。对资本主义商品来说，其价值和价格决定规律的特殊性在于，资本主义商品的生产和交换服从于资本主义的生产目的，服从于围绕利润而展开的竞争。这种竞争"首先在一个部门内实现的，是使商品的不同的个别价值形成一个相同的市场价值和市场价格。但只有不同部门的资本的竞争，才能形成那种使不同部门之间的利润率平均化的生产价格。"② 这就回答了马克思提出的问题："真正困难的问题是：利润到一般利润率的这种平均化是怎样进行的，因为这种平均化显然是结果，而不可能是起点。"③

需要指出的是，虽然马克思提出了资本主义商品的个别价值和市场价值的范畴，但这并不意味着资本主义存在"双体系"。个别价值、市场价值不过是个别资本耗费的劳动转化为资本主义生产价格的中介环节。资本主义商品的价值实体只能是在交换中被其他资本承认的那个劳动量，也就是形成生产价格的那个劳动量。不论是个别价值还是市场价值，都只是个别资本参与部门内和部门间竞争的投入量，这个劳动的投入就像简单商品生产条件下的私人劳动一样，在价值规律（这里是资本主义竞

① 《马克思恩格斯文集》第 7 卷，人民出版社，2009，第 198 页。
② 《马克思恩格斯文集》第 7 卷，人民出版社，2009，第 201 页。
③ 《马克思恩格斯文集》第 7 卷，人民出版社，2009，第 195 页。

争）的作用下，才会形成资本主义商品特有的价值实体和生产价格。

以部门内的竞争为例。个别资本的商品所耗费的劳动转化为部门内的社会劳动，其市场价值的决定取决于具体的生产条件和交换条件，因而存在不同的情况。"市场价值，一方面，应看作一个部门所生产的商品的平均价值，另一方面，又应看作是在这个部门的平均条件下生产的并构成该部门的产品很大数量的那种商品的个别价值。只有在特殊的组合下，那些在最坏条件下或在最好条件下生产的商品才会调节市场价值"①。所谓"特殊的组合"，无非是指生产条件和交换条件出现的变化，即"如果需求非常强烈，以致当价格由最坏条件下生产的商品的价值来调节时也不降低，那么，这种在最坏条件下生产的商品就决定市场价值。这种情况，只有在需求超过通常的需求，或者供给低于通常的供给时才可能发生。最后，如果所生产的商品的量大于这种商品按中等的市场价值可以找到销路的量，那么，那种在最好条件下生产的商品就调节市场价值"。②

在马克思的论述中，市场价值的规定包含两种情况。一种是所有生产都是满足社会需求的有用劳动，市场价值就由个别劳动（价值）的平均水平决定，或者由按照平均生产条件生产并在部门内占统治地位的个别劳动决定。另一种是当生产条件和交换条件发生不一致的变化时，市场价值就会偏向于由处于生产条件边际的个别劳动决定。这两种规定，不仅和供求价格理论中的静态分析和比较静态分析具有相似性，而且当部门内的个别资本生产条件存在连续性变化的时候，市场价值的第二种规定和新古典经济学的边际成本理论更具有相似性。这是否表明劳动价值论最终会导向西方的供求价格论呢？下面从三个方面来回答这个问题。

首先，供求分析不会影响和改变价值实体的规定。供求关系反映的就是商品的生产条件和交换条件，供求的变化当然会影响市场价值，但是不管决定市场价值的劳动量如何变化，一定量的劳动构成商品的价值实体这个基本的规定不受供求变化的影响。如果需求减少，使得生产商品的一部分私人劳动不被市场或社会所承认，该商品包含的社会必要劳

① 《马克思恩格斯文集》第7卷，人民出版社，2009，第199页。
② 《马克思恩格斯文集》第7卷，人民出版社，2009，第199~200页。

动时间因此减少，但这不意味着需求决定价值或价值实体，而只是决定了价值的量。需求的作用不过是好像"选择"了决定商品价值量的某个生产条件。（格罗，2011）但是在这种作用下，不管决定价值量的个别生产条件是处于平均水平还是边际水平，价值实体都是该条件下完成的劳动。

其次，劳动价值论本身包含和兼容供求分析。有人担心，一旦引入供求分析，劳动价值论就会被供求价格论所替代，这种担心是不必要的。劳动价值论，特别是关于价值规律的分析已经包含了供求与价格的相互作用。供求分析不是指供求决定价值，而是表明供求与价格之间存在相互决定的关系。"如果供求决定市场价格，那么另一方面，市场价格，而在进一步分析下，也就是市场价值，又决定供求。就需求来说，那是很清楚的，因为需求按照和价格相反的方向变动，如果价格跌落，需求就增加，反之，价格提高，需求就减少。而就供给来说，情况也是这样。"① 马克思的论述揭示了西方价格理论的循环论证性质。一方面，价格由供求共同决定；另一方面，在决定供求的成本函数和效用函数中，价格又是自变量。这就使得供求价格论不得不依赖均衡的概念和静态分析或比较静态分析。然而，在政治经济学看来，供求与价格的相互决定无非就是价值规律起作用的具体形式。"如果供求调节市场价格，或者确切地说，调节市场价格同市场价值的偏离，那么另一方面，市场价值调节供求关系，或者说，调节一个中心，供求的变动使市场价格围绕这个中心发生波动。"② "因此，供求关系一方面只是说明市场价格同市场价值的偏离，另一方面是说明抵消这种偏离的趋势，也就是抵消供求关系的作用的趋势。"③

最后，资本主义市场的供求关系是由资本主义生产关系与竞争关系决定的。"资本主义生产的实际的内在规律，显然不能由供求的互相作用来说明"。④ 个别资本为了追求个别利润与超额利润展开竞争，不仅决定了资本主义的生产条件，也决定了资本主义的分配与交换的条件。资本

---

① 《马克思恩格斯文集》第 7 卷，人民出版社，2009，第 212 页。
② 《马克思恩格斯文集》第 7 卷，人民出版社，2009，第 202 页。
③ 《马克思恩格斯文集》第 7 卷，人民出版社，2009，第 212 页。
④ 《马克思恩格斯文集》第 7 卷，人民出版社，2009，第 211 页。

主义商品的市场价值，不论是按照平均条件还是边际条件决定，归根结底都取决于资本之间为追逐利润而展开的竞争。这种竞争具有二重性：一方面，个别资本为了追求更高的个别利润或超额利润，必须不断地制造与其他资本的异质性；另一方面，这种竞争对于全体资本或社会总资本来讲，作用却是不断地使生产条件和交换条件趋于同质化，使社会一般利润率趋于平均化。在竞争的二重性作用下，在资本主义商品的市场价值规定中，边际条件体现了竞争导致的差异化，平均条件体现了竞争导致的平均化。竞争每时每刻都在打破资本主义市场的均衡，同时又在形成平均化和均衡化的趋势，体现了资本主义竞争的辩证规律。

从中还可以引申出一个重要的结论：我们无法通过某个"价值方程"事先掌握或计算出商品的价值和价格。商品生产的私人劳动——不管是简单商品生产者还是私人资本生产者的劳动——最终被承认为多少社会劳动，哪一种个别生产条件被社会"选择"成为决定价值的生产条件，是通过价值规律在供求与价格的相互作用中实现的，在资本主义条件下则是由资本主义竞争实现的。如果能事先确定某个"价值方程"或"价值函数"，那就意味着不需要价值规律或竞争发挥作用，私人劳动也不需要转化为价值。换句话说，"价值方程"不论其形式简单还是复杂，都和价值范畴以及价值规律相违背。

五　结论

本章探讨了《资本论》中关于劳动价值论的若干基本范畴和原理，试图澄清相关的问题。这些问题在马克思主义政治经济学和《资本论》的教学与研究中是必须搞清楚、讲清楚的。

第一，从生产关系出发理解价值范畴和劳动价值论，是马克思主义政治经济学的方法论原则。按照古典政治经济学的逻辑，如果说洛克的劳动价值学说是为了论证私人财产的正当性，即所谓"占有正义"，那么劳动价值论就是为了论证资本主义的"交换正义"。但是，这种交换关系或交换秩序本质上是特定的历史的生产关系。劳动价值论的成立与否，取决于它所反映的生产关系或交换关系是否存在、以什么形式存在，不能把劳动价值论和狭义的、纯粹的价格理论画等号。价格运动只能发生在特定的价值关系中，新古典经济学的价格理论实际上是以资本主义的生产关系和交换关系为基础的，这种特殊的生产关系是特殊的价值关系，因而不过是劳动价值论的一个"特例"。

第二，价值关系和价值实体是既有联系又有区别的两个范畴。价值实体是在价值关系中物化的社会劳动，虽然它没有自身独立的物质存在形式，不能被人们直接感知，但是经由劳动过程和交换过程的客观性、经由不同使用价值在交换中表现出的"同一的幽灵般的对象性"，政治经济学能够把不同使用价值和不同私人劳动的差别抽象掉，进而把价值实体归结为劳动，把价值量归结为社会必要劳动时间。

第三，价值关系决定了私人劳动按照什么规律转化为价值。"转形问题"本质上是简单商品关系转化为资本主义商品关系，前者使商品按照价值交换，后者使商品按照生产价格交换。这两种生产关系和交换关系的差别在于它们是不同的私有制，简单商品生产的劳动者拥有"自生产权利"，而资本主义商品生产却是以剥夺劳动者的"自生产权利"为前提。就生产关系而论，资本主义社会内部不存在这两种生产关系和交换关系并行的"双体系"。生产价格是价值关系转化的结果，是资本主义特有的价值形式，而不是对劳动价值论的否定。

第四，劳动价值论包含了供求分析，供求与价格的相互决定就是价值规律的具体作用形式。在资本主义条件下，由于竞争的二重性和辩证法，资本主义商品的市场价值可能按平均条件决定，也可能按边际条件决定。"价值方程"与价值范畴以及价值规律是相悖的。

劳动价值论是马克思主义政治经济学最基本的理论，包含很多具体的内容，比如生产性劳动与非生产性劳动的区分等，本章只涉及了其中的少数几个概念和问题。我们今天也有必要不断地回到马克思和《资本论》，以加深对劳动价值论的理解。

第五章　资本主义、剥削与工资

一　霍奇森论资本主义的本质

激进政治经济学从马克思主义政治经济学那里获得的最大的灵感，首先就是"资本主义"这一主题。对很多人来说，即便拒绝和排斥马克思的世界观、方法论及其理论工具，马克思关于资本主义生产方式是一种历史的、发展或演进的社会形态的鲜明观点，却具有让人无法拒绝的号召力。和经院派眼中那个"十全十美的世界"（琼·罗宾逊语）相反，"资本主义"这一范畴——而不是更一般的财产、商品、货币等范畴——的提出，不仅是批判性思维的产物，更是各种现实的矛盾和批判性力量的产物，为"武器的批判"和"批判的武器"提供了源源不断的动力。当2008年金融危机以后西方阵营重拾资本主义的话题、重新"发现"和"反思"资本主义、为资本主义"会诊"之际，他们显然忘了，马克思主义政治经济学与其他非正统经济学从未中断过对资本主义的诘问。

霍奇森作为西方非正统经济学的代表性人物之一，在这个问题上自然也做了长期的探索，这体现在他数十年间发表的一系列产生了广泛影响的著作中。《资本主义的本质：制度、演化和未来》是其中的最新成果。如果说20世纪80年代发表的《资本主义、价值和剥削》试图提供一个用于分析资本主义的、具有微观和宏观经济学基础的理论框架，前者则更像为了找出覆盖资本主义全貌的大网的那些主要节点。由此不难理解，作者为什么要做"下定义"这一"吃力不讨好"并很容易招人直接反驳的工作。

霍奇森本人显然清楚身处"一个术语的蒙昧时代"所面临的风险，一开始就声明了态度："探究需要概念的指引，所有一切都取决于事先的定义"（霍奇森，2019：8），并且不吝用一章的篇幅来应对"反本质主义"等哲学和方法论层面可能存在的疑问和挑战。这部分内容虽然看似和经济学的关联不是那么紧密，却是展开理论分析前不可或缺的前提。为了应对"反本质主义"，霍奇森提出他关于本质主义的主张是"本质是有意义的且真实的"（霍奇森，2019：25）。这一本体论的主张避开了波普等"反本质主义者"在认识论层面上的纠葛，同时也确认了资本主义是一个实体，而不是抽象的理论构造和意识形态表述。为了证明这一点，霍奇森把资本主义指向一个特定的历史事实，即欧洲自18世纪以来的经济起飞。在霍奇森看来，这一特征事实的出现，不能简单地用技术或者观念的转变来解释，而只能存在于技术与制度、观念与实在的结合体中。从马克思主义角度看，霍奇森的观点虽然没有采取历史唯物主义或经济史观的表述方式，但是也相当中肯。不过，霍奇森还试图祛除本质主义学说中的所谓"自然状态模式"。在笔者看来，这就意味着不能把资本主义看作韦伯意义上的"理想型"，甚至不能在理论上提出一种"纯粹的"资本主义模式，进一步推论，对于资本主义的分析就不能像马克思在《资本论》中那样，从最简单、最抽象、最纯粹的资本主义形态出发，逐步上升到更复杂、更具体、更现实的资本主义社会。霍奇森的依据是"个体群思维"，即"变异是所有物种的关键特征，它是自然选择演化的'燃料'。因此，不涵盖变异，就不可能理解任何物种的本质。""（资本主义或者企业）群体中的变异是它的群体本质的组成部分，而不是对自然状态的扰乱。本质本身就包含了变异。"（霍奇森，2019：28，29）笔者认为，霍奇森在这里对马克思存在着误解，把《资本论》的叙述方法当成了马克思政治经济学的研究方法。当马克思在分析纯粹商品经济、纯粹资本主义的关系时，并不是认为这种关系是和现实商品经济、现实资本主义相独立的不同实体。《资本论》以英国为例证，仅仅是因为英国的资本主义在当时是资本主义最发达、最成熟的形态，是资本主义在当时的充分发展的一种形式，但这并不意味着英国的资本主义就代表了资本主义应有的一种"自然状态"。霍奇森还认为马克思给资本主义发展划定了"一条单一的发展路径"，这也是不符合马克思本意的。在《给〈祖国纪事〉杂志编辑部的信》中，马克思说过一段著名的话，指出他的批评者"一定要把我关于西欧资本主义起源的历史概述彻底变成一般发展道路的历史哲学理论，一切民族，不管它们所处的历史环境如何，都注定要走这条道路，……（他这样做，会给我过多的荣誉，同时也会给我过多的侮辱。）……使用一般历史哲学理论这一把万能钥匙，那是永远达不到这种目的的，这种历史哲学理论的最大长处就在于它是超历史的"。①

接下来，霍奇森结合各种经济学说，对与资本主义相关的最基本范畴进行了条分缕析的"解剖"。可以看出，他在做这项工作的时候，并没有像分析主义者那样把重心放在追求范畴在理论和逻辑上简单、直接乃至唯一的清晰性质，而是通过各种学说的批判性比较，寻求这些范畴对刻画资本主义本质特征是否具有真实和有意义的作用（符合他关于本质主义的理解）。霍奇森显然不是为了重新发明各种定义，他是在重新"发现"这些定义，把它们从经济学特别是主流经济学长期模糊甚至掩埋的"蒙昧状态"中挖掘出来，和古典政治经济学、马克思主义政治经济学、制度经济学以及演化经济学的伟大传统完成续接。不得不说，即便对霍奇森这样的理论大家来讲，这也是一项难度极高的挑战。无论其完成度如何，人们首先应该为这种努力鼓掌。这并不妨碍我们以苛刻的眼光来要求作者，因为这本身就代表了对作者的最大的尊重。下面，笔者就霍奇森对马克思主义理论观点的理解、引证和批评，提出几点商榷意见。

《资本主义的本质》的一个突出观点是采取法律制度主义的方法来透视和理解资本主义。撇开这一观点正确与否不谈，霍奇森认为，法的重要性被马克思恩格斯错误地忽视和贬低了。例如，他认为"马克思对法律的降格是有问题的。他把法律视为不过是另种意识形态形式"，"对马克思而言，经济的本质中并不包括法律关系。法律被视为那些未定义的经济关系或生产关系的一种表现或者反映。马克思排除了法律可以成为这种本质的一部分的可能性。这里的危险在于，在分析和政策中都降低了法律的重要性和首要作用"。他还认为，马克思恩格斯在谈论阶级时涉及的财产、占有以及雇佣劳动等范畴，是以法的关系为前提的，"不涉及法律思想，这些词都不可能恰当地定义"，因此"阶级关系的法律方面是定义它们的特征的实质"。在这些看法中，我们注意到霍奇森不仅和

---

① 《马克思恩格斯文集》第3卷，人民出版社，2009年，第466～467页。

分析马克思主义者们一样，认为马克思主义理论的最基本范畴没有得到清晰的界定，而且像科恩（2008）一样，也提出了范畴的"首要性"问题。之所以提出这些问题，在笔者看来，是为了满足分析学派对范畴清晰性的标准而彻底否定了马克思的二重性学说，由此造成生产力与生产关系、经济基础与上层建筑等一系列范畴的二分对立。对历史唯物主义理论的这种理解和处理，不仅不能起到为之辩护的作用，反而是一种阉割和破坏，从根本上瓦解和放弃了历史唯物主义的方法论基础。生产力，无非是生产的物质和技术形式；生产关系或经济关系，无非是生产的社会形式，也就是人们在社会生产和再生产过程中的直接联系。现实的社会生产总是以一定的物质形式和一定的社会形式进行的。生产关系的产生与发展，当然是以一定的生产和生产力为物质基础，因为"人们不能自由选择自己的生产力——这是他们的全部历史的基础，因为任何生产力都是一种既得的力量，是以往的活动的产物"。但是同时不能忘记，"这种能力本身决定于人们所处的条件，决定于先前已经获得的生产力，决定于在他们以前已经存在、不是由他们创立而是由前一代人创立的社会形式"。① 马克思在这里清楚地表明，生产力和生产关系构成社会生产的二重性因素，而不是处于二分的独立因素，从人类社会历史来说，不存在完全没有社会形式的生产，也不存在只有社会形式而没有物质形式的生产，因此根本上并不存在哪一个因素具有"首要性"的问题。进一步来说，生产关系作为生产的社会形式，这些形式的具体表现之一就是由法律来界定的规则。在这个意义上，马克思把财产权关系称为所有制关系的"法律用语"，即法的表现形式。恩格斯指出："在这里，国家、政治制度是从属的东西，而市民社会、经济关系的领域是决定性的因素"，"如果说国家和公法是由经济关系决定的，那么不言而喻，私法也是这样，因为私法本质上只是确认单个人之间的现存的、在一定情况下是正常的经济关系"。但是，由于国家和法看似独立于、凌驾于社会和所有人之上，于是"在职业政治家那里，在公法理论家和私法法学家那里，同经济事实的联系就完全消失了……现在法律形式就是一切，而经济内

---

① 《马克思恩格斯文集》第 10 卷，人民出版社，2009，第 43 页。

容则什么也不是"。① 反观霍奇森的观点，他认为"马克思和恩格斯在经济基础中排除法律是不能令人信服的"，而认为法律才具有"首要性"，是颠倒了内容与形式之间的关系，错误地把生产关系的法的形式看成比这些关系本身更加重要和根本，这是更不能令人信服的。说法律和国家是资本主义生产方式借以运动的形式是一回事，说它们是资本主义生产方式得以成立的首要条件是另一回事。资本主义生产关系，尤其是所有制关系的确立，是以劳动力的商品化为真正前提的，也就是资本的原始积累过程。在这一过程中，法律确实起到了推动作用，这在马克思和波兰尼那里都有清楚的分析，并且马克思还指出国家在其中扮演了"助产婆"的作用。但助产婆并不是婴儿。认为资本主义生产方式离不开法律形式是对的，但是把资本主义首要的本质归结为法律，站在历史唯物主义的角度是无论如何不能接受的。

关于货币，霍奇森认为马克思和古典政治经济学家一样，"采取的是一种货币实物观"，而且认为马克思"不关心如信用货币之类属于生产较高阶段的货币形式"，"错误地认为信用在资本主义发展的早期阶段并不重要"。《资本论》第一卷关于货币的分析，是为了说明商品生产和交换的内部矛盾如何在货币商品（一般等价物）这个相对而言的外部形式上得以暂时解决。马克思指出，一旦货币开始执行价值尺度的职能，人们赋予商品价值以价格形式时，"不需要丝毫实在的金"，只需要"想象的或观念的货币"。② 由此可见，马克思并没有坚持货币只能以实物的形式存在。如果霍奇森说的"货币实物观"是指货币形式，那用在马克思身上显然是不对的。如果霍奇森指的是马克思所说的货币商品，马克思确实指出过"价格完全取决于实在的货币材料"，但是这句话想要说明的问题是，根据不同的货币材料（比如金或者银），商品会有不同的价格。货币材料在这里之所以重要，是因为充当一般等价物的商品自身必须是价值。在笔者看来，如果霍奇森是在这个意义上把马克思看作持货币实物观，那不过是从他不接受马克思劳动价值论出发得到的必然结果。至于信用问题，马克思也不像霍奇森认为的那样"错误地认为信用在资

---

① 《马克思恩格斯文集》第4卷，人民出版社，2009，第306~308页。
② 《马克思恩格斯文集》第5卷，人民出版社，2009，第116页。

本主义发展的早期阶段并不重要"，恰恰相反，马克思在分析资本原始积累的时候，专门强调"公债成了原始积累的最强有力的手段之一"，"国际信用制度常常隐藏着这个或那个国家原始积累的源泉之一"。① 更不用说在《资本论》第三卷中，马克思花了大量的篇幅讨论资本主义条件下的信用制度及其发展。认为马克思"不关心如信用货币之类属于生产较高阶段的货币形式"，这仍然是霍奇森不理解或者不接受《资本论》的叙述方法所致。至于说"马克思把信用体系和信用货币当作是'虚拟'的，基本上不在他对资本主义体系的一般分析范围之内"，这就更加错误了。"虚拟资本"是马克思分析"资本主义生产的总过程"时提出的一个重要范畴。和虚拟资本相对应的是现实资本，二者有着完全不同的运动方式和规律，即不同的价值决定方式和价格运动方式。"虚拟资本"的出现和存在是以现实资本运动为基础，但是又相对独立于现实资本。从表面看，资本主义生产每时每刻都在源源不断地"析出"商品资本和货币资本。它们在生产过程之外展开相对独立的运动，这就为虚拟资本的产生提供了可能，而商业资本和信用制度则把这种可能变为现实。在所有权证书的形态上，虚拟资本取得了最纯粹的形式。马克思以国债为例，指出国家以负债取得的资本本身已经由国家花掉了、耗费了。但是对债权人来说，所有权证书就代表着未来的利息收入，这笔收入的资本化把所有权证书本身变成了"幻想的虚拟的资本"，并发展出独立的特殊运动——所有权的交易。马克思指出："这些所有权证书——不仅是国债券，而且是股票——的价值的独立运动，加深了这样一种假象，好像除了它们能够有权索取的资本或权益之外，它们还形成现实资本。这就是说，它们已经成为商品，而这些商品的价格有独特的运动和决定方式。……这种证券的市场价值部分地有投机的性质，因为它不是由现实的收入决定的，而是由预期得到的、预先计算的收入决定的。……它的价值始终只是资本化的收益。"② 仅就这些论述，足以说明霍奇森对马克思的认识存在极大的偏误。

　　关于资本，霍奇森对学说史上各种有代表性的定义进行了梳理和检

① 《马克思恩格斯文集》第5卷，人民出版社，2009，第865～866页。
② 《马克思恩格斯文集》第7卷，人民出版社，2009，第529～530页。

讨，明确区分了资本和资本品，对人力资本、社会资本学说也做了有力批判，可谓下足了力气。然而，尽管他列出了六条理由来论证自己的资本定义，但是在笔者看来，这些理由更多指向的不是理论和逻辑本身，而是指向范畴的工具性价值。其中，他对马克思的资本定义的理解体现了马克思的核心要义，指出"马克思加上的社会关系把资本复原为一种历史特定现象"，但是也存在很大的局限性。比如，他认为马克思的资本定义"偏离了资本是投资在生产中的货币这一日常含义"。这让人难以理解，这怎么能构成一种错误呢？要知道，马克思认为政治经济学研究的任务就是揭示现象背后的本质，"日常含义"作为经济当事人的意识，正是现象而不是本质。如果要求理论范畴服从"日常含义"，那就落入了庸俗经济学的窠臼。在马克思看来，庸俗经济学"为了适应资产阶级的日常需要，一再反复咀嚼科学的经济学早就提供的材料。在其他方面，庸俗经济学则只限于把资产阶级生产当事人关于他们自己的最美好世界的陈腐而自负的看法加以系统化，赋以学究气味，并且宣布为永恒的真理。"① 《资本论》第一卷第二篇第四章的标题"货币转化为资本"再清楚不过地表明，对于"资本是投资在生产中的货币"，马克思并没有置于不顾。在这一部分的开头，马克思就指出，货币"是资本的最初的表现形式"。"资本在历史上起初到处是以货币形式，作为货币财产，作为商人资本和高利贷资本，与地产相对立。然而，为了认识货币是资本的最初的表现形式，不必回顾资本产生的历史。这个历史每天都在我们眼前重演。现在每一个新资本最初仍然是作为货币出现在舞台上，也就是出现在市场上——商品市场、劳动市场或货币市场上，经过一定的过程，这个货币就转化为资本。"② 接下来政治经济学研究要做的就是揭示这个"一定的过程"。通过比较"作为货币的货币和作为资本的货币的区别"，我们可以看到资本是追求价值增殖的价值，资本的运动是没有限度的，但是这仍然仅仅是现象，政治经济学还必须揭示价值增殖的秘密才能揭示资本的本质。反观霍奇森对资本的定义，不论是强调它的"日常含义"，还是提出把"资本的含义限定在可投资于生产的货币，或者人所

① 《马克思恩格斯文集》第5卷，人民出版社，2009，第99页，注32。
② 《马克思恩格斯文集》第5卷，人民出版社，2009，第171~172页。

拥有的、可让渡的且可抵押的用于生产的财产的货币价值",都停留在马克思所说的现象层面。问题解决了吗?显然没有。当我们把资本的本质特征定义为某种货币价值的时候,我们必须提供某种价值论基础。霍奇森自己把这个更本质、更深层次的问题留到他的著作的第 7 章的最后,轻描淡写地称之为"别的问题"。不接受劳动价值论和剩余价值理论的霍奇森显然不可能接受马克思关于资本的定义和理论。

关于雇佣劳动,霍奇森沿着法律制度主义的思路把它定位为一种契约关系。如果仅仅从契约的角度看,雇佣劳动制度或劳资关系并没有什么特殊,使它特殊的原因是契约本身的不完全性质。在这种条件下,新制度经济学、契约理论和企业理论似乎就成了分析雇佣关系的最好的工具。霍奇森反对马克思把雇佣劳动视为资本主义的定义特征,最重要的一个理由是雇佣劳动形式不具有马克思所说的资本主义的特殊性,而是更早、更广泛地存在于其他时期、其他生产方式中。这里的关键问题在于,雇佣劳动是不是能够被简化为一种市场契约关系。当霍奇森谈到生产复杂性和不确定性给劳动控制带来的影响以及雇主和雇员之间的不对称关系时,他似乎忘记了自己批评的对象马克思,对这些问题早已有过深刻的分析。在《哲学的贫困》中,马克思以蒲鲁东的学说为例,批判了以分工、要素所有权和契约为基础解释资本主义企业起源的庸俗理论。《资本论》对剩余价值生产过程的分析,进一步揭示了资本主义劳动过程的性质及其内在矛盾。"劳动力的买和卖是在流通领域或商品交换领域的界限以内进行的,这个领域确实是天赋人权的真正伊甸园。那里占统治地位的只是自由、平等、所有权和边沁。"① 但是雇佣关系的形成却不是表面上的交换和契约关系,而是依赖于资本主义所有制关系的形成,取决于"从身份到契约"的整个历史过程。马克思指出,所谓分工,从最初起就包含着劳动条件——劳动工具和材料——的分配,也就是所有制关系的形成。资本的权力和资本家的权威只不过是资本主义生产资料私有制关系在生产过程中的直接表现。"资本家所以是资本家,并不是因为他是工业的管理者,相反,他所以成为工业的司令官,因为他是资本

---

① 《马克思恩格斯文集》第 5 卷,人民出版社,2009,第 204 页。

家。"① 资本主义从工场手工业到机器大工业的发展，完成了劳动对资本从形式隶属到实际隶属的转化。资本与劳动之间的矛盾，始终贯穿在资本主义的劳动过程之中。马克思在分析工作日的时候，特别强调商品交换的性质本身没有给工作日规定任何界限，因而没有给剩余劳动规定任何界限。但是资本家要坚持他作为买者的权利而尽量延长工作日，工人也要坚持他作为卖者的权利而要求把工作日限制在一定的正常量内。这时就出现了"二律背反"，即权利同权利相对抗，并且这两种权利都是商品交换规律所承认的。但是马克思并没有就此停留在资本主义企业的具体治理问题上，而是由此探究这对矛盾如何影响资本主义的整体走向，如何体现为全体资本家即资本家阶级和全体工人即工人阶级之间的斗争。布雷弗曼、布若威等人的经典研究，延续了马克思对资本主义劳动过程的分析传统，即便是赫尔希曼、鲍尔斯在 20 世纪 70、80 年代带有强烈新古典色彩的研究，也没有离开劳动榨取和劳动控制的这一主线。反观霍奇森对于雇佣关系的分析，固然也强调"资本主义企业利用了我们遗传的和文化的继承特性，推动合作和尊敬权威"，但是却把雇佣劳动这一制度安排的根本矛盾和本质特征归结为资本主义劳动市场的失灵或缺失，这必然会降低劳资关系及其矛盾在分析资本主义生产方式中的地位和作用。

以上几点当然不能涵盖霍奇森在构建资本主义范畴体系时不准确和不正确援引马克思主义政治经济学理论的全部内容，但是也不应被视为对霍奇森这一尝试和努力的反驳，而且本书的所有内容不可避免地受到了笔者对马克思和霍奇森思想的理解的局限。不过，透过霍奇森的表述，人们确实能感受到他对马克思主义理论的某些根深蒂固的偏见，特别是对历史唯物主义和劳动价值理论的拒斥。这就决定了霍奇森不可能在实质问题上、在"硬核"上接受或借鉴马克思主义的学说。虽然霍奇森和其他学者对历史唯物主义学说的精确性要求并不为过，然而我们更需要警惕的是在这种态度下滋生的、恩格斯在《路德维希·费尔巴哈和德国古典哲学的终结》中早就提醒过人们注意的还原主义和机械决定论的倾向。

---

① 《马克思恩格斯文集》第 5 卷，人民出版社，2009，第 386 页。

　　抛开所有的具体问题,《资本主义的本质》一书定义的若干基本理论范畴,虽然构建起了一个分析资本主义生产方式的基本框架,并且在霍奇森自己看来,这个框架涵盖并包容了马克思、熊彼特对资本主义的洞见,然而这些定义和范畴之间并没有完全达成统一性,没有构成一个具有内在逻辑联系的范畴体系。熊彼特对马克思说过的话也适用于霍奇森:没有一个大胆创立学说的人能够说是无条件失败的。

二　剥削理论:马克思与罗默

(一) 马克思剥削理论的基础

　　资本主义剥削指的是对劳动者"剩余劳动"的占有。在马克思看来,生产劳动者一天的劳动时间即"工作日"分为两部分:一部分用来"生产他必需的生活资料",另一部分则用于"为生产资料的所有者生产生活资料"。前者称为"必要劳动",后者则称为"剩余劳动"。为了实现剥削,资本家必须对劳动过程进行控制,从而实现对剩余劳动的榨取。

　　在马克思那里,资本主义剥削的基础是生产资料的资本主义私有制,在这种私有制关系下,劳动者丧失了自生产权利。因此,虽然资本家与劳动者在劳动力市场上是平等交换关系,但是进入生产领域后,资本家对劳动力就拥有了控制权,进而拥有了剩余价值的索取权。

　　劳动力自生产权利的丧失是通过资本的原始积累过程完成的。直到14世纪末期,在英国人口中占绝大多数的,是自由的自耕农。从经济上来看,自耕农也许意味着规模不经济。但是,自耕农却自己占有生产资料,拥有自生产权。但在圈地运动开始以后,情况则不一样了。导致圈地运动的直接原因是,15世纪末,随着英国毛纺织手工业的发展和对羊毛的需求量不断扩大,羊毛价格不断上涨,许多贵族地主看到养羊比种植谷物更加有利可图。特别是"从十五世纪起,由于佛兰德斯对英国的羊毛需要量增加,夺取和圈占公用土地,已经成了越来越常见的现象。大片的地段变为牧场。"(塔塔里诺娃,1962)

　　土地贵族发现雇佣少数工人,可饲养大群绵羊,生产出来的细羊毛可市利百倍,但饲养千万头绵羊就需要辽阔的牧场,于是同市场有密切联系的东南地区的地主贵族,便开始疯狂地掠夺农民的土地。马克思说:

"对这一时代说来，货币是一切权力中的权力，因而，把耕地转化为牧羊场就成了他们的口号。"①这样不仅土地贵族，就连大牧场主、大商人和新兴的资产阶级也千方百计地圈占农民的土地，于是变耕地为牧场的口号，把英国的圈地运动推向了一个新的高潮。

宗教改革也在其中起到了推波助澜的作用。毋庸置疑，宗教改革对英国的影响是积极的、富有战略意义的。但是，宗教改革也加速了农民自生产权的丧失。"在16世纪，宗教改革和随之而来的对教会地产的大规模的盗窃，使暴力剥夺人民群众的过程得到新的惊人的推动。在宗教改革的时候，天主教会是英国相当大一部分土地的封建所有者。对修道院等的压迫，把住在里面的人抛进了无产阶级的行列。"②英王曾没收了全国3/5的寺院土地，关闭了近600所寺院，城市新兴的资产阶级和新贵族抢购了大量寺院土地，大批农民被赶走，成为无产者。

圈地运动将英国的封建土地所有制转变为资本主义土地所有制，为农业改良提供了必要条件。"几乎所有农业技术的进步都是在已圈占的或正在圈占的土地上取得的，土地圈占是资本主义方式的土地改革。"耕地圈占后单位面积产量增长很快，据估计在1750～1800年提高了1/3。由于农业改良，1760～1815年英国农业产量增长50%。毋庸置疑，圈地运动促进了社会经济的极大发展。（塔塔里诺娃，1962）

然而，圈地运动所带来的经济发展对丧失土地的农民来说则意味着自生产权利的丧失。波兰尼对此也做了很好的描述。"家庭手工业在19世纪后半叶广泛传播，并在一个世纪后成为农村地区的一个特色。牧羊农场的羊毛生产给小佃农和无法从事耕种活动的无地农民提供就业机会。新的羊毛工业中心也能够保证手工业者的稳定收入。但是——这是问题的关键——只有在市场经济的条件下，这些补偿性的有益效果才可能是真实的。在缺乏这一条件的情况下，这一高利润的养羊和羊毛买卖反而可能毁灭乡村社会。""争夺农舍，蚕食农家菜园和庭院，以及对公地使用权利的剥夺，导致了家庭手工业两大支柱的丧失：家庭收入与农业背景。只要家庭手工业能从一个小菜园、一块小土地或者放牧权利这样的

① 《资本论》第一卷，人民出版社，2004，第825页。
② 《资本论》第一卷，人民出版社，2004，第828页。

便利和愉悦中得到补充，劳动者对货币收入的依赖性就不会是绝对的；一小块马铃薯地或者一群矮墩墩的雌鹅，公地上的一只奶牛甚至一头驴子都会造成决定性的差别家庭收入是作为某种失业保险而发挥作用的。农业生产的理性化不可避免地使劳动者失去了自己的根，并削弱了他的社会安全。"（波兰尼，2007：30，80）"如果土地落到少数大租地农场主手中，那么小租地农民（以前他是指许多小土地所有者和小租地农民，他们靠自己耕种的土地上的产品和在公有地上放养的羊、家禽、猪等来维持自己和家庭的生活，因此几乎不必购买生存资料）就要转化为这样一种人，他们必须为别人劳动才能维持生活，而且不得不到市场上去购买自己所需要的一切……劳动也许加重了，因为对劳动的强制更大了……城市和手工工场将会扩大，因为将有更多寻找职业的人被赶到那里去。这就是租地农场的集中必然发生作用的道路，也是这种集中多年以来在这个王国中实际发生作用的道路。"①

　　因此，马克思主义政治经济学的剥削理论离不开资本主义生产资料私有制这一最根本的生产关系基础。生产决定分配。正是在这一点上，体现了其他剥削理论与马克思的剥削理论区别。其中的代表之一便是约翰·罗默。

（二）罗默对剥削理论的所谓重构

　　罗默试图运用新古典的经典分析框架，在不借助劳动价值论的前提下重构剥削理论。

　　首先，他提出了剥削的两种含义：非技术性定义——利用某物如资源或利用某人。技术性定义——在既定的经济中，如果某些成员必须从事超过社会必要劳动时间的劳动才能挣得他们所需的消费品集，而其他人以少于社会必要劳动时间就能挣得他们的消费品集，那就可以说剥削将会存在。罗默的理论主要是基于剥削的技术性定义。

　　在罗默的分析中，剥削不仅出现在劳动力市场上，在资本市场上、在既无劳动市场又无资本市场的情况下，剥削同样存在。这种分析方式表明罗默并不认为劳动者自生产权利的丧失是产生剥削的必要条件。在

---

① 参见《资本论》第一卷对普赖斯《评继承支付》的引用，《资本论》第一卷，人民出版社，2004，第834页。

剥削下，人们的行为、财富发生了变化，产生了5种阶级，罗默称之为阶级—财富对应原理。罗默认为，阶级是一个群体，群体中的所有成员都以同样的方式与劳动市场相联系。阶级不是一开始就有的，而是作为经济的结果而出现的。人们选择了他们自己的阶级地位，虽然不是心甘情愿的，但是在约束下，在既定的初始资产的前提下寻求利益最大化的结果。因此，阶级并不是在剥削之前存在的，而是逻辑上先于阶级而存在的。

　　罗默在此基础上进一步提出了"社会必要剥削"的概念，认为在不同种制度下存在不同的剥削形式。比如，封建社会的剥削是封建领主占有农奴劳动，甚至在社会主义条件下也存在着技能和地位引起的剥削。在罗默看来，消除社会必要剥削的方式是消灭特定类型的私有财产权，实行公共所有制。这并不是确立对生产资料私有财产权的平等分配。因为初始的平等分配最终还是会因结果的不平等而导致财产权的未来的不平等分配。而生产资料公有制体现的是一种结果的公平。这并不需要以牺牲自我所有为代价，而是同时尊重自身的私有制。既不否定天资与能力，同时有效防止人们预期的那种有利于天资较高的人的福利差别。为此，我们不要满足以下条件的一种社会机制：帕累托最优分配；土地的单调性；技术的单调性；有限的自我所有制（保护强者，尊重能力与天赋）；保护弱者（弱者不应当由于强者的能力而受到损害，他在这一机制下的情况，不应比如果另一个人的机能水平降至他本身的水平时的境况变得更差）。罗默论证，唯一允许的分配方式即是福利相等的分配方式，无须求助于否定自我所有制的激进的平等主义的前提，就可获得结果上平等的效果。

　　综上，剥削理论在罗默那里成为一种关于社会如何实现公平分配的理论。生产与分配的关系整个被颠倒了过来。对马克思的理论，罗默（2003）明确提出了不同意见。比如，他完全舍弃了劳动价值论，并将生产资料不平等分配看作是一种"不道德"的事物。在他运用新古典经济学分析剥削问题的框架里，生产变成了一个纯粹由个人选择决定的问题：

假定经济中存在农场技术和工厂技术。

农场：3天劳动→1单位玉米。

工厂：1天劳动+1单位玉米→1单位玉米净产品。

初始分配不平等：亚当拥有 3 单位玉米，卡尔只拥有 1 单位玉米。

商品集为（玉米，劳动），卡尔的偏好是（2/3，0），亚当的偏好是（10/3，4）。

此时卡尔提出以每天 1/3 玉米单位的工资雇佣亚当，这是对亚当有吸引力的工资，因为其次优机会是去农场每天生产 1/3 单位玉米。卡尔雇佣亚当加工卡尔的 1 单位玉米并付给亚当 1/3 单位的玉米工资，保留 2/3 作为其自身利润。亚当用自己的玉米在工厂工作 3 天生产出 3 单位玉米净产品再得到为卡尔工作一天的工资。

在罗默的这个代表性模型中，个体在生产资料初始分配下进行个人最大化选择，从而实现帕累托改进。这一模型迷惑性在于，它看似颠覆或者消解了人们对资本主义剥削的质疑。但是这个模型的初始条件已经彻底违背了劳动者丧失自生产权利的基础，已经谈不上是真正的资本主义生产关系了。

（三）剥削是生产问题还是分配问题

有观点认为，剥削属于分配问题、穷人和富人的关系问题。然而，生产决定分配，生产方式决定分配方式，这是马克思主义政治经济学的基本原理。马克思指出："分配本身是生产的产物，不仅就对象说是如此，而且就形式说也是如此。就对象说，能分配的只是生产的成果，就形式说，参与生产的一定方式决定分配的特殊形式，决定参与分配的形式。"撇开生产关系，尤其是所有制关系谈分配无异于本末倒置。马克思明确指出："消费资料的任何一种分配，都不过是生产条件本身分配的结果；而生产条件的分配，则表现生产方式本身的性质。……庸俗的社会主义仿效资产阶级经济学家（一部分民主派又仿效庸俗社会主义）把分配看成并解释成一种不依赖于生产方式的东西，从而把社会主义描写为主要是围绕分配兜圈子。"

我们在《资本论》中可以清楚地看到资本主义剥削是如何通过资本主义劳动过程即使用价值生产过程展开的。在生产过程中延长工作日，创造超过工人自身劳动力价值的等价物，并由资本占有的剩余劳动，就是绝对剩余价值的生产。而为了延长剩余劳动，用各种方法缩短生产工资的等价物的时间，便是相对剩余价值的生产。为了尽最大可能地提高剩余价值率，资本家不得不从绝对剩余价值和相对剩余价值两个方面出主意。如果"劳动生产力和劳动的正常强度已定，剩余价值率就只有通过工作日的绝对延长才能提高"；如果"工作日的界限已定，剩余价值率就只有通过工作日两个组成部分即必要劳动和剩余劳动的相对量的变化才能提高，而这种变化在工资不降低到劳动力价值以下的情况下，又以劳动生产率或劳动强度的变化为前提"。

　　由于工人生产所创造的价值与他所应得的工资（维持他自己和家庭所必需的生活资料）之间的差额是随着生产力的不断发展而不断扩大的，因此资本家对剩余价值的攫取也是一个随着生产力的发展而不断加剧的历史过程。"因此资本主义生产方式的产生与剥削的产生都是在生产率发展到一定水平的产物。作为资本关系的基础和起点的已有的劳动生产率，不是自然的恩惠，而是几十万年历史的恩惠。"为了不断扩大剩余价值率，资本家通过延长工作时间、加大劳动强度、降低工人最低生活标准等客观上也促进了生产率的发展。生产率与资本家的主观能动就是在这样一种相互促进的关系下向前发展的。

　　探讨剥削是生产问题还是分配问题，从另一角度说就是判断剥削是机会的不平等还是结果的不平等。最重要的平等不是结果的平等，而是机会的平等。机会平等是一个社会和谐发展的最根本基石。从上文劳动者"自由到一无所有"的论述不难看出，从一开始就存在着机会的不平等。"一方面，工人是自由人，能够把自己的劳动力当作自己的商品来支配；另一方面，他没有别的商品可以出卖，自由得一无所有，没有任何实现自己的劳动力所必需的东西。"这是马克思对于"自由的工人"这一概念的经典论述。由于包括圈地运动、殖民掠夺等历史原因在内的各种原因的缘故，劳动者丧失了自生产权，因而不得不出卖自身劳动力，从而接受资本家的剥削。《资本论》第一卷第五章引用两位其他作者的论述，"据兰格计算，英格兰（和威尔士）有 1100 多万人靠简单劳动为生。当时的人口总数是 1800 万，其中要减去 100 万贵族和 150 万需要救济的贫民、流浪汉、罪犯、娼妓等，还要减去 465 万中等阶级，其中包括小食利者、官吏、作家、艺术家、教员等等。为了凑足这 465 万的数目，除银行家等等之外他还把所有工资较高的'工厂工人'列为中等阶级中从事劳动的部分！甚至瓦匠也被列为'复杂劳动者'。这样剩下来的，便是上面说的 1100 万了。""除自己的普通劳动拿不出任何别的东西来换取食物的一个庞大阶级，占人口的大多数。"

总之，在马克思主义政治经济学看来，剥削是一个由所有制关系决定的、通过生产过程进行、经过交换过程实现、最终在分配关系中得到体现的历史范畴。

三　马克思的工资理论

资本与雇佣劳动是资本主义生产方式的两极。按照马克思的研究计划，在完成对资本和利润的研究之后，还要专门对雇佣劳动和工资问题进行研究。《资本论》作为对"资本"——尤其是"资本一般"——的理论论述，对雇佣劳动和工资问题的论述并没有充分展开，也不是最终的版本。我们在《资本论》中可以看到，马克思在分析资本主义工资的时候，为我们提供了三种理论视角和分析思路，分别是"劳动力价值理论"、"资本积累理论"和"阶级斗争理论"。按照劳动力价值理论，工资是劳动力价值或价格的转化形式，工资的变化取决于劳动力价值的变化。按照资本积累理论，工资取决于劳动力市场供求因素的作用。按照阶级斗争理论，实际工资水平由作为阶级的资本家与工人的议价力量决定，只要工人没有联合起来，工资往往会被压低到生活费的下限。这三种工资理论的出发点看似完全不同，但是在《资本论》和马克思的其他经济学著作中都可以找到相关的重要的论述。由此引出的问题是，这三种工资理论是互相独立的还是内在统一的？它们阐述的是不同的工资运动规律还是同一规律？总之，在马克思的经济理论体系中，是否存在着逻辑一致的工资理论？

长期以来，学界对于马克思的工资理论也存在着不同的看法。比如，Philip Harvey（1983）认为马克思的工资理论要比通常理解的远为复杂，这种复杂性使马克思可以更加灵活的应对各种逻辑上和经验上的批评，但是同时也使其理论自身有许多矛盾，难以辩护。Ernest Mandel（1971）认为马克思早期在《雇佣劳动与资本》（1849）中提出的工资理论是错误的，完全是对李嘉图理论的沿袭，直到《工资、价格与利润》（1865），马克思才完成了自己的工资理论，强调阶级斗争对工资的决定作用。而Bob Rowthorn（1980）则认为，马克思成熟期的作品与早期作品在分析框架上基本一致，只是在术语的使用和趋势的判断上有所不同，对问题的处理也更加复杂。

由此可见，理解马克思在工资问题上的基本逻辑、搞清楚这三种工资理论之间的关系，对理解马克思主义政治经济学是非常必要的。本章通过阐述这三种工资理论的内涵，指出它们是如何统一起来的。

（一）劳动力价值与工资

马克思对待工资与他对待价值、价格、剩余价值、利润等范畴一样，进行了质的分析和量的分析。分析工资的质是为了说明工资现象（形式）的本质。分析工资的量是为了说明工资的运动规律。

《资本论》第一卷第六篇分析了工资的质，认为它是劳动力的价值或价格的转化形式，并在形式上和观念上错误的表现为劳动本身的价值或价格。马克思指出，工资的这种歪曲的表现形式对于资本主义生产方式"具有决定性的重要意义"，掩盖了真实的资本主义生产关系，造成了工人的自由幻觉及其与资本家相互平等的法的观念，成为庸俗经济学的辩护。马克思通过区分劳动力和劳动，在劳动价值学说的基础上，逻辑一致地解释了剩余价值的来源。

工资作为劳动力价值的转化形式，它的量自然就是由生产劳动力的价值规律决定的。由于劳动力只存在于活的个体当中，其生产和再生产必须依靠一定数量的生活资料才能维持，因此"生产劳动力所必要的劳动时间，可以归结为生产这些生活资料所必要的劳动时间，或者说，劳动力的价值，就是维持劳动力占有者所必要的生活资料的价值"。

用维持劳动力所需的生活资料的价值规定劳动力自身的价值，这一理论上的转换是否成立、是否合理、是否符合劳动价值学说，在学界是有争议的[①]。本书认为，把劳动力的价值归结为生活资料的价值并不意

[①] 比如，Philip Harvey（1983）认为，马克思在分析劳动力商品的价值决定时，没有考虑到吃饭、穿衣等生产性消费方面的活劳动，因此是从劳动价值论跳跃到了生产费用论。进一步讲，如果劳动力的价值（资本主义商品价值构成中的 v）等于生活资料的价值，则劳动价值论就可能陷入循环论证。笔者认为，第一点批评是不恰当的。生产劳动是有目的、有意识的创造使用价值（在这里是劳动力）的活动。它一方面把生活资料的价值转移到个体的生命力当中，另一方面还使劳动者获得一定的劳动技能。前者表现为劳动者的个人消费过程，后者包括教育或训练等劳动过程。第二点批评（劳动价值论成为循环论证）则超出了本书的讨论范围。

味着劳动力的价值来源只是消费资料价值的转移。《资本论》指出，构成劳动力价值的内容主要有三项：①维持劳动者本人所需的生活资料的价值；②维持劳动者家庭所需的生活资料的价值；③为使劳动力获得一定的技能所需的教育和训练的费用。关于第三项，马克思说"要有一定的教育或训练，而这就得花费或多或少的商品等价物"。我们知道，教育除了使用必要的物质手段以外，还会耗费教育者的脑力或体力，这些劳动同样会物化在劳动力的使用价值当中。按照劳动价值学说，劳动力的价值应该包括物化在劳动力当中的全部社会劳动，既包括已经被物化在消费资料或教育手段中的过去的劳动，也包括教育等新的劳动的物化部分。

还有的学者指出，除了《资本论》提到的上述三项内容之外，马克思还考虑了影响工资的三个因素：④工作日的长度；⑤劳动强度；⑥劳动生产力。随着资本主义的发展，这些因素的共同作用会导致劳动力价值上升，从而提高实际工资。本书认为，不应该把④⑤⑥列为决定劳动力价值或工资水平的一般理论因素或本质规定，这几项只是在①②③的范围内说明不同的劳动力可能存在价值或工资水平差异的原因。比如关于工作日的长度和劳动强度，马克思指出："劳动力的发挥即劳动，耗费人的一定的肌肉、神经、脑等等，这些消耗必须重新得到补偿。支出增多，收入也得增多。"关于劳动生产力，马克思指出："劳动力的教育费随着劳动力性质的复杂程度而不同。"但是对于考察雇佣劳动和工资的一般规定而言，这些差别及其原因应该被抽象掉，可以暂时忽略。

导致劳动力的价值发生变化的根本因素是生产或再生产劳动力的社会条件，即生产力和生产关系的条件。生产力方面，如果消费资料的生产率普遍提高，劳动力的价值就会下降。这也成了相对剩余价值生产方法的基础。生产关系方面，马克思在《雇佣劳动与资本》中指出："我们的需要和享受是由社会产生的，因此我们对于需要和享受是以社会的尺度，而不是以满足它们的物品去衡量的，因为我们的需要和享受具有社会性质，所以它们是相对的。"马克思在《1861～1963年经济学手稿》中又指出："工人作为工人而生活所需要的生活资料，在不同国家，不同的文明状况下当然是不同的。"《资本论》则更加明确提出："所谓必不可少的需要的范围，和满足这些需要的方式一样，本身是历史的产物，因此多半取决于一个国家的文化水平，其中主要取决于自由工人阶级是在什么条件下形成的，从而它有哪些习惯和生活要求。因此，和其他商品不同，劳动力的价值规定包含着一个历史的和道德的要素。"

对于劳动力商品及其价值规定的这种特殊性质，古典经济学家——如《资本论》中提到的桑顿、托伦斯等人——也有所认识。李嘉图曾经指出："劳动的自然价格不能理解为绝对固定和恒常不变的，即使用食物和必需品价值也是如此。它在同一国家的不同时期中是有变化的，在不同的国家差别就十分大。这一点基本上取决于人民的风俗习惯。一个英国劳动者的工资如果只够购买马铃薯而不能买其他食物，只够住一间土房子，他就会认为自己的工资低于自然律，不足以供养一家人口。但在'人命贱'和需要容易满足的国家中，这种微薄的自然需要就往往被认为已经足够了。现在英国农舍中所享用的许多享用品，在我国历史上较早期时期中一定被认为是奢侈品。"从这些论述中可以看出，劳动力价值的特殊规定当中存在着两类性质不同的因素：一类是地理和气候等自然因素，使得不同国家的劳动力对衣、食、住和取暖的自然需要有所不同。另一类是风俗习惯、文明程度以及马克思所说的阶级形成的社会条件等社会的历史的因素。第一类因素规定了劳动力在生理上绝对必需的最低界限，以便"使劳动者个体能够在正常生活状况下维持自己"。第二类因素表明劳动力价值的决定受生产关系的制约，具有伸缩和变动的特性。不过，马克思在指出劳动力的需要"主要取决于自由工人阶级是在什么条件下形成的"这一重要观点之后，并没有进一步说明这些条件指的是什么。因为他在这里的主要任务是说明工资的本质，把它作为分析资本主义生产的理论前提。马克思很清楚这一点，至于"工人需要水平的变动问题，以及关于劳动能力的市场价格围绕这个水平上下涨落的问题都属于工资学说，不属于这里研究一般资本关系的范围。在对这个问题的进一步研究中将表明，不管工人的需要假定较高还是较低，对结果来说是完全没有关系的。唯一重要的事情是，要把这个水平看作是既定的、一定的。一切不是同这个水平的既定的量而是同它的变量有关的问题，属于对雇佣劳动的专门研究，而不涉及雇佣劳动与资本的一般关系。"所以他在研究剩余价值生产和再生产的时候，都把工资或劳动力的价值假定为一个定值。这么做当然是合理的。但是当研究对象转为工资问题，除了指出工资的质的规定之外，还应包含劳动力价值随着工人阶级所处的社会历史条件的变化而变化的理论。这些条件是由马克思的资本积累理论和阶级斗争理论来说明的。

（二）资本积累与工资

劳动力作为一个整体（即工人阶级），在资本主义条件下被不断地生产和再生产出来，这是随着资本主义积累过程完成的。资本积累"不仅生产商品，不仅生产剩余价值，而且还生产和再生产资本关系本身：一方面是资本家，另一方面是雇佣工人。"其中，工人依靠工资进行个人消费（"同时也包括技能的世代传授和积累"），实现了资本主义再生产的一个要素即劳动力的再生产。因此，工资是实现劳动力再生产的必要条件。

在资本积累过程中，社会劳动生产率作为最强有力的杠杆，推动资本有机构成不断提高，造成资本对劳动的相对需求以及这种需求的增长。这种增长和预付资本量的增长比起来，增速不断变慢。① 资本积累由此不断地并且同它的能力和规模成比例地生产出相对过剩人口。与此同时，劳动力的供给也增加了。这主要表现在三个方面。第一，由于新机器的普遍采用，操作变得简单化了，熟练工人为非熟练工人所代替，男工为女工所代替，成年工为童工所代替。第二，竞争的加剧造成城市小生产者，甚至中小资本家破产，转变为雇佣劳动者。第三，世界市场的形成促进了资本的全球流动，将许多前资本主义社会的劳动力纳入资本的运动当中。因此，资本积累的同一过程既造成劳动力供给的绝对增加，又造成劳动力需求的相对（有时甚至是绝对）减少，造就了一支绝对隶属于资本、随时可供剥削的产业后备军。随着资本主义经历危机、萧条、复苏、繁荣的周期循环，产业后备军相应地收缩和膨胀，并在劳动力市场上调节工资一般水平的波动。在繁荣时期，产业后备军相对收缩，工

---

① 李嘉图在《政治经济学及赋税原理》中的"论机器"部分也谈到了资本对劳动的替代。他认为这是资本对工资水平变化所做的理性选择。马克思则认为资本有机构成的变化来自技术进步，是单个资本在竞争中不断追求超额剩余价值的结果。李嘉图认为机器对劳动的替代只在短期内减少劳动需求，资本积累在长期内又会吸收剩余劳动力。马克思则认为资本积累在长期内会从供求两方面作用，造就一支产业后备军。罗宾逊指出，马克思避开有关生产要素的均衡比例问题，虽然有些粗糙，却集中发展出了一套资本主义的动态运动理论。

资水平上升；在危机时期，产业后备军相对膨胀，工资水平下降；而在整个产业周期内，工资水平则与劳动力价值相适应，并围绕劳动力价值波动。这就是服从价值规律和资本积累规律的资本主义工资运动规律。

古典政治经济学家也看到了积累对工资的影响，例如著名的"李嘉图调节机制"。李嘉图认为，如果工资超过劳动力的"自然价格"（即劳动力的价值），就会刺激人口和劳动力供给增长，最后把工资拉回"自然价格"；如果工资低于"自然价格"，就会造成贫穷和劳动者人数减少，从而把工资拉升到"自然价格"。这种调节机制为庸俗经济学的所谓"劳动基金"学说提供了注脚。庸俗经济学甚至把它作为一种教条，认为工资或工人所需的生活资料是"由工艺学所确定的"一个固定的量，从而"把劳动基金的资本主义界限改写成了基金的社会的自然界限"。马克思指出，每种具体的、历史的生产方式都有其特殊的人口规律。资本主义生产方式特有的人口规律就是相对过剩人口，这是这种生产方式存在的条件，它"在人类过去的任何时代都是看不到的，即使在资本主义市场的幼年时期也不可能出现。"工人人口的过剩是相对于资本实现价值增殖的需要而言的，是受资本主义运用生产力的特殊方式所限制的。古典经济学或庸俗经济学的错误在于，把资本主义条件下的人口规律理解为自然规律，把劳动力的供求机制和价格机制理解为非历史的规律，完全放弃了对资本主义生产方式特殊的、历史的性质的考察。

直到近几十年，有的学者仍然在这个问题上制造混乱。比如，Nai - Pew Ong（1980）提出，马克思关于资本积累的两种均衡机制——资本有机构成不变和资本有机构成提高，分别对应于李嘉图调节机制和产业后备军调节机制。在资本有机构成不变的情况下，资本积累对劳动力的需求相应扩大，工资相应提高，进而使利润减少，影响积累的意愿和速度。一旦积累水平降低，工资就会下降。这也就是李嘉图的调节机制。Nai - Pew Ong 由此认为李嘉图的调节机制不同于马尔萨斯的人口原理，不依赖于人口的自然出生率，而是取决于资本积累对劳动力的需求，因此可以说也是马克思的工资决定机制。Nai - Pew Ong 只看到了劳动力需求这一方面，没有看到李嘉图的调节机制在供给这一方面仍然是以马尔萨斯的人口原理为基础的。马克思不仅否定"资本的运动依存于人口量的绝对运动"，并且指出"工资的降低和对工人剥削的相应提高，会重新加速积累，而与此同时，低工资又会抑制工人阶级的增长"的观点也是错误的，它"把调节工资的一般变动或调节工人阶级即总劳动力和社会总资本之间的关系的规律，同在各个特殊生产部门之间分配工人人口的规律混为一谈了"。这种调节机制解释的"只是某一特殊生产部门的劳动市场的局部波动，……只是工人人口按照资本的需要的变动而在各投资部门之间的分配"。也就是说，资本根据工资水平的变化改变积累水平，实际上只是资本在利润平均化趋势的引导下在各个部门之间进行重新分配的过程。如果说存在着"由资本积累而引起的劳动价格的提高"的可能，并且积累可能由于工资的提高而削弱，使工资重新降到适合资本增殖需要的正常水平，不过是表明"正是资本积累的这些绝对运动反映成为可供剥削的劳动力数量的相对运动……用数学上的术语来说：积累量是自变量，工资量是因变量，而不是相反"。

还有的学者提出，马克思对马尔萨斯的批评有失偏颇，甚至是过激的。他们认为马克思在分析经济危机时也强调了人口规模的重要性。Samuel Hollander（1984）提出，马克思的积累理论同样依赖于人口因素，即必须存在一定的人口增长率。Allin Cottrell 和 William Darity（1988）则把问题引向马克思是否建立了独立于人口增长率的产业后备军理论。第一，在人口增长率稳定且适当的情况下，资本积累是否会产生日益增长的产业后备军？第二，人口增长率大幅减少是否仍然不会对产业后备军的运动产生影响？在他们看来，第一个问题的答案是肯定的，但第二个问题的答案是否定的。这些学者在谈论资本积累与人口和工资的关系时，把资本主义生产方式特有的、"内生的"人口规律与某个阶段既定的、"外生的"人口规模对工资的影响混为一谈。《资本论》的这一段话说得再清楚不过："劳动的需求同资本的增长并不是一回事，劳动的供给同工人阶级的增长也不是一回事，所以，这里不是两种彼此独立的力量互相影响。骰子是假的。资本在两方面同时起作用。它的积累一方面扩大对劳动的需求，另一方面又通过'游离'工人来扩大工人的供给，与此同时，失业工人的压力又迫使就业工人付出更多的劳动，从而在一定程度上使劳动的供给不依赖于工人的供给。劳动供求规律在这个基础上的运动成全了资本的专制。"

无论是李嘉图的调节机制还是马尔萨斯的人口原理，在解释工资运动的时候，要么把劳动力的需求方面置于问题的核心，要么把劳动力的供给方面置于核心。马克思则把资本和资本的运动（积累）置于核心，因为在资本主义条件下，人口只是作为雇佣劳动才为资本所需，才能获得生产从而谋生的机会。劳动价值论包含供求分析。劳动力的供求变化是使工资内在地趋向劳动力价值的调节机制。马克思并没有否定劳动力供求对工资水平的影响，而是反对从纯生理的角度而不是从生产关系的角度考察人口问题，反对以自然的、非历史的方式解释劳动力的运动机制。这是马克思与古典政治经济学、庸俗经济学乃至新古典经济学解释工资运动规律的根本区别。在资本主义条件下，供求决定工资的调节机制是以资本积累对劳动力供求两方面的"内生"决定作用机制为前提的。相对过剩人口是"劳动供求规律借以运动的背景"。

（三）阶级斗争与工资

通过阐明资本主义积累的一般规律，马克思揭示了工人阶级作为一个整体如何在实质上从属于资本。资本积累过程通过对劳动力供求两方面的决定作用，"把工人钉在资本上，比赫斐斯塔司的楔子把普罗米修斯钉在岩石上钉得还要牢"。在供求作用于工资一般水平的劳动力市场上，另一个重要因素进入了我们的视线，即工人阶级与资本家阶级之间的斗争。

斯密、李嘉图等优秀的古典政治经济学家也曾谈到阶级斗争对工资的影响。斯密指出，工人和资本家的"利害关系绝对不一致，劳动者盼望多得，雇主盼望少给，劳动者都想为提高工资而结合，雇主却想为减低工资而联合"。但是，因为"雇主的人数较少，团结较易，加之，他们的结合为法律所公认，至少不被法律禁止，但劳动者的结合却为法律禁止"，所以雇主常常居于有利地位。李嘉图强调了工资与利润在分配关系上的冲突："假定谷物和工业制造品总是按照统一价格出售，利润的高低就会与工资的高低成反比……如果工资由于谷物腾贵而上涨，他们的利润就必然会下落。"工资与利润的反向关系被李嘉图用来反对《谷物法》，反对地主阶级及其地租收入。但是，斯密和李嘉图关心的只是阶级斗争对工资的量的影响。他们从未把工人阶级与资本家阶级之间的斗争上升为资本主义生产方式不可避免的、核心的利益斗争。

马克思在《雇佣劳动与资本》中也仅仅指出了工资和利润的反向关系。但是，他在《工资、价格和利润》中则进一步明确：①工人和资本家共同分享雇佣劳动创造的新价值，一方分得的越多，另一方分得的就越少；②劳动力的价值是由生理因素和历史因素构成，前者构成劳动力价值的最低界限，后者则是一个变量，可能扩大，也可能缩小；③工资和利润可以在一定范围内变化，因为"在最高利润率的这两个界限之间可能有许多界限。利润率的实际水平只是通过资本与劳动之间的不断斗争来确定，资本家经常力图把工资降低到生理上所能容许的最低限度，把工作日延长到生理上所能容许的最高限度，而工人则经常在相反的方向上进行了抵抗，归根到底，这是斗争双方力量对比的问题"。在《1861～1863 年经济学手稿》中，劳资间的力量对比和阶级斗争被列为决定工作日长度的根本因素。马克思指出："我们知道，实际上，一种商品是低于或高于它的价值出售，取决于买者和卖者的力量对比（这种对比每次都由经济决定）。同样，工人在这里是否提供超过正常量的剩余劳动，取决于工人能够对资本的无限贪求进行抵抗的力量。然而，现代工业的历史告诉我们，资本的无限贪求从来不会由于工人的分散的努力而受到约束，而斗争必然首先采取阶级斗争的形式，从而引起国家政权的干涉。"在《资本论》中，马克思使用大量的篇幅论述了雇佣劳动与资本围绕工作日长度展开的斗争。资本家坚持他作为买者的权利，工人也坚持他作为卖者的权利。然而双方的交换关系并没有给工作日和剩余劳动规定任何界限。"于是这里出现了二律背反，权利同权利相对抗，而这两种权利都同样是商品交换规律所承认的。在平等的权利之间，力量就起决定作用。所以，在资本主义生产的历史上，工作日的正常化过程表现为规定工作日界限的斗争，这时全体资本家即资本家阶级和全体工人即工人阶级之间的斗争。"虽然围绕工作日界限进行的斗争不能直接等同于争取工资的斗争，但是二者的性质是一样的，都是工人阶级与资本家阶级围绕有酬劳动与无酬劳动的划分进行的斗争。这种经济斗争——从前面的引文中可以看到，马克思指出斗争必然采取阶级斗争的形式，工人的分散抗争对资本没有约束力——由彼此的力量对比决定。经济斗争还会上升为政治斗争。

马克思主义政治经济学家希法亭在论述阶级斗争决定工资的问题时指出，资本家和工人围绕劳动契约的斗争经历了三个阶段：第一个阶段，个别工厂主同各个工人相对立；第二个阶段，个别工厂主同工人组织进行斗争；第三个阶段，企业家组织联合起来同工人组织相对立。在不同的阶段，由于资本家和工人的组织程度和联合程度各不相同，因而力量对比也各不相同，围绕劳动契约斗争的结果也各不相同。希法亭还特别强调作为无产阶级组织的工会在斗争中的作用。工会的职能是消除工人个体之间在劳动市场上的竞争，争取对劳动力供给的垄断权。一个强大的工会可以增强工人作为一个阶级的斗争力量。这种分析已经十分接近现代经济学关于劳动力市场结构的分析了。

虽然阶级斗争理论十分重要，不仅体现了马克思主义政治经济学的革命性，而且在解释工资问题方面比资本积累理论具有更加能动和积极的色彩，但是这并不意味着它是马克思工资理论的核心内容。在这一点上，笔者不同意罗默等人的观点。罗默（2007）在《马克思主义经济理论的分析基础》中提出："现代的马克思主义理论应当持有的是阶级斗争决定真实工资这个一般性观点。"他的理由是，劳动力价值理论和资本积累理论都不足以对工资进行均衡分析，在这两种理论中，真实工资都存在着某种程度的不确定性。只有阶级斗争理论——比如，假定工人阶级的斗争目标是保持劳动收入份额不变——才满足均衡分析的要求。对于采取新古典方法的罗默来说，就像李嘉图一样，重要的问题只是如何决定"劳动的自然价格"或均衡工资水平。这个工资只能由劳动力的市场供求和交换双方的市场议价能力决定。但是这样一来，劳动力的供给和需求又成了两个独立的、无关的因素。比如，劳动力的供给由人口的增长率决定，劳动力的需求由投资或积累决定。至于"劳动供求规律借以运动的背景"——劳动隶属于资本的资本主义性质——则完全消失了。

我们再次强调，马克思并不否认劳动力供求对工资的影响。但是，"如果以为劳动和任何一种商品的价值归根结底是由供给和需求决定的，那就完全错了"。因为，首先供求只是调节市场价格围绕价值的一时的波动，但是不能说明价值本身。资本积累理论最重要的结论就是，供求决定工资的规律是以资本积累对劳动力供求两方面产生的"内生"决定作用为前提的。如果丢掉了这个"劳动供求规律借以运动的背景"，也就丢掉了马克思关于资本主义最重要的理论之一。劳动力市场是直接决定工资水平的场所，阶级斗争确实是在这一领域产生直接效果的。但是，决定阶级间的力量对比进而影响劳资双方市场议价能力的根本因素，是工人阶级和资本家阶级在资本主义生产方式中的地位。《资本论》一直在阐述这样一个根本原理：劳动力市场造成了劳资双方形式上完全平等的假象，但是只要我们离开交换领域这个"天赋人权的乐园"，进入资本主义（剩余价值）的生产过程和再生产过程（积累），就可以看到双方的实质上的不平等。

而且，马克思没有盲目夸大阶级斗争在资本主义条件下的作用。虽然他号召工人阶级不应该"停止利用偶然机会使生活暂时改善的尝试"（马克思称之为"日常斗争"），但是他也指出："工人阶级也不应夸大这一日常斗争的最终效果。"因为只要工人阶级还不能团结起来消灭雇佣劳动制度，工人提高工资的努力"在一百回中有九十九回都只是为了维持现有的劳动价值"。雇佣劳动本身只是资本主义的产物。工人与资本家的斗争受这个历史生产方式的制约。斗争只是延缓工资下降的趋势，而不改变它的方向；只是服用止痛剂，而不是祛除病根。除非斗争能够彻底废除雇佣劳动制度，否则它还不得不服从资本主义本身的经济规律和发展规律。在资本主义条件下，工资斗争有它的限制：一方面工资必须保证劳动力的再生产，从而为资本实现价值增殖提供前提条件；另一方面工资又不能破坏资本实现价值增殖的目的，不能影响资本积累，或者使工人无须再以出卖劳动力为生。概括起来就是，争取工资的斗争不得不服从资本主义积累的一般规律。"一旦工人发现，他们本身之间竞争的激烈程度完全取决于相对过剩人口的压力；一旦工人因此试图通过工联等等在就业工人和失业工人之间组织有计划的合作，来消除或削弱资本主义生产的那种自然规律对他们这个阶级所造成的毁灭性的后果，这时，资本和它的献媚者政治经济学家就大吵大叫起来，说这是违反了'永恒的'和所谓'神圣的'供求规律。……一旦有不利的情况妨碍建立产业后备军，从而妨碍工人阶级绝对地隶属于资本家阶级，资本就……企图用强制手段来阻碍它发挥作用。"因此，阶级斗争不是决定工资的独立因素，更不是首要因素。相反，阶级间的力量对比以及劳资双方的市场议价能力归根结底是由资本积累对劳动力供求两方面的决定作用支配的。

（四）三种理论的统一

通过阐释马克思的三种工资理论，并与其他学说进行比较，本书认为这三种理论并非互相独立或不相干的。在马克思的理论体系中，我们可以找到统一的、逻辑一致的工资理论。

劳动力价值理论是工资理论的起点。该理论对工资做出了质的规定。工资与价格、利润等范畴一起，构成了资本主义生产体系的表象，也是庸俗经济学的理论要素。马克思从事政治经济学批判的目的就是要找出表象背后隐藏的生产关系，从而构建一套更抽象、更深层、更本质的经济学理论体系。通过马克思的分析，我们看到价格的背后是由社会劳动物化或凝结形成的价值，利润的背后是资本家凭借生产资料的所有权和生产过程的控制权占有的工人的剩余劳动，工资的背后则是生产或再生产雇佣劳动力所需的社会劳动，即劳动力的价值。把劳动价值论的基本逻辑用于分析劳动力这种特殊商品是马克思的一大理论贡献，也为他解释剩余价值如何在等价交换的基础上产生提供了必要的前提。

劳动力商品的特殊性在于，它的价值除了受自然条件、生产率等物质性因素影响之外，还包含了"历史的和道德的因素"，其中最重要的是劳动者阶级形成的社会条件。在劳动力市场上，这一社会条件的直接体现就是工人阶级与资本家阶级围绕工资率、工作日长度、工作强度等展开的斗争。这种斗争，在劳动力市场上还表现出法权上的平等性，然而一旦我们"把资本主义生产过程联系起来考察，或作为再生产过程来考察"，这种平等的假象就立刻消失了。资本主义的积累过程及其一般规律通过对劳动力供求两方面的决定作用，形成了对劳动的"专制"，使劳动绝对地从属于资本。从资本积累的角度看，工人个体的分散的"游击式的搏击"在劳动力市场竞争面前不堪一击。由资本积累决定的劳动力供求状况以及由这种状况决定的阶级力量对比，构成了工资斗争的资本主义界限。在这个限度内，工资围绕劳动力价值波动或趋于劳动力价值。也只是指这个限度内，当工人阶级团结起来，迫使资本家为了价值增殖的需要而不得不让步①，从而持久地争取到更高的工资水平，扩大了满足自身需要的手段的范围，才能在新增的需要的推动下使劳动力价值获得历史性的提高。资本主义工资的运动规律要打破"资本的专制"，只能彻底消灭雇佣劳动制度。这才是符合历史唯物主义的资本主义工资

---

① 迈克尔·莱博维奇（2007）指出："资本内在的扩张冲动要求它努力增加资本实现的方式、丰富商品销售的方式。在出卖商品上所付出的努力，即创造新的需要和让消费者满意的新模式的努力，伴随着资本的成长而扩大了。"

理论。

劳动力价值理论是马克思工资理论的起点。资本积累理论是理解资本主义工资运动规律的枢纽。资本的运动决定了工资的运动,从而构成了资本主义生产方式运动的两极。由此,马克思提出了一个与劳动价值论逻辑一致的并由资本主义生产方式内生地决定的工资理论。它向我们揭示了隐藏在具有表面的平等假象的劳动力市场背后的、起支配作用的规律。在此基础上,政治经济学才能进一步地"从抽象上升到具体",考察雇佣劳动内部的工资水平差别以及不同的工资形式等问题。但是无论如何,我们不能像庸俗经济学和新古典经济学那样,仅仅停留在流通领域或交换领域,在考察劳动力的市场调节机制——劳动力供求状况、劳资双方议价能力等因素如何影响工资——的时候忘记资本主义的生产关系。

四 从工厂立法到最低工资制度

众所周知,马克思在《资本论》第一卷中分析了工人争取正常工作日的斗争以及 1833~1864 年英国的工厂立法。争取工作日的斗争从个人的权利斗争发展为阶级之间的斗争,最终迫使《工厂法》出台。一方面,它保护了资本主义的生产秩序;另一方面,它作为工人阶级斗争的产物,也包含了一部分工人阶级的要求。马克思的这一分析为我们研究当代资本主义经济制度和法律制度的变迁提供了一个方法论的范本。我们可以用这种方法来分析当代资本主义国家广泛采取的最低工资制度。需要说明的是,因为我们分析的是资本主义市场经济条件下的状况,所以这里可以直接采用价格理论模型。价格层面上,劳资间的斗争就表现为工资和利润的关系。

最低工资制度是历史形成的并在现实中普遍存在的一项制度安排。自 1894 年新西兰率先实行了最低工资制度,澳大利亚(1896)、英国(1909)、美国(1912)、法国(1915)、德国(1923)等国先后效仿。第二次世界大战之后取得独立的许多发展中国家也制定了自己的最低工资标准。目前世界上 90% 以上的国家都实行了最低工资制度。中国 1994 年颁布的《企业最低工资规定》也将最低工资纳入了法律保障范围。

　　然而，经济学家对待最低工资制度莫衷一是的态度与各国普遍接受并实行最低工资制度的事实形成了鲜明的反差①。理论与经验研究表明，最低工资制度可能具有完全不同的效应。比如在标准的完全竞争模型中，如果最低工资标准高于市场均衡工资，就会造成一部分劳动者失业（Mincer，1976；Gramlich & Flanagan，1976；Card，1995；Hamermesh，1995；Michl，2000；Strobl & Walsh，2011）。而垄断模型的结论则不同。假如厂商在劳动力市场上处于买方垄断地位，并且面临一条向上倾斜的劳动力供给曲线，只要最低工资标准超出市场均衡工资的程度有限，最低工资甚至可以增加就业（Rebitzer & Taylor，1995；Bhaskar & To，1999；Burdett & Mortensen，1998；Berg & Ridder，1998；Flinn，2006）。

　　按照我们的理解，造成上面提到的反差的原因在于，标准经济理论采取的是一种纯粹的市场分析框架，劳资双方只存在市场交易关系，市场制度不会受双方对抗和谈判的影响。最低工资制度是政府施加给市场的外部干预。在这一框架下所需研究的问题主要是这种干预在市场结构之类的不同条件下，对产出、工资、利润、价格等变量会有什么影响，资本所有者的损失能否换取劳动者或者社会福利的提高等②。但是这一框架忽视了劳资双方作为现实的社会力量采取社会行动的基本事实。最低工资制度在历史上并不是一下子形成的，它以现代劳动力市场的形成为前提，经由劳资双方个别或局部的谈判或对抗，最后上升到国家层面并取得立法形式（Domhoff，2013）。然而，从个体或局部的层面是不可能直接得出最低工资制度这一结果的，因为一般来说，劳动者个体的谋生压力使其对雇佣关系具有高度的依赖性，和资本所有者相比处于市场弱势地位，单个或少数工人的反抗通常是"死路一条"。工人只有达成广泛的集体行动才有可能对资本所有者形成可信的威胁。而单个的理性

---

①　例如，根据 Whaples（2006）对经济学家关于联邦最低工资制度的态度的调查结果，反对现行最低工资标准的经济学家所占比例（48.1%）与持支持态度的经济学家的比例不相上下。

②　有关最低工资制度的大多数文献和法律规定使用的都是"雇主"和"雇员"的概念。但是这只是对于描述劳资双方在市场交易中的角色来讲才是合理的，而不足以反映劳资双方的社会角色和整体利益。本书强调劳资关系不仅是市场交易关系，而且是重要的社会关系（包括社会斗争），因此使用"资本所有者"和"劳动者"的概念。前者以资本为雇佣手段、以利润为目的。后者没有资本，工资是其唯一的收入来源。

资本所有者可能因市场竞争环境而缺乏向工人让步的动力，或者其个别的让步改变不了工人集体的反抗意愿和行动。很明显，最低工资制度是对整个市场及其参与者的强制性约束，它与劳资双方在市场上、在企业或行业内部进行谈判或交易有着根本的区别，是双方在集体而非个体、社会而非市场的层面上达成的结果。

如果劳资双方各自都能解决集体行动问题（奥尔森，1995），其博弈结果无非三种可能：①工人集团瓦解并让步；②双方长期"对峙"导致市场崩溃，社会陷入不可调和的矛盾；③资本所有者做出让步。最低工资制度显然属于第三种情况。这就为我们理解最低工资制度提供了一种可能的思路：如果劳动者集体通过罢工或革命能够取得超过其行动成本的预期收益，工人就可能采取集体行动，以终止市场关系、让市场"停摆"的方式争取改变收入分配（Acemoglu，2002，2006）。如果资本所有者预期到这一可能性，为了减少因市场崩溃造成的损失，其集体理性可能要求资本所有者向工人做出一定的让步，以提高工人的行动成本或降低其行动的收益，从而预防工人采取行动。如果政府是资本所有者的代理人，实行最低工资制度自然可视为资本所有者集体理性的选择。然而，即使政府不偏向劳资任何一方，而以社会福利最大化为目标，由于工人的行动可能造成市场"停摆"或崩溃，实行最低工资制度也可能是一项既有利于工人也有利于资本所有者整体利益的安排①。此时，政府的强制力就成了解决资本所有者集体行动问题的一种手段。

本书与现有的分析最低工资制度的经济学文献的区别在于，我们把劳动者集体采取社会行动破坏市场关系的可能引入了市场分析框架。这种思路对于古典政治经济学的传统和新政治经济学来说并不陌生。譬如，在马克思看来，虽然"游击式的"工人运动对于提高工资作用有限，但是资本主义不可调和的基本矛盾会造成资本积累过程终结。卡尔·波兰尼在《大转型》中提出了一个醒目的观点，认为现代社会"由一种双向

---

① 大多数发达市场经济体都设有专门机构（有的是政府机构，有的是民间机构）负责最低工资的调整和执行，这些机构每年召集工会组织和雇主组织代表举行会谈，就最低工资标准的调整发表各自的看法和意见，并根据经济发展的总体状况，包括物价上涨幅度、工资水平提高幅度和就业水平等，兼顾劳资两大集团的意见，确定当年的最低工资标准（根据 OECD 数据库）。

运动支配着：市场的不断扩张以及它所遭遇的反向运动（即把市场的扩张控制在某种确定方向上）。虽然这种反向运动对于保护社会是必不可少的，但归根到底，它是与市场的自我调节不相容的"（波兰尼，2007：112）。而且，"直到1834年一个竞争性的劳动力市场才在英国形成；……几乎与此同时，社会的自我保护也产生了：工厂法和社会立法，以及一场政治性的和产业性的工人阶级运动开始形成"。（波兰尼，2007：73）最低工资制度就是波兰尼笔下市场遭遇的一种反向运动和社会采取的自我保护机制之一。在现代社会，市场制度与社会行动就像一枚硬币的两面。劳资双方不仅是市场上的雇主和雇员，而且也是围绕"生存权利"与"市场权利"展开对抗和谈判的社会力量。劳动者可能采取呼吁、罢工、组建工会或政党甚至革命等社会行动（Buchanan，1962；Hirschman，1970），资本所有者也会为维护市场制度、维持利润水平而采取行动。

基于以上政治经济学理解，本书把市场遭遇"反向运动"——工人集体采取社会行动——的可能引入市场分析框架，构建了一个资本所有者和劳动者的无限期界动态博弈模型，证明了最低工资制度在一定条件下（比如劳资双方收入差距较大、工人集体采取社会行动的可能性较高）可能成为同时提高劳资双方的福利、实现社会总体改善的一种制度安排。

（一）基本模型

本书将工人采取社会行动的可能性引入市场分析框架，构建了一个资本所有者和劳动者的无限期界动态博弈模型，并采用Markov完美均衡的解的概念（Markov完美均衡仅考虑状态依存战略，与子博弈完美均衡相比可以使分析大为简化）。

在模型中，工人和资本所有者每一期都在劳动力市场上博弈。市场可能因工人采取社会行动而"停摆"。在每一期博弈之前，政府可以引入最低工资制度，进而影响工人的决策和劳动力市场。模型具体如下。

1. 市场结构与社会行动

考虑一个由 n_1 个工人和 n_2 个资本所有者构成的离散时间无限期界模型，i 表示行为人个体，$i \in \{W, C\}$：当 $i = W$ 时，行为人是工人；当 $i = C$ 时，行为人是资本所有者。每个工人在市场上可以提供一单位同质劳动，资本所有者雇佣工人并组织企业进行生产，生产函数为 $Y = AF$ (L)[1]，其中 L 为雇佣工人数量。报酬方面，工人取得工资，资本所有者取得利润。

当工资为 W 时，每个企业的雇佣劳动量 L 满足 $W = AF'(L)$，此即企业的劳动力反需求曲线。资本所有者的利润为 $\pi = AF(L) - WL = A$ $[F(L) - F'(L)L]$。工人的失业率为 $u = 1 - \dfrac{n_2}{n_1}L$。假设工人每期都有相同的就业机会，并且失业状态的报酬标准化为 0，则每个工人每期的期望工资报酬为 $w = (1-u)W = \dfrac{n_2}{n_1}AF'(L)L$。定义劳动力需求弹性为 $\varepsilon = -\dfrac{dL/L}{dW/W} = -\dfrac{F'(L)}{LF''(L)}$，并假设 $\varepsilon < 1$（$Hamermesh$, 1986；$Baker\ et\ al.$, 1999）。可知，资本所有者的利润 π 是关于工人的期望工资 w 的函数，即 $\pi = \pi(w)$，并且 $\dfrac{d\pi}{dw} = \dfrac{d\pi/dL}{dw/dL} = \dfrac{n_1}{n_2(\varepsilon-1)} < 0$。这意味着，工资报酬 W 的上升会增加工人的期望收入 w，同时减少资本所有者的利润 π。用 C_t^i 表示行为人 i 在 t 期的收入：行为人 i 是工人时，C_t^i 即当期工资收入；行为人 i 是资本所有者时，C_t^i 即当期利润收入。假设所有人都是风险中性的，且终身贴现效用为 $V^i = \sum_{t=0}^{\infty} \rho^t C_t^i$，其中 ρ 为贴现因子。

首先分析竞争市场。本书用竞争模型表示市场制度不受工人社会行动影响的状态[2]。均衡工资 W 对应的失业率 $u = 0$。此时，每个企业的雇佣数量为 $L_0 = \dfrac{n_1}{n_2}$，工资 W_0 和期望工资 w_0 相等，并且满足 $W_0 = w_0 = AF'$ $\left(\dfrac{n_1}{n_2}\right)$，资本所有者的利润为 $\pi_0 = A\left[F\left(\dfrac{n_1}{n_2}\right) - \dfrac{n_1}{n_2}F'\left(\dfrac{n_1}{n_2}\right)\right]$。用 V_0^i 表示行为人 i 在只存在市场交易关系时的终身效用，则有：

---

[1]　模型的生产函数仅包含劳动投入 L 并不代表我们忽视了资本 K 的现实重要性。只是对于我们的研究来说，重要的是利润与工资的变动关系，即文中的 $\pi = \pi(w)$ 这一关系式。在这个意义上，包含资本 K 的模型和不包含资本 K 的模型所能得到的结论是完全等价的。模型的简化不会改变我们的主要结论。

[2]　采用垄断模型不影响本书的主要分析结果。受篇幅所限，垄断模型未列出，如需相关证明可向作者索取。

$$V_0^w = \frac{w_0}{1-\rho}, V_0^c = \frac{\pi_0}{1-\rho} \tag{1}$$

现在引入工人集体采取社会行动造成市场"停摆"的可能。虽然行动会使工人损失当期的工资，但是可能帮助工人在未来获得更多的收益。只要未来增加的收益现值超过当期减少的所得，工人就可能采取社会行动。假设工人在每一期的期初能够以概率 γ 解决集体行动问题（有关工人集体行动问题的进一步讨论见第三部分），并且工人的行动会造成市场停止运行，使得资本所有者和工人的即期收入都为 0。从下一期开始，工人将争取到一个较高的期望收益 w_1（$w_1 > w_0$），而资本所有者的利润则降为 π_1（$\pi_1 < \pi_0$）。

工人采取社会行动的具体后果存在多种可能。一种情形是由工人设定工资标准 W，资本所有者选择雇佣劳动量 L。资本所有者的利润最大化意味着 $W = AF'(L)$。工人设定工资标准使工人的期望收入最大化，即：

$$\max_{\{W,L\}} \frac{n_2}{n_1} WL$$

$$s.t.\ W = AF'(L) \tag{2}$$

此时，工人的期望收入为 $w_1 = \max_{\{L\}} \frac{n_2}{n_1} AF'(L)L$。定义函数关系 $w(L) = \frac{n_2}{n_1} AF'(L)L$，有 $dw(L)/dL = \frac{n_2}{n_1} A[F'(L) + F''(L)L] = \frac{n_2}{n_1} AF'(L)\left[1 + \frac{F''(L)L}{F'(L)}\right] = \frac{n_2}{n_1} AF'(L)\left[1 - \frac{1}{\varepsilon}\right]$。由劳动需求弹性 ε 小于 1 可知，工人通过提高工资 W（降低 L）可以获得更高的期望报酬，即 $w_1 > w_0$。

另一种情形是工人不仅设定工资标准 W，还要求资本所有者保证一定的雇佣量 L。此时，工人通过选择 $\{W, L\}$ 的组合来使期望工资收入最大化，同时给资本所有者一个保留利润 π_1。即：

$$\max_{\{W,L\}} \frac{n_2}{n_1} WL$$

$$s.t.\ AF(L)A - AF'(L)L \geq \pi_1 \tag{3}$$

在这种情况下，工人会选择市场均衡的就业量，并通过提高工资 W 实现收入由资本所有者转移给工人。

不论上面哪一种结果，工人的社会行动都会使收入分配向工人倾斜。为了尽可能包含其他可能性，本书不失一般性假设工人采取社会行动的期望收入提高为 w_1，$w_1 > w_0$，资本所有者的利润减少为 $\pi_1 = \pi(w_1)$，$\pi_1 < \pi_0$。

工人的决策问题是在解决了集体行动问题之后选择是否采取社会行动。我们用 $\eta \in \{0, 1\}$ 表示该决策，$\eta = 1$ 表示工人选择行动。引入了工人采取社会行动的可能性之后，其终身效用 V_1^W 为：

$$V_1^W = (1 - \gamma)(w_0 + \rho V_1^W) + \gamma \max_{\{\eta\}} \left[\eta \rho \frac{w_1}{1 - \rho} + (1 - \eta)(w_0 + \rho V_1^W) \right] \qquad (4)$$

该式右端第一项表示工人不能解决集体行动问题时的终身效用（当期效用 w_0 加上折现的后期效用总和 ρV_1^W）。右端第二项表示工人解决了集体行动问题之后的终身效用，其大小取决于工人的决策：若采取社会行动（$\eta = 1$），当期工资收入为 0，以后各期都获得 w_1，其贴现效用为 $\rho \frac{w_1}{1 - \rho}$；若不采取行动（$\eta = 0$），工人当期获得竞争模型中的均衡收入 w_0，从第二期开始所获收入的贴现效用仍为 V_1^W。工人是否选择行动则取决于 $\rho \frac{w_1}{1 - \rho}$ 和 $w_0 + \rho V_1^W$ 的相对大小。

由此得到以下命题。

命题 1：在解决了集体行动问题之后，当且仅当 $\rho w_1 \geq w_0$，工人才会选择采取社会行动。此时，工人的终身效用为 $V_1^W = \dfrac{(1 - \gamma)w_0 + \gamma \rho \dfrac{w_1}{1 - \rho}}{1 - \rho(1 - \gamma)} >$

V_0^W；资本所有者的终身效用为 $V_1^C = \dfrac{(1 - \gamma)\pi_0 + \gamma \rho \dfrac{\pi_1}{1 - \rho}}{1 - \rho(1 - \gamma)} < V_0^C$。①

该命题的直观解释是：如果工人选择采取社会行动，其各期的工资所得依次为 0、w_1、w_1、w_1……，相应的终身贴现效用为 $0 + \rho w_1 + \rho^2 w_1 + \rho^3 w_1 + \cdots\cdots = \rho \dfrac{w_1}{1 - \rho}$。如果工人选择不采取行动，其各期的工资所得依次

————————

① 受篇幅所限，正文省略了命题的证明过程，如有需要可向作者索取。

为 w_0、w_0、w_0、w_0……，终身效用为 $\frac{w_0}{1-\rho}$。只有当 $\rho\frac{w_1}{1-\rho} \geqslant \frac{w_0}{1-\rho}$，即 $\rho w_1 \geqslant w_0$ 时，工人才会选择采取社会行动，并获得福利的提高。

由命题 1 可推知，社会行动对于提高工人未来工资的作用越大，工人越有可能选择采取行动（$\frac{w_1}{w_0}$ 越大，$\rho w_1 \geqslant w_0$ 成立的概率就越大）。本书虽然没有对 w_1 做出具体设定，但由工资和利润的竞争关系可知，劳资双方由市场决定的收入分配差距越大，工人选择采取社会行动从而改善自身状况的可能性就越大。下面的分析都假设 $\rho w_1 \geqslant w_0$，即工人已经解决了集体行动问题并选择了采取社会行动。

假设 1：$\rho w_1 \geqslant w_0$。

为了避免或减轻因工人的社会行动而受损（$V_1^c < V_0^c$），预防工人采取行动或降低其可能性对资本所有者来说是有利的。下面就沿着这一思路给出关于最低工资制度的分析。

2. 最低工资制度

由上面的分析可知，只要采取社会行动之后获得的报酬 w_1 与先前由市场决定的报酬 w_0 相比足够大，工人就会选择行动。因此，如果资本所有者在工人做出选择之前适当提高其工资水平，就可以降低工人采取行动的可能性，从而维持市场运行和减少损失。但是对单个资本所有者来讲，提高自己雇员的工资会减少利润，却不能使自身免受市场"停摆"的威胁[①]。此时，政府强制实行最低工资制度解决了资本所有者的集体行动问题。

假设政府设定的最低工资标准是 W_2（对应的工人期望工资为 w_2）。由命题 1 可知，如果 $w_2 \geqslant \rho w_1$，工人不会采取行动，此时其终身效用为 $V_2^w = \frac{w_2}{1-\rho} \geqslant V_1^w$，福利有所提高。又由 $w_2 \geqslant w_0$ 和 $\pi_2 = \pi(w_2) \leqslant \pi_0$ 可知，资本所有者的终身效用为 $V_2^c = \frac{\pi_2}{1-\rho} \leqslant V_0^c$，比竞争模型的状态下降了，这和标准理论的结论是一致的。但是既然市场制度与社会行动不可

---

① 因为假设工人已经解决了集体行动问题。

分，分析最低工资制度对资本所有者福利的影响就应该比较 V_2^c 与 V_1^c，而不是比较 V_2^c 与 V_0^c。

以社会福利最大化为目标的政府从效率角度出发，应将最低工资标准设为 $w_2 = \rho w_1$。资本所有者在工人可能采取社会行动但是政府不实行

最低工资制度时的终身效用为 $V_1^c = \dfrac{(1 - \gamma)\pi_0 + \gamma\rho\dfrac{\pi_1}{1 - \rho}}{1 - \rho(1 - \gamma)}$，在最低工资

标准 $w_2 = \rho w_1$ 时的终身效用为 $V_2^c = \dfrac{\pi_2}{1 - \rho}$。通过比较 V_2^c 与 V_1^c，可以得到命题 2：存在 $\gamma* \in (0, 1)$，当 $\gamma > \gamma*$ 时，$V_2^c > V_1^c$；当 $\gamma < \gamma*$ 时，$V_2^c < V_1^c$。

γ 提高意味着工人解决集体行动问题的概率提高，因而采取行动的可能性以及资本所有者的损失也会相应增加（$\pi_1 < \pi_2 < \pi_0$）。此时对资本所有者来说，实行最低工资制度以防止工人采取社会行动是可取的。因此，命题 2 意味着工人解决集体行动问题的概率越大，实行最低工资制度对资本所有者越有利。不妨考虑两种极端情形：当 $\gamma = 1$（工人必然采取社会行动）并且政府会实行最低工资制度时，资本所有者的效用 $\left(V_2^c = \dfrac{\pi_2}{1 - \rho}\right)$ 与政府不实行最低工资制度的效用 $\left(V_1^c = \dfrac{\rho}{1 - \rho}\pi_1\right)$ 相比，显然有 $V_2^c > V_1^c$；当 $\gamma = 0$（工人无法采取集体行动）时，情况就相当于竞争模型的状态，政府根本无须实行最低工资制度。

进一步分析可知，贴现因子 ρ 的变化不具有 γ 那样的单向作用。因为 ρ 的提高意味着资本所有者更为关注长期利益，因而愿意向工人让步以减少其行动造成的持久损失（$\pi_1 < \pi_2$）。但与此同时工人也会更为关注长期利益，从而更有可能采取社会行动（$w_1 > w_0$）。这时，政府只有实行更高的最低工资标准才能预防工人采取行动（$w_2 = \rho w_1$），这会进一步增加资本所有者的损失。因此贴现因子 ρ 不像 γ 那样具有确定的单向效应，w_1 也是如此。

以上分析表明，和市场可能因工人采取社会行动而"停摆"并且没有最低工资制度时的情况相比，政府实行最低工资制度不仅可以提高工人的福利，而且只要 γ 足够大，也可以提高资本所有者的福利，从而实现社会的帕累托改善。即使 γ 较小，资本所有者因最低工资制度受损，

但是只要工人增加的福利可以抵消资本所有者的损失，社会总福利也会增加，从而实现社会的卡尔多改善。我们假设资本所有者和工人都是风险中性的，并且效用全部来自对社会产品的消费，因此双方总效用的变化与社会总产出的变化是一致的。为了简化分析，下面用一个特例来说明。

例：$\pi = M - Nw$，且 $N > n_1/n_2$，M 和 N 是参数。

当工人的期望工资为 w 时，资本所有者的利润收入为 $\pi = M - Nw$。此时，社会总产出为 $Y(w) = n_1 w + n_2 \pi = n_2 M - (Nn_2 - n_1) w$。高于市场均衡水平的工资通常会影响生产效率，即 Y 关于 w 负相关，故假设 $N > n_1/n_2$。定义函数：

$$G(\gamma) = [1 - \rho(1 - \gamma)] \pi(w_2) - (1 - \rho)(1 - \gamma) \pi(w_0) - \rho\gamma\pi(w_1)$$
$$= (1 - \rho)[M\gamma - N(1 - \gamma)(\rho w_1 - w_0)]$$

显然，当 $N(\rho w_1 - w_0) < \dfrac{M\gamma}{(1 - \gamma)}$ 时，最低工资制度使资本所有者受益。当 $N(\rho w_1 - w_0) > \dfrac{M\gamma}{(1 - \gamma)}$ 时，资本所有者受损。对于后面一种情况，如果没有实行最低工资制度，社会总福利为 $V_1 = n_1 V_1^W + n_2 V_1^C = \dfrac{(1 - \gamma)Y(w_0) + \rho\gamma\dfrac{Y(w_1)}{1 - \rho}}{1 - \rho(1 - \gamma)}$。政府实行最低工资制度时，社会总福利为 $V_2 = n_1 V_2^W + n_2 V_2^C = \dfrac{Y(w_2)}{1 - \rho}$。比较 V_1 与 V_2 的大小可以得到：

$$V_2 - V_1 = \frac{Y(w_2)}{1 - \rho} - \frac{(1 - \gamma)Y(w_0) + \rho\gamma\dfrac{Y(w_1)}{1 - \rho}}{1 - \rho(1 - \gamma)}$$
$$= \frac{n_2(1 - \gamma)}{[1 - \rho(1 - \gamma)]}\left[\frac{\gamma}{1 - \gamma}M - \left(N - \frac{n_1}{n_2}\right)(\rho w_1 - w_0)\right] \quad (5)$$

当 $\dfrac{\gamma}{1 - \gamma}M > \left(N - \dfrac{n_1}{n_2}\right)(\rho w_1 - w_0)$ 时，最低工资制度虽然使资本所有者受损，但是提高了社会的总福利。因此，只要 γ 满足一定的条件，追求社会福利最大化的政府也会采取最低工资制度。随着 γ 进一步提高，工人采取社会行动的可能性越大，资本所有者从自身利益出发也会接受最低工资制度。

3. 补充说明

本书假设政府以社会福利最大化为目标，但是其实我们并不需要设定或限制政府的性质。马克思主义学说中的资产阶级政府从维护本阶级利益的角度出发，也可能采取包括最低工资制度在内的社会福利政策，缓解社会矛盾，保证资本积累的持续性（O'Connor，1979）。我们的模型对于"利维坦"政府也适用。如果统治者的福利不仅取决于攫取的财富，还取决于维持统治的能力，对工人进行一定的财富转移防止其反抗现有的统治秩序也可能成为统治者的最优选择。从历史和现实来看，最低工资制度存在于政治生态不同的国家。历史上许多殖民宗主国也会主动在殖民地设立最低工资标准（例如比利时在刚果、英国在非洲和加勒比海属地）。现代社会的具有不同政治体制的国家也大都实行了最低工资制度。

此外，本书对最低工资制度的解释和讨论不包含帮助贫困者和弱势群体的良好意愿或预设目标。尽管许多研究表明最低工资制度有利于减少贫困（Card，1995；Gundersen & Ziliak，2004；Burkhauser & Sabia，2007），但是这与本书的核心观点和结论无关。

（二）拓展模型

在基本模型中，工人能否解决集体行动问题是影响工人决策的重要因素。这一部分就对此进行拓展分析。为了简化和方便，我们仍然沿用前面的特例。

1. 工人集团分裂的可能性

本书采用的模型的解的概念是 Markov 完美均衡，工人采取了社会行动之后，经济就进入吸收状态（absorbing state），工人在以后各期都能获得较市场均衡工资水平更高的报酬 w_1。但是由于在竞争市场中实行最低工资制度会造成一部分工人失业[①]，因此最低工资制度可能激化工人内部的利益冲突，甚至造成工人集团的分裂和瓦解。这种情况显然是对资本所有者有利的。

[①] 在垄断模型中最低工资制度不一定增加失业，也不会由此导致工人集团分裂，此即 $\gamma_2 = 0$ 这一特殊情形。

　　假设第 T+0 期是竞争模型状态（表示为状态 F），工人解决集体行动问题并采取社会行动的概率是 γ_1。进入 T+1 期以后，继续获得就业机会的工人获得了较高的工资 w_1。进入 T+2 期以后，如果失业导致工人集团分裂的概率是 γ_2，因为工人无法采取集体行动，因此就业、工资（w_0）和利润的水平就将与状态 F 一样。如果工人集团没有分裂，就业者获得 w_1，然后进入 T+3 期，工人集团继续可能以 γ_2 的概率分裂。依此类推。我们把 T+2 期及以后工人集团没有分裂的时期统称为工人采取社会行动的状态，用字母 P 表示。$\eta \in \{0, 1\}$ 仍然用来表示工人的决策问题。

　　首先分析没有实行最低工资制度的情形。用 $V_{1j}^i (j \in \{F, P\})$ 表示行为人 i 在状态 j 所能获得的终身效用。有：

$$V_{1F}^W = (1 - \gamma_1)(w_0 + \rho V_{1F}^W) + \gamma_1 \max_{|\eta|} \{\eta \{\rho w_1 + \rho^2 [\gamma_2 (w_0 + \rho V_{1F}^W) +$$

$$(1 - \gamma_2)(w_1 + \rho V_{1P}^W)]\} + (1 - \eta)(w_0 + \rho V_{1F}^W)\} \quad (6)$$

$$V_{1P}^W = \gamma_2 (w_0 + \rho V_{1F}^W) + (1 - \gamma_2)(w_1 + \rho V_{1P}^W) \quad (7)$$

　　假设工人能够以 γ_1 的概率解决集体行动问题，如果选择采取行动（$\eta = 1$），工人获得的当期效用为 0，而以后各期的贴现效用与工人集团分裂的可能性 γ_2 相关，为 $\rho w_1 + \rho^2 [\gamma_2 (w_0 + \rho V_{1F}^W) + (1 - \gamma_2)(w_1 + \rho V_{1P}^W)]$；如果选择不采取行动（$\eta = 0$），当期效用为 w_0，以后各期的贴现效用为 ρV_{1F}^W。反过来讲，假设工人未能解决集体行动问题（概率为 $1 - \gamma_1$），相当于工人解决了集体行动问题但是选择不采取行动，其终身贴现效用为 $w_0 + \rho V_{1F}^W$。由此可以得到工人在状态 F 下的终身贴现效用（6）。同理可得到工人在状态 P 下的终身贴现效用（7）。

　　由此可得到以下命题。

　　命题 3：在解决了集体行动问题之后，当且仅当 $\rho w_1 > w_0 (1 + \rho \gamma_2)$，工人会选择采取社会行动。此时，工人的终身效用：

$$V_{1F}^W = \frac{(1 - \gamma_1) w_0 + \gamma_1 \left[\rho w_1 + \rho^2 \dfrac{\gamma_2 w_0 + (1 - \gamma_2) w_1}{1 - \rho(1 - \gamma_2)} \right]}{1 - \rho(1 - \gamma_1) - \gamma_1 \rho^3 \dfrac{\gamma_2}{1 - \rho(1 - \gamma_2)}} > V_0^W$$

，资本所有者的终

身效用：$V_{1F}^C = \dfrac{(1-\gamma_1)\pi_0 + \gamma_1\Big[\rho w_1 + \rho^2 \dfrac{\gamma_2\pi_0 + (1-\gamma_2)\pi_1}{1-\rho(1-\gamma_2)}\Big]}{1-\rho(1-\gamma_1) - \gamma_1\rho^3 \dfrac{\gamma_2}{1-\rho(1-\gamma_2)}} < V_0^C$。

该命题表示：工人采取社会行动之后获得的相对收入 $\left(\dfrac{w_1}{w_0}\right)$ 越大，或者工人集团分裂的可能性（γ_2）越小，工人越有可能选择采取行动，并由此改善自身的福利。此时资本所有者的福利受损。

为了预防工人采取社会行动，假设政府仍然是从效率的角度出发制定最低工资标准 w_2，使得 $w_2 = \dfrac{\rho w_1}{1+\rho\gamma_2}$。此时，$V_{2F}^W = \dfrac{w_2}{1-\rho}$，$V_{2F}^C = \dfrac{\pi_2}{1-\rho}$。显然 $V_{2F}^W \geqslant V_{1F}^W$，最低工资制度改善了工人的福利。通过比较资本所有者的福利变化可以得到命题4。

命题4：当 γ_1 较大、γ_2 较小时，最低工资制度也会使资本所有者受益（$V_{2F}^C \geqslant V_{1F}^C$）。

按照定义，γ_1 表示工人事前解决集体行动问题的可能性，γ_2 表示事后因工人采取社会行动（增加了失业）引起内部分裂的可能性，但是使 γ_1 增大的因素一般来讲也会使 γ_2 减小，反之亦然。因此命题4实际上意味着，即使考虑到工人集团可能分裂，最低工资制度仍然有很大的可能同时改善劳资双方的福利。

2. 经济波动

现实的经济波动可能改变生产函数、需求函数和收入分配函数，从而影响博弈的结果。

假定经济波动完全由技术冲击（生产函数的变化）引起[①]。假设生产函数 $Y_t = A_t F(L_t)$ 中的 A_t 是一个独立同分布的随机变量，并且服从两点分布，$A_t \in \{1, a\}$，$0 < a < 1$，$A_t = 1$ 的概率为 θ，$0 < \theta < 1$。与前面类似，可以得到收入分配函数 $\pi = A\pi\left(\dfrac{w}{A}\right)$。

在每期期初，随机变量 A_t 首先实现。劳资双方观测到 A_t 的实现值之

---

① 对于我们的研究目的来说，实际上无须区分供给冲击和需求冲击，只需考虑文中的收入分配函数这一综合情形就可以了。

后进行决策。为了简化，假设工人在萧条时期和繁荣时期解决集体行动问题的概率 γ 不变①。和基本模型一样，假设 $A_t = 1$ 时，状态 F 下的工资和利润分别为 w_0 和 π_0，工人采取社会行动会使工资和利润变成 w_1 和 π_1。容易证明，$A_t = a$ 对应的两种状态下的工资和利润分别是 aw_0 和 $a\pi_0$、aw_1 和 $a\pi_1$。

首先来看不实行最低工资制度的情形。V_{1H}^i 和 V_{1L}^i 分别表示当 $A = 1$ 和 $A = a$ 时行为人 i 的终身效用，$\eta_H \in \{0, 1\}$ 和 $\eta_L \in \{0, 1\}$ 分别表示工人在繁荣时期和萧条时期的决策。可以得到：

$$V_{1H}^W = (1 - \gamma)\{w_0 + \rho[\theta V_{1H}^W + (1 - \theta) V_{1L}^W]\} + \gamma \max_{\{\eta_H\}}\left\{ \eta_H \rho \frac{\theta w_1 + (1 - \theta) a w_1}{1 - \rho} + \right.$$

$$\left. (1 - \eta_H)[w_0 + \rho(\theta V_{1H}^W + (1 - \theta) V_{1L}^W)] \right\}$$

$$V_{1L}^W = (1 - \gamma)\{a w_0 + \rho[\theta V_{1H}^W + (1 - \theta) V_{1L}^W]\} + \gamma \max_{\{\eta_L\}}\left\{ \eta_L \rho \frac{\theta w_1 + (1 - \theta) a w_1}{1 - \rho} + \right.$$

$$\left. (1 - \eta_L)[a w_0 + \rho(\theta V_{1H}^W + (1 - \theta) V_{1L}^W)] \right\}$$

在繁荣时期（$A = 1$），如果工人能够以 γ 的概率解决集体行动问题，并且选择采取社会行动（$\eta_H = 1$），工人的当期效用为 0，以后各期的贴现效用为 $\rho \dfrac{\theta w_1 + (1 - \theta) a w_1}{1 - \rho}$；如果工人选择不采取行动（$\eta_H = 0$），当期效用为 w_0，以后各期的贴现效用为 $\rho(\theta V_{1H}^W + (1 - \theta) V_{1L}^W)$。反之，如果工人不能解决集体行动问题（概率为 $1 - \gamma$），就相当于工人虽然解决了集体行动问题但是选择不采取行动，工人的终身贴现效用为 $w_0 + \rho[\theta V_{1H}^W + (1 - \theta) V_{1L}^W]$。由此可以得到繁荣时期工人的终身贴现效用 V_{1H}^W。同理可以得到萧条时期工人的终身贴现效用 V_{1L}^W。

可以证明，当 $A = 1$ 时，工人选择采取社会行动的条件是 $\rho \dfrac{\theta w_1 + (1 - \theta) a w_1}{1 - \rho} \geq w_0 + \rho[\theta V_{1H}^W + (1 - \theta) V_{1L}^W]$；当 $A = a$ 时，选择条件是 $\rho \dfrac{\theta w_1 + (1 - \theta) a w_1}{1 - \rho} \geq a w_0 + \rho[\theta V_{1H}^W + (1 - \theta) V_{1L}^W]$。对这两个条件进行比

---

① 即使工人在萧条时期和繁荣时期采取集体行动的概率不同，也不会改变我们的主要结论。

较可以发现，如果工人在 $A=1$ 时选择采取行动，当 $A=a$ 时就必然也会选择采取行动。反之则不一定。由此得到命题5。

命题5：工人在萧条时期选择采取社会行动的可能性更大。

（1）当 $w_1 > \dfrac{1-\rho(1-\theta)(1-\gamma)(1-a)}{\rho[\theta+(1-\theta)a]} w_0$ 时，不论 $A=1$ 或者 $A=a$，工人都会选择行动。

（2）当 $\dfrac{a+\rho\theta(1-a)}{\rho[\theta+(1-\theta)a]} w_0 < w_1 < \dfrac{1-\rho(1-\theta)(1-\gamma)(1-a)}{\rho[\theta+(1-\theta)a]} w_0$ 时，工人仅当 $A=a$ 时选择行动。

（3）当 $w_1 < \dfrac{a+\rho\theta(1-a)}{\rho[\theta+(1-\theta)a]} w_0$ 时，不论 $A=1$ 或者 $A=a$，工人都不会选择行动。

对该命题的直观解释是，采取社会行动的成本为当期损失的工资，萧条时期的工资水平较低，因此工人的行动成本较低，选择行动的可能性就大。下面我们只讨论工人仅在萧条时期选择采取行动的情形，即假设2。

假设2： $\dfrac{a+\rho\theta(1-a)}{\rho[\theta+(1-\theta)a]} w_0 < w_1 < \dfrac{1-\rho(1-\theta)(1-\gamma)(1-a)}{\rho[\theta+(1-\theta)a]} w_0$

定义 V_1^i 为行为人 i 在没有实行最低工资制度并且随机变量 A 尚未实现时的终身效用， $V_1^i = \theta V_{1H}^i + (1-\theta)V_{1L}^i$ 。可以证明， $V_1^W = \dfrac{\theta w_0 + (1-\theta)\left[(1-\gamma)aw_0 + \gamma\rho\dfrac{\theta+(1-\theta)a}{1-\rho}w_1\right]}{1-\theta\rho-(1-\theta)(1-\gamma)\rho}$ ， $V_{1H}^W = w_0 + \rho V_1^W$ ， $V_{1L}^W = (1-\gamma)(aw_0+\rho V_1^W) + \gamma\rho\dfrac{\theta+(1-\theta)a}{1-\rho}w_1$ 。比较 V_{1H}^W 和 V_{1L}^W 可得： $V_{1H}^W > V_{0H}^W$ ， $V_{1L}^W > V_{0L}^W$ 。这表明工人在萧条时期采取的行动不仅提高了工人在萧条时期的终身效用，也会提高工人在繁荣时期的终身效用。

以上分析的是没有实行最低工资的情形。再来看政府可能引入最低工资制度的情形。仍以假设2（工人仅在萧条时期采取行动）为条件，这是否意味着政府只需在萧条时期实行最低工资制度就足够呢？虽然工人的行动成本是当期的工资，但是其行动收益却是未来各期（包括繁荣时期）的回报超过市场竞争工资水平的部分。如果行动的收益足够大，政府仅仅在萧条时期提高工资可能不足以改变工人的决策。这一结论可表述为以下命题。

命题6：

（1）情形一：当 $\theta < \max\left\{\dfrac{a(1-\rho)}{\rho(1-a)}, \dfrac{a(1-\rho)}{\rho}\dfrac{w_1}{w_1-w_0}\right\}$ 时，政府只需在萧条时期实行最低工资制度，在此情形下，繁荣时期的工资等于市场竞争工资（$w_{2H} = w_0$），萧条时期的工资 $w_{2L} = \dfrac{\rho[\theta + (1-\theta)a]w_1 + \theta w_0}{1 - \rho\theta}$。

（2）情形二：当 $\theta > \max\left\{\dfrac{a(1-\rho)}{\rho(1-a)}, \dfrac{a(1-\rho)}{\rho}\dfrac{w_1}{w_1-w_0}\right\}$ 时，政府在萧条时期和繁荣时期都应实行最低工资制度，在此情形下，繁荣时期的工资 $w_{2H} = \dfrac{\rho\theta - a(1-\rho)}{\rho\theta}w_1$，萧条时期的工资 $w_{2L} = aw_1$。

由命题6还可以得到以下两个推论。

推论1：无论是情形一还是情形二，都有 $\dfrac{w_{2L}}{a} > w_{2H}$。因为工人在萧条时期采取行动的可能性更大，提高萧条时期的相对工资 $\left(\dfrac{w_{2L}}{w_{0L}}\right)$ 比提高繁荣时期的相对工资 $\left(\dfrac{w_{2H}}{w_{0H}}\right)$ 更有利于增加工人的行动成本，防止工人采取行动。

推论2：θ 越大，a 越小，$\dfrac{w_1}{w_0}$ 越大，越有可能出现情形二。这是因为 $\dfrac{w_1}{w_0}$ 越大，意味着工人采取行动的超额收益越大；θ 越大，a 越小，则表示经济进入繁荣时期的可能性越大，而工人在繁荣时期的工资高于萧条时期。以上条件对于工人来说意味着行动的收益可能如此之大，以至于政府只在萧条时期提高工资不足以防止工人采取行动。

与前面的方法类似，通过比较 $\theta V_{1H}^W + (1-\theta)V_{1L}^W$ 和 $\theta V_{2H}^W + (1-\theta)V_{2L}^W$ 可以证明，存在一定的条件使政府实行最低工资制度也有利于改善资本所有者的福利。

3. 熟练工人和非熟练工人的划分

如果工人内部分为熟练工人（S）和非熟练工人（U）两种不同类型，并且他们对待市场和最低工资制度的态度因为利益差别而有所不同，也会引发工人集团的集体行动问题。

假设经济体中有 n_{1s} 个熟练工人（WS）和 n_{1u} 个非熟练工人（WU）。非熟练工人每人提供一单位同质劳动，熟练工人每人提供 k 单位的相同劳动（$k>1$）①。劳动的全部供给量用 $n_1 = n_{1u} + kn_{1s}$ 表示。用 W 表示单位劳动的工资报酬，每个资本所有者的雇佣数量 L 满足 $W = AF'(L)$。用 w 表示单位劳动的期望工资，$w = \dfrac{n_2}{n_1}WL$。与前面类似，可以得到收入分配关系 $\pi = \pi(w)$。

首先分析竞争模型的状态。此时，工资 W_0 和期望工资 w_0 相等，且 $w_0 = AF'\left(\dfrac{n_1}{n_2}\right)$。用 V_0^i（$i \in \{WS, WU, C\}$）表示行为人 i 的终身效用，

$$V_0^{WS} = \frac{kw_0}{1-\rho}, V_0^{WU} = \frac{w_0}{1-\rho}, V_0^C = \frac{\pi_0}{1-\rho}。$$

引入工人采取社会行动的可能性以及熟练工人与非熟练工人的区分之后，我们不仅需要关注工人采取行动后的工资 w_1，还要分析工资在两种类型的工人之间的分配。一般来讲，市场上的非熟练工人数量居多并且工资水平比熟练工人低，其行动的收益也比熟练工人大，因此行动意愿会更加强烈。假设非熟练工人和熟练工人对行动之后单位劳动的期望工资分别是 $w_{1u} = a_1 w_1$ 和 $w_{1s} = b_1 w_1$，且满足 $a_1 \geqslant 1, 0 < b_1 \leqslant 1$，并且 $n_{1u}w_{1u} + kn_{1s}w_{1s} = (n_{1u} + kn_{1s})w_1$。

用 V_1^i 表示行为人 i 的终身效用。非熟练工人 WU 的终身效用满足：

$$V_1^{WU} = (1-\gamma)(w_0 + \rho V_1^{WU}) + \gamma \max_{\{\eta\}}\left\{\eta\rho\frac{a_1 w_1}{1-\rho} + (1-\eta)(w_0 + \rho V_1^{WU})\right\} \quad (8)$$

可以证明，当且仅当 $\rho a_1 w_1 \geqslant w_0$ 时，非熟练工人才会选择采取行动。

此时 $V_1^{WU} = \dfrac{(1-\gamma)w_0 + \gamma\rho\dfrac{a_1 w_1}{1-\rho}}{1-\rho(1-\gamma)}$，且 $V_1^{WU} \geqslant V_0^{WU}$，非熟练工人的福利得

以改善。而对熟练工人来说，$V_1^{WS} = \dfrac{(1-\gamma)kw_0 + \gamma\rho\dfrac{b_1 kw_1}{1-\rho}}{1-\rho(1-\gamma)}$，工人行动对

① 引入熟练工人与非熟练工人的区分之后，最低工资标准可能导致熟练工人对非熟练工人的替代，从而降低非熟练工人的效用。熟练工人对非熟练工人的替代效应越强，这种负面影响就越大，造成工人集体行动的困难就越大。假设熟练工人与非熟练工人完全替代可以表明结论的稳健性。

其福利造成的影响是：

$$V_1^{WS} - V_0^{WS} = \frac{\gamma k(\rho b_1 w_1 - w_0)}{(1-\rho)[1-\rho(1-\gamma)]} \qquad (9)$$

如果 $\rho b_1 w_1 < w_0$，熟练工人的福利会因工人采取行动而受损。以上结论可表述为如下命题。

命题 7：非熟练工人比熟练工人的行动积极性更高。

接下来考虑政府可能引入最低工资制度的情况。如果政府设定的最低工资标准是 W_2，且 $W_2 > W_0$，劳动力市场会出现失业。假设熟练工人和非熟练工人可以替代，企业将倾向于首先雇佣熟练工人。假设每个企业的雇佣数量 L 满足 $W_2 = AF'(L)$。企业首先选择雇佣熟练工人，剩余的需求量再由非熟练工人补充。此时，熟练工人的期望工资 $w_{2s} = W_2$，非熟练工人的期望工资 $w_{2u} = \frac{n_2 L - kn_{1s}}{n_{1u}} W_2$，平均期望工资 $w_2 = \frac{w_{2u}n_{1u} + w_{2s}kn_{1s}}{n_{1u} + kn_{1s}}$。由 $w_{2u} < w_{2s}$ 可以得到：$\frac{w_{2u}}{w_2} < 1, \frac{w_{2s}}{w_2} > 1$。这表明，实行最低工资制度与工人可能采取社会行动但是政府不实行最低工资制度产生的有偏效应刚好相反，这一制度有利于熟练工人。假设因为实行最低工资制度而形成的平均期望工资是 w_2，非熟练工人的期望工资为 $w_{2u} = a_2 w_2$，熟练工人的期望工资为 $w_{2s} = b_2 w_2$，且 $0 < a_2 \leqslant 1, b_2 \geqslant 1$。由前面的分析可知，为了防止非熟练工人采取社会行动，最低工资标准 w_2 应满足 $\rho a_1 w_1 \geqslant a_2 w_2$。政府从效率的角度出发，仍然将设定 $w_2 = \frac{a_1}{a_2}\rho w_1$。此时，熟练工人的终身效用为 $V_2^{WS} = \frac{kb_2 w_2}{1-\rho} = k\frac{b_2 a_1}{a_2}\frac{\rho}{1-\rho}w_1$，显然有 $V_2^{WS} > V_1^{WS}$，即最低工资制度提高了熟练工人的福利。而非熟练工人的终身效用是 $V_2^{WU} = \frac{a_2 w_2}{1-\rho} = \frac{\rho a_1 w_1}{1-\rho}$，显然有 $V_2^{WU} > V_1^{WU}$，此时最低工资制度也提高了非熟练工人的福利。通过比较 V_2^{WS} 和 V_0^{WS} 还可以得到 $V_2^{WS} > V_0^{WS}$。以上分析表明，最低工资制度不论从哪个角度来讲都会提高熟练工人的福利①。该结论可以表述为如

① 和前面的方法和结论一样，通过比较资本所有者的福利变化可以证明，在一定条件下最低工资制度也可改善资本所有者的福利。

下命题。

命题 8：最低工资制度可以提高就业者的福利，并且能够保证使熟练工人受益。

换句话说，最低工资制度改善劳动者福利的作用仅对获得了就业机会的劳动者才有效。那些因实行最低工资制度而失业的劳动者则会受损。命题 7 和命题 8 的差别有助于我们理解工人集团采取集体行动的困难。虽然工人整体具有反抗市场制度、争取更高工资的意愿，并且非熟练劳动者的反抗意愿更为强烈，但是对于最低工资制度这一制度安排的态度，具有较强市场竞争力的工人会比非熟练工人更加积极①。

我们通过在市场框架中引入工人采取社会行动破坏市场关系的可能性，对最低工资制度给出了一种政治经济学解释。

无论在历史上还是在现实中，劳资双方都不是只发生单纯的市场谈判或交易关系。工人可以采取呼吁、罢工、组建工会或政党、参加选举或者革命等社会行动争取自身的利益。在我们看来，一个包含了社会行动（波兰尼称为市场制度遭遇的"反向运动"和社会的自我保护机制）的市场框架才是分析劳资关系和最低工资制度的合理基础，也是分析和比较该制度的社会福利效应的合理起点。

---

① 该结论与 Hirschman（1970）的分析具有相似的含义，后者表明当工人对市场工资不满时，熟练工人更倾向于选择退出市场，而非熟练工人更倾向于留在企业内部进行"呼吁"。

第六章　资本积累与危机

一　斯威齐的消费不足论

消费不足论在马克思主义危机理论中具有深厚的传统和深远的影响。马克思在《资本论》中有过以下表述："一切现实的危机的最终原因，总是群众的贫困和他们的消费受到限制，而与此相对比的是，资本主义生产竭力发展生产力，好像只有社会的绝对消费能力才是生产力发展的界限。"① 相应地有一种简化版的马克思主义消费不足论，其核心观点是资本主义对抗性的分配关系是资本积累或扩大再生产的界限，由消费不足引起的剩余价值实现危机阻碍了资本主义自我维持的增长。一方面，工人只能获得相当于自身劳动力价值的部分，必须将其全部用于消费以再生产出自己的劳动力，而资本则获得全部的剩余价值，这就限制了作为社会消费主体的工人阶级的消费力。另一方面，由于资本主义积累具有不断提高资本有机构成和劳动生产率的内在趋势，资本积累对劳动的需求会逐渐降低，制造出相对过剩人口并导致工人阶级的贫困化，进一步限制了社会的消费力。总之，随着资本主义无限发展生产力的趋势与工人阶级有限消费能力之间的矛盾越来越突出，消费不足的趋势就越来越明显。

但是消费不足论并不是马克思主义危机理论提出的独特理论。自古典政治经济学时代以来，消费不足论就一直是充满争论的话题。早期的消费不足论者如马尔萨斯和西斯蒙第都认为资本的过度积累会导致危机，因为资本的过度储蓄意味着资本主义消费无法填补工人有限消费留下的需求缺口，而工人阶级的贫困化只会加深这一矛盾。解决消费不足问题的办法只能依靠资本主义的外部力量如"非生产阶级"的消费或国外市

---

① 《马克思恩格斯文集》第 7 卷，人民出版社，2009，第 548 页。

场。马克思在展开政治经济学批判过程中，既明确反对萨伊和李嘉图等人否认资本主义存在普遍危机的错误观点，又指出了西斯蒙第和马尔萨斯等人解释资本主义经济危机必然性的根本缺陷。可以明确地说，马克思本人是消费不足论的反对者。他指出："认为危机是由于缺少有支付能力的消费或缺少有支付能力的消费者引起的，这纯粹是同义反复。……商品卖不出去，无非是找不到有支付能力的买者，也就是找不到消费者（因为购买商品归根结底是为了生产消费或个人消费）。"同时他也否定了那种"想使这个同义反复具有更深刻的论据的假象"，即以为工人阶级只要从他们自己的产品中得到较大的部分或提高工资，资本主义消费不足的弊端就可以消除①。因为工人阶级消费不足只不过是资本主义流通过程的一种表现，但是其根源已经存在于资本主义的生产过程。工人"只要他们生产剩余价值，他们就有东西消费。一旦剩余价值的生产停止了，他们的消费也就因他们的生产停止而停止"，"他们始终必须是剩余生产者，他们生产的东西必须超过自己的（有支付能力的）需要，才能在自己的这些需要的范围内成为消费者或买者"。因此，"恰恰同李嘉图想说的相反，就是说，进行生产时不考虑消费的现有界限的生产只受资本本身的限制。而这一点确实是这种生产方式的特点。"② 在马克思之后，恩格斯、考茨基等马克思主义者对资本主义的消费不足问题都有所阐述。恩格斯认为资本主义供给和需求的失衡是系统性的，其根源在于消费不足和经常性的生产过剩。考茨基认为，当商品市场发展到一定规模之后，由于生产的社会化，对他人需求的预测变得非常困难，所以发生危机的可能性也就增加了（胡莹，2015）。杜冈-巴拉诺夫斯基在与俄国民粹主义者的争论中，根据马克思的再生产模型，对民粹主义者的消费不足论提出了批评。他指出，如果两大部类之间保持正确的增长比例，资本积累就可以摆脱消费的限制，因此资本主义的危机只能来自比例失调，而不是消费不足。罗莎·卢森堡则在20世纪20年代批评杜冈-巴拉诺夫斯基并质疑其再生产模型的基础上重新提出了资本主义消费不足的问题，指出资本积累需要一个游离于资本主义之外的购买阶层，并

---

① 《马克思恩格斯文集》第6卷，人民出版社，2009，第456~457页。
② 《马克思恩格斯全集》第26卷（第二册），人民出版社，1973，第593~594页。

认为这恰恰构成了帝国主义扩张的主要原因。由此可见，在经济思想史上很少有其他学说像消费不足论这样交织着几乎完全对立的理论传统之间的争锋。其支持者既包括马尔萨斯和西斯蒙第这样的古典政治经济学家和小资产阶级经济学家，也包括卢森堡和斯威齐这样的马克思主义政治经济学家。其反对者既包括李嘉图和萨伊这样的古典政治经济学家和庸俗经济学家，也包括马克思本人以及列宁和杜冈 – 巴拉诺夫斯基等马克思主义者（谢克，1992）。

在消费不足论的反对者中，杜冈 – 巴拉诺夫斯基是一个重要的代表人物，并且被认为是第一个完整表述马克思危机理论的俄国人（Attewell，1984）。杜冈 – 巴拉诺夫斯基依据马克思的扩大再生产模型对消费不足论进行了批评，却在另一个极端上打开了马克思主义危机理论的"潘多拉盒子"：如果资本主义保持正确的部类间比例就能进行无限积累，维持自我增长，资本主义生产方式的历史界限在理论上就不再清晰可见。《资本论》关于资本积累的历史趋势的论断也就被动摇了。

1942 年保罗·斯威齐发表了《资本主义发展论》，由此奠定了美国马克思主义政治经济学和激进政治经济学的理论基础。斯威齐在这本影响深远的著作中毫不含糊地批评和贬低杜冈 – 巴拉诺夫斯基的比例失调论，并重新为消费不足论正名。斯威齐试图克服早期消费不足论的种种弊端，通过"周密的、能避免先前各种提法所遭受责难的表述方法"，使消费不足论"在重要的和公认的马克思主义政治经济学中占据一席之地"（斯威齐，1997）。斯威齐不仅复兴了马克思主义危机理论中的消费不足论，而且还为第二次世界大战后至 20 世纪 70 年代的马克思主义危机理论研究定下了基调，是研究马克思主义危机理论无法绕过的重要学说。时至今日，重新审视斯威齐的消费不足论，对于我们正确理解马克思的危机理论仍然具有不可替代的学术价值和理论意义。

本书分析认为，斯威齐的消费不足论及其论证由于自身的严重缺陷，对杜冈 – 巴拉诺夫斯基的批评并没有取得真正的成功。我们结合杜冈 – 巴拉诺夫斯基采用的马克思的再生产模型，对斯威齐的分析加以扩展之后得到的结果表明，在一定条件下，即使满足再生产的平衡条件，资本主义经济也可能出现消费不足。但另一方面，消费不足也不像斯威齐断言的那样是资本主义固有的一种长期趋势。资本积累过程中是否出现消费不足，取决于其他更深层次的条件和原因。因此，消费不足不可能成为马克思主义危机理论的根本解释因素。这一结论符合马克思反对消费不足论的基本观点及其危机理论的方法论原则。

（一）斯威齐的消费不足论及其缺陷

杜冈－巴拉诺夫斯基虽然采用了马克思的再生产模型，但是其论证方法实际上是萨伊定律的马克思主义翻版。杜冈从两大部类再生产平衡条件出发，试图说明消费不足的危机路径并不存在，危机只是比例失调引起的。

按照经典的马克思再生产模型，两大部类的构成如下：

$$\text{I}\quad c_1 + v_1 + m_1 = w_1$$
$$\text{II}\quad c_2 + v_2 + m_2 = w_2$$

社会全部的生产资料来自第一部类，全部的消费资料来自第二部类，由平衡条件就有：$c_1 + c_2 = c_1 + v_1 + m_1$，$v_1 + m_1 + v_2 + m_2 = c_2 + v_2 + m_2$，因此简单再生产的平衡条件是：$c_2 = v_1 + m_1$。

在扩大再生产中，剩余价值 m 被分为四个部分：资本家原来的消费 S_c，资本家增加的消费 $S_{\Delta c}$，增加的可变资本 S_{av}，增加的不变资本 S_{ac}。扩大再生产的初始条件变为：

$$\text{I}\quad c_1 + v_1 + S_{c1} + S_{\Delta c1} + S_{av1} + S_{ac1} = w_1$$
$$\text{II}\quad c_2 + v_2 + S_{c2} + S_{\Delta c2} + S_{av2} + S_{ac2} = w_2$$

同样可得扩大再生产的平衡条件：

$$c_2 + S_{ac2} = v_1 + S_{c1} + S_{\Delta c1} + S_{av1}$$

由于简单再生产的条件依旧需要满足，即：

$$c_2 = v_1 + S_{c1}$$

所以，扩大再生产追加投资的平衡条件就是：

$$S_{ac2} = S_{\Delta c1} + S_{av1}$$

该条件的经济含义为第二部类的追加投资 S_{ac2} 必须用第二部类生产的消费品去和第一部类交换，以满足第一部类追加的消费需求 $S_{\Delta c1} + S_{av1}$。只要两部类能够保持平衡发展，就不存在消费不足的问题。资本主义危机的根本原因是比例失调，而不是消费不足①。杜冈－巴拉诺夫斯基还进一步描述了资本积累如何可能脱离消费需求实现。只要两大部类按比例积累，则第一部类的扩张可以不受第二部类扩张的限制。假如第一部类的生产规模无限扩大下去（$S_{ac1} > 0$），只要满足$S_{\Delta c1} + S_{av1} = 0$，则第一部类在第二部类不扩张的情况下就能单纯依靠生产生产资料而不断扩张。在这个过程中，工人和资本家的消费从而社会总的消费需求保持不变，第二部类提供的社会总的消费品供给也不变，因此不会出现消费不足。

至此，杜冈－巴拉诺夫斯基描述的这种极端情况即"为生产而生产"的资本主义扩张过程，至少在理论上没有破坏再生产的平衡条件，但是这也需要有前提，即资本有机构成不断提高。因为只有资本有机构成不断提高，扩大生产资料的投资才可以在资本家的消费和劳动需求保持不变的条件下，满足$S_{\Delta c1} + S_{av1} = 0$的条件。这时，第一部类不断扩大的生产能力全部被本部类消化吸收掉，不会进入第二部类并转化为消费品生产能力的扩大。

杜冈－巴拉诺夫斯基的理论对马克思主义危机理论来说隐含着巨大的挑战性和破坏性。首先，该学说表明资本积累在一定条件下可以独立于消费，不仅无产阶级贫困化等马克思主义经典命题被排除在危机理论之外，而且意味着资本主义只要保持正确的比例就能自我维持无限度的增长。其次，一旦危机产生的原因被归结为比例失调，危机充其量就不过是资本主义经济在"试错"过程中的插曲，而不构成资本主义固有的一种长期趋势。最后，该学说为"有组织的资本主义"等改良主义打开了缺口。因此，杜冈－巴拉诺夫斯基的学说遭到列宁、卢森堡等马克思主义者的批评就不足为奇了。但是真正通过经济理论证明以回应杜冈－巴拉诺夫斯基的学说并复兴消费不足论的工作，主要是由斯威齐完成的。

斯威齐毫不留情地指出杜冈－巴拉诺夫斯基的比例失调论没有太大的价值，只具有次要的地位（斯威齐，1997）。同时他又认为利润率下降规律存在不确定性。这样一来，危机理论就只剩下消费不足这样一条解释路径。斯威齐提出，消费不足论的根本任务是要论证资本主义固有

---

① 杜冈－巴拉诺夫斯基认为，由于资本主义生产的无政府状态，这个正确的比例只有在偶然的情况下才能达到。他由此认为比例失调才是资本主义经济出现经常的和反复的失衡与危机的原因。

的一种长期趋势,即消费品生产能力的扩大快于消费品需求的增长。为此,斯威齐提出了资本主义的两个固有趋势:积累($S_{av} + S_{ac}$)占剩余价值($S_c + S_{\Delta c} + S_{av} + S_{ac} = m$)的比例不断提高,投资($S_{ac}$)占积累的比例不断提高。既然资本投在生产资料上的支出比投在工人工资上的支出增长更快,消费资料的生产能力自然就比工人的消费能力增长更快。二者形成的"需求缺口"就是资本主义的消费不足。

斯威齐的消费不足理论模型和证明如下。

假定 I 是以价值表示的净国民收入,w 是工资总额(工人的消费),l 是剩余价值中资本家消费的部分,k 是剩余价值中追加到不变资本的部分(投资),于是有:

$$I = w + l + k \tag{1}$$

首先假定工人的工资与资本家的消费都是追加不变资本(投资)的函数,并且都具有随着资本积累的扩大而相对减小的倾向,即:

$$w = f(k), 0 < f'(k) < 1, f''(k) < 0 \tag{2}$$

$$l = g(k), 0 < g'(k) < 1, g''(k) < 0 \tag{3}$$

同时,还假定国民净收入按照固定速度增长,即:

$$\frac{dI}{dt} > 0, \frac{d^2 I}{dt^2} = 0 \tag{4}$$

由资本主义固有的积累趋势,必然存在:

$$\frac{dk}{dt} > 0 \tag{5}$$

并且,根据(1)式,得到 $k = I - l - w$,对时间 t 求导,有:

$$\frac{dk}{dt} = \frac{dI}{dt} - f'(k)\frac{dk}{dt} - g'(k)\frac{dk}{dt} \tag{6}$$

根据(6)式,则有:

$$\frac{dk}{dt} = \frac{\dfrac{dI}{dt}}{f'(k) + g'(k) + 1} \tag{7}$$

将(7)式对时间 t 求导,并根据(2)、(3)与(4)的假设,有:

$$\frac{d^2 k}{dt^2} = \frac{\frac{dI}{dt}(f''(k) + g''(k))}{(f'(k) + g'(k) + 1)^2} < 0 \qquad (8)$$

从（5）与（8）式可以看出实际资本积累随时间变化的趋势，一阶导数大于 0，二阶导数小于 0。

以上分析的是实际投资率的变化规律。假定随消费需求增长所需的投资率为 c，有：

$$c = \lambda(dw + dl) \qquad (9)$$

将 c 对时间 t 求导，可以得到：

$$\frac{dc}{dt} = \lambda \frac{d}{dt}(f'(k)dk + g'(k)dk)$$

$$= \lambda \left[f''(k)\left(\frac{dk}{dt}\right)^2 + f'(k)\frac{d^2 k}{dt^2} + g''(k)\left(\frac{dk}{dt}\right)^2 + g'(k)\frac{d^2 k}{dt^2} \right] dt \qquad (10)$$

通过（2）、（3）与（8）中，可以得出：

$$\frac{dc}{dt} < 0 \qquad (11)$$

从（5）与（11）的对比中可以得出结论：实际投资率对时间的一阶导数大于 0，而随消费需求增长所必需的投资率对时间的一阶导数小于 0。这就产生了一个矛盾，由实际的资本增长带来的消费品生产能力的增长快于消费需求的增长。这就是由资本积累固有趋势造成的消费不足危机。

斯威齐据此批评杜冈－巴拉诺夫斯基："现在明摆着的是，消费不足正是比例失调的一种特殊情况——消费品需求的增长同消费品生产能力的增长比例失调。不过，这种比例失调不同于杜冈－巴拉诺夫斯基所想象的比例失调，它不是导源于资本主义的不协调和无计划性质，而是导源于资本主义的内在属性。"（斯威齐，1997）换言之，斯威齐把消费不足看成一种特殊的比例失调，即消费品供给与需求之间的失调。消费品的供给由 S_{ac2} 的实际水平决定，而需求由 $S_{\Delta c1} + S_{av1}$，也即 S_{ac2} 的合意需求来决定。如果 k_1 表示第一部类的实际投资率，k_2 表示第二部类的实际投资率，斯威齐已经证明了第二部类的合意投资率是小于 0 的，即：

$$\frac{dc}{dt} < 0$$

消费不足论要成立的话，需要说明第二部类的实际投资率 k_2 对时间的一阶导数大于 0。在杜冈 - 巴拉诺夫斯基的分析中，这就是由私人生产无政府状态造成的比例失调，而在斯威齐的分析中，这却是由资本积累的固有趋势造成的比例失调。双方的区别似乎仅仅是一个概念理解或解释的差异问题。

其实不然。斯威齐的论证存在着一个根本缺陷，它和早期传统的消费不足论一样，把资本主义生产看作为消费而进行的生产。第一部类仅用做第二部类的投入，甚至可以看作第二部类垂直一体化的一个部分，因而生产资料的增长才会必然提高消费资料的生产能力。换句话说，斯威齐实际上只做了总量分析，而不是两部类平衡条件分析。然而杜冈 - 巴拉诺夫斯基分析的重点在于，只要满足再生产的平衡条件，在保证消费水平不变的情况下，生产资料可以用来制造生产资料，生产资料的增长可以与消费资料生产能力的提高无关。依照杜冈 - 巴拉诺夫斯基的分析，所谓实际投资率高于消费需求所需的投资率完全不会导致消费不足，因为消费品部门与生产资料部门相对独立，满足消费需求所需的投资 c 就等于第一部类的消费需求，而实际投资率 k 则由第一部类投资率的拉动而提高，即：

$$\frac{dc}{dt} = \frac{d(S_{\Delta c1} + S_{av1})}{dt} = \frac{dS_{ac2}}{dt}$$

$$\frac{dk}{dt} = \frac{d(S_{ac1} + S_{ac2})}{dt} = \frac{dS_{ac1}}{dt}$$

如此的话，即便斯威齐模型中的实际投资率对时间的一阶导数大于 0、随消费需求增长所需的投资率对时间的一阶导数小于 0 的条件成立，也不一定会出现消费不足的情况。从这个意义上讲，斯威齐不仅没有切实回应杜冈 - 巴拉诺夫斯基的挑战，甚至可以说是回避或篡改了杜冈 - 巴拉诺夫斯基提出的关键问题。

本书接下来的分析将回到杜冈 - 巴拉诺夫斯基采用的两部类扩大再生产模型，以弥补斯威齐总量分析的缺陷。与此同时，正如前面的分析已经指出的，杜冈 - 巴拉诺夫斯基所说的第一部类可以抛开消费需求单独扩张的成立有赖于资本有机构成的变化情况。我们的分析表明，即使满足两大部类扩大再生产的平衡条件，资本有机构成及其与其他因素的相互关系仍然可能引发消费不足，由此才能真正回应杜冈－巴拉诺夫斯基对消费不足论的否定。

（二）斯威齐模型的扩展分析

根据两部类扩大再生产平衡条件 $S_{ac2} = S_{\Delta c1} + S_{av1}$，第二部类需要用消费品从第一部类换取生产资料，满足第一部类的消费需求，同时实现自身的扩张。在杜冈－巴拉诺夫斯基的分析里，通过假设资本家和工人的消费不变，实际上表明第二部类的扩张受第一部类消费需求的限制。但是杜冈－巴拉诺夫斯基没有讨论上述平衡条件不成立的情况，即他所说的比例失调。既然资本主义经济按照正确的比例进行扩大再生产是偶然的，从不平衡的情况（比如消费不足）开始分析应该更为合理。假设第二部类的扩张与第一部类的消费需求存在缺口（消费不足），同时资本在两大部类之间可以转移或投资，只要第二部类扩大再生产的计划超过第一部类消费需求的部分转化为第一部类对第二部类的投资，两大部类就可以重新回到平衡状态。在这个自我调整过程中，资本主义是否还会出现消费不足？也就是说，如果资本主义经济从不平衡（这里特指消费不足）开始，并能够以投资或信贷的方式恢复平衡，消费不足会被消除还是会继续存在？

把投资或信贷关系引入两大部类的分析符合马克思再生产模型的本意。马克思在《资本论》第二卷分析剩余价值的流通时，十分明确地提出信用制度在"提供货币资本或使货币资本发生作用时所具有的生产力"，并且"这样也就解决了一个毫无意义的问题，即资本主义生产按它现在的规模，没有信用制度（甚至只是从这个观点来看），只有金属流通，能否存在。显然，不能存在。相反，它会受到贵金属生产的规模的限制"。[①]"随着资本主义生产的发展，信用制度也同时发展起来。资本家还不能在自己的企业中使用的货币资本，会被别人使用，而他从别人那里得到利息。对他来说，这种货币资本是作为特殊意义上的货币资本，也就是作为一种与生产资本不同的资本执行着职能。但是它在别人手里却作为资本起作用。很明显，当剩余价值的实现更加频繁，剩余价值生产的规模更加扩大时，新的货币资本即作为资本的货币投入货币市

---

① 《马克思恩格斯文集》第6卷，人民出版社，2009，第383页。

场的比例也会增加，其中至少有一大部分会重新被吸收来扩大生产。"①

前面的分析已经指出，杜冈－巴拉诺夫斯基意义上的第一部类可以抛开消费需求单独扩张的观点有赖于资本有机构成提高。进一步讲，如果资本有机构成提高的速度没有生产资料生产的增长速度快，那么就会出现本部类不能消化掉的生产资料。在这种情况下，第一部类以大于等于 0 的投资回报率向第二部类投资（转移过剩的生产资料）是完全符合第一部类资本家利益的。那么受消费不足制约的第二部类的资本家是否愿意接受第一部类的投资呢？虽然从整个部类的角度看，新增投资的回报率应等于 0，但是对个别资本和个别企业而言，扩大再生产的回报率或者预期回报率很可能是大于零的。这种类似囚徒困境的情况是马克思在分析个别资本竞争关系时的一贯观点。个别资本为了赢得与其他资本的竞争，以扩大生产规模、采取技术进步、提高资本有机构成等方式追求超额利润，这么做固然可以提高个别资本的个别利润率，但是竞争最终会降低全部资本的一般（平均）利润率。因此，第二部类资本增加投资的激励从资本的个体理性角度来看是合理的。

接下来我们通过一个简单的正式模型分析前面提出的问题。

首先，模型包括以下基本假设。

假设 1：社会再生产分为生产资料与消费品两大类，分别称作第一部类与第二部类。两个部类内部的企业完全同质且完全竞争。

假设 2：两大部类的资本家消费恒定，工人的工资率均不变。

假设 3：第一部类的扩张受到资本有机构成的限制，第二部类的扩张受到全社会消费能力的限制，但第二部类可以从第一部类借入不能由第一部类自身消化的生产资料。

假设 4：资本有机构成是外生变化，并且是时间的函数。

沿用斯威齐的符号，I 是以价值表示的净国民收入，w 是工资（工人的消费），l 是剩余价值中资本家消费的部分，k 是剩余价值中追加到不变资本的部分（投资）。

假定资本有机构成用 λ 表示，则有：

---

① 《马克思恩格斯文集》第 6 卷，人民出版社，2009，第 356 页。

$$\lambda = \frac{k}{w} \tag{12}$$

对（12）式用时间 t 求导，由于假设 2，l 与 w 不变，得到：

$$\dot{k} = \dot{\lambda} w \tag{13}$$

设产出资本比为 φ，有 $\varphi > 1$。假定企业 i 为第一部类的代表性企业（全行业同质），对于企业 i，假定存在以下关系：

$$I_{1i} = \varphi_{1i} k_{1i} = k_{1i} + w_{1i} + l_{1i} + R_{1i} \tag{14}$$

上式中的角标表示第一部类的 i 企业。R_{1i} 是第一部类剩余的生产资料，等于总产出中扣除资本投入、工资和资本家消费之后的部分，可以用来扩大投资，相当于杜冈模型中的 S_{ac1}。如果要求第一部类的生产资料实际产出增长率高于本部类可以自我消化的生产资料的增长率，则要求 $\varphi_{1i} k_{1i}$ 的增长率高于资本使用的增长率，即要求：

$$\frac{d(\varphi_{1i} k_{1i})/dt}{\varphi_{1i} k_{1i}} > \frac{d(k_{1i})/dt}{k_{1i}} \tag{15}$$

也即要求：

$$\frac{\dot{\varphi}_{1i}}{\varphi_{1i}} > 0 \tag{16}$$

要求第一部类的产出资本比增长率高于 0，这是很容易实现的。

由于第一部类资本扩张速度为 $\dot{k}_{1i}$，所以第一部类内部不能消化掉的生产资料为 $left_{1i} = R_{1i} - \dot{k}_{1i}$。将（13）式与（14）式带入，得到第一部类剩余的生产资料为：

$$left_{1i} = \varphi_{1i} k_{1i} - k_{1i} - w_{1i} - i_{1i} - \dot{\lambda} w \tag{17}$$

假定企业 j 是第二部类的代表性企业，为简单起见，假定第二部类不存在余项，有：

$$I_{2j} = \varphi_{2j} k_{2j} = k_{2j} + w_{2j} + l_{2j} \tag{18}$$

第二部类的企业投资受到市场消费能力的限制，同时第二部类可以从第一部类借入不能由第一部类自身消化掉的剩余生产资料，所以存在以下不等式：

$$k_{2j} \leq w_{1i} + l_{1i} + left_{1i} = w_{1i} + l_{1i} + \varphi_{1i} k_{1i} - l_{1i} - w_{1i} - k_{1i} - \dot{\lambda} w$$

$$= \left(\varphi_{1i} - 1 - \frac{\dot{\lambda}_{1i}}{\lambda_{1i}} \right) k_{1i} \tag{19}$$

对于第二部类的企业 j 而言，它自身预期的利润，等于产出价值减去总预付资本价值。因为它位于一个完全竞争的市场上，产品完全可以按照市场的生产价格卖出去，即 $\pi_{2j}^e = \varphi_{2j} k_{2j} - k_{2j} - w_{2j}$，再将（12）式与（18）式带入，得到：

$$\pi_{2j}^e = \left(\varphi_{2j} - 1 - \frac{1}{\lambda_{2j}} \right) k_{2j} \geq 0 \tag{20}$$

所以很容易就可以得到结论：

$$\frac{d\pi_{2j}^e}{dk_{2j}} \geq 0 \tag{21}$$

即对于第二部类的个别企业而言，向第一部类借入生产资料以扩大规模是合理的，因为可以获取相对于同行业其他企业的超额利润。再结合（19）式，就可以看出，（19）式中 k_{2j} 和后面的部分是可以取等的，由此得到第二部类企业 j 的资本量表达式：

$$k_{2j} = w_{1i} + l_{1i} + left_{1i} = \left(\varphi_{1i} - 1 - \frac{\dot{\lambda}_{1i}}{\lambda_{1i}} \right) k_{1i} \tag{22}$$

假定对于第二部类的企业而言，合意的资本投资需要使全行业的产出刚好满足全社会的消费，设合意投资量为 c，有：

$$c = nw_{1i} + nl_{1i} + mw_{2j} + ml_{2j}$$

其中第一部类一共有 n 家同质企业，第二部类一共有 m 家同质企业，结合（12）式、（22）式，则有：

$$c = nw_{1i} + nl_{1i} + mw_{2j} + nl_{2j}$$

$$= n\frac{k_{1i}}{\lambda_{1i}} + nl_{1i} + m\frac{k_{2j}}{\lambda_{2j}} + ml_{2j}$$

$$= n\frac{1}{\lambda_{1i}} \frac{1}{\left(\varphi_{1i} - 1 - \frac{\dot{\lambda}_{1i}}{\lambda_{1i}} \right)} k_{2j} + m\frac{k_{2j}}{\lambda_{2j}} + nl_{1i} + ml_{2j} \tag{23}$$

根据（23）可以求得：

$$\frac{dc}{dk_{2j}} = n\frac{1}{\lambda_{1i}}\frac{1}{\left(\varphi_{1i} - 1 - \frac{\dot{\lambda}_{1i}}{\lambda_{1i}}\right)} + m\frac{1}{\lambda_{2j}}$$

$$= \frac{n\lambda_{2j} + m\lambda_{1i}(\varphi_{1i} - 1) - m\dot{\lambda}_{1i}}{\lambda_{2j}[\lambda_{1i}(\varphi_{1i} - 1) - \dot{\lambda}_{1i}]}$$

$$= \frac{n\lambda_{2j} + m\lambda_{1i}\left(\varphi_{1i} - 1 - \frac{\dot{\lambda}_{1i}}{\lambda_{1i}}\right)}{\lambda_{2j}\lambda_{1i}\left[(\varphi_{1i} - 1) - \frac{\dot{\lambda}_{1i}}{\lambda_{1i}}\right]} \qquad (24)$$

因分母总是大于零，如果（24）式要小于 0，则必须满足以下条件：

$$\frac{\dot{\lambda}_{1i}}{\lambda_{1i}} - \varphi_{1i} > \frac{n\lambda_{2i}}{m\lambda_{1i}} - 1 \qquad (25)$$

（25）式是模型最重要的条件，它给出了消费不足再次出现需要满足的条件。为了凸显（25）式的现实经济意义，我们不妨假设 n、m 都趋于无穷，并且有 $n > m$（第二部类的企业数量更多），那么（25）式可以进一步简化为：

$$\frac{\dot{\lambda}_{1i}}{\lambda_{1i}} - \varphi_{1i} > 0 \qquad (26)$$

下面我们通过一些讨论阐明模型的经济含义。第一，本书用于表达消费不足的式子是 $\frac{dc}{dk_{2i}}$，这比斯威齐的表示更加直接，斯威齐通过证明意愿投资 c 与实际投资 k_{2i} 分别与相同的第三个变量（时间）的变化是反向的来推论消费不足，本书直接通过意愿投资 c 与实际投资 k_{2i} 的反向变化表达消费不足。第二，在本书的模型中，出现消费不足的现象是有条件的，即（25）式要成立，在式子中 $\frac{\dot{\lambda}_{1i}}{\lambda_{1i}}$ 表示第一部类资本有机构成的增长率，而 φ_{1i} 表示第一部类的资本产出比，因此就意味着只有当第一部类的资本有机构成的增长率与本部类的资本产出比相比不太慢时，消费不足才会出现。引用（26）式，含义可以更加明确，只要 $\frac{\dot{\lambda}_{1i}}{\lambda_{1i}} - \varphi_{1i} > 0$，也就是只有当第一部类的资本有机构成的增长率大于本部类的资本产出比，才有可能出现消费不足。由此可见，本书的分析表明杜冈－巴拉诺夫斯基和斯威齐对消费不足的否定或证明都是有问题的。在一定条件下，即使满足扩大再生产的平衡条件，消费不足现象也可能出现。但另一方面，消费不足也不是斯威齐所论证的一种固有的长期趋势，即使经济在最初存在消费不足现象（这是本模型推导的出发点），一旦两大部类可以转移资本或通过信贷进行投资，经济就可以达到新的平衡，而消费不足现象则有可能消失（比如当第一部类资本有机构成的增长率慢于本部类的资本产出比时）。第三，更重要的是，以上结论及其引申表明，消费不足的出现是和资本积累过程中更为基本的经济比例关系相联系的，比如资本有机构成、资本产出率等。因此把消费不足当作资本主义经济危机的根本原因是错误的。危机的根源是隐藏在消费不足现象背后的那些条件。虽然这些条件在斯威齐和本书的模型中被当作外生变量，但是这仅仅是为了简化分析。本书的模型及分析表明，危机确实存在以利润为生产目的、由竞争推动的资本不断扩大规模、提高有机构成和生产效率的微观基础。

需要补充的是，本书的重点不在于分析资本主义再生产平衡或失衡的条件。在马克思主义经济理论发展史上，结合再生产模型讨论资本积累和稳定增长的文献可谓汗牛充栋，与西方的经济增长理论也存在密切的联系（顾海良，2015）。本书的目的是重新审视由斯威齐复兴的马克思主义危机理论传统中的一个重要分支——消费不足论。因此，本书沿用了杜冈－巴拉诺夫斯基与斯威齐的基本模型，从而不可避免地接受了其模型分析技术方面的缺陷，比如静态的分析框架和缺乏动态分析。从理论上讲，模型中的重要变量如资本有机构成、产出资本比、投资与消费等都是时间的函数，更加细致地刻画出资本有机构成、产出资本比、投资与消费的动态路径不仅更加符合资本积累的本质特征，而且可以使我们更好地理解消费不足或经济危机的发生机制，这可以作为后继研究的方向。

（三）结论

消费不足论在马克思主义的危机理论中颇具影响，其发展经历了不同的历史阶段，并呈现不同的理论特征，如早期以资本主义对抗性分配关系为基础的消费不足论，卢森堡等用来解释帝国主义扩张原因的消费不足论，斯威齐为反驳杜冈－巴拉诺夫斯基的比例失调论而复兴的消费不足论，以及巴兰、斯威齐等结合垄断资本主义特征和凯恩斯理论而修正的消费不足论（巴兰、斯威齐，1977）。

本书首先回顾了消费不足论在政治经济学早期思想史上的主要观点和争论，选择以复兴消费不足论的代表斯威齐为研究对象，重新审视其对比例失调理论的批评和对消费不足理论的论证。本书认为，斯威齐的论证存在的一个根本缺陷和早期传统的消费不足论一样，即把资本主义生产看作是为消费而进行的生产。第一部类仅用做第二部类的投入。斯威齐实际上只做了总量分析，而不是两部类平衡条件分析，因此也就没有真正回应杜冈－巴拉诺夫斯基对消费不足论提出的挑战。

为了克服斯威齐的论证缺陷，本书结合杜冈－巴拉诺夫斯基采用的两部类扩大再生产模型，引入资本在部类间的流动和投资（信贷），对斯威齐模型进行了扩展分析。结果表明，即使满足扩大再生产的平衡条件，消费不足现象也有可能出现。但另一方面，消费不足也不像斯威齐断言的那样是资本主义固有的一种长期趋势。资本积累过程中是否出现消费不足，取决于资本有机构成变化以及它和资本产出比的相互关系等其他更深层次的条件和原因。因此，把消费不足当作资本主义经济危机的根本原因是错误的。危机的根源是隐藏在消费不足现象背后的那些条件，即以利润为目的、由竞争推动的资本不断扩大规模、提高有机构成和生产效率的微观基础。

本书的结论符合马克思反对消费不足论的基本观点及关于资本主义危机理论的基本方法论。事实上，从《大纲》到《资本论》，马克思解释资本主义经济危机根本原因的基本思路和落脚点是一致的。他既反对萨伊、李嘉图等人否定资本主义存在普遍过剩危机的错误观点，同时也批判了西斯蒙第、马尔萨斯等人危机理论的论证缺陷，指出危机理论"要就危机来自作为资本的资本所特有的，而不是仅仅在资本作为商品和货币的存在中包含的资本的各种形式规定，来彻底考察潜在的危机的进一步发展"[1]，为此就必须考察资本主义生产的现实运动、竞争和信用

---

[1]　《马克思恩格斯全集》第26卷（第二册），人民出版社，1973，第585页。

等。马克思在这里提出了马克思主义危机理论的一个方法论原则：危机是资本主义基本矛盾充分发展的结果，其理论上的必然性与现实的发生机制只有在充分阐释了资本的生产过程、流通过程以及资本运动总过程的基础上才能得到全面清楚地理解。单从资本的直接生产过程、流通过程或者分配关系某一方面出发，试图从中找出危机的单一原因，在方法论上都是错误的。遗憾的是，这种错误在马克思主义危机理论的后续发展中并不少见。消费不足论就是受到这种错误影响的代表性学说之一。

二　格罗斯曼的崩溃论

马克思的危机理论不同于一般的经济周期理论，不是仅仅着眼于对衰退、萧条等危机形式的具体分析，而是将危机看作资本主义生产方式内在规律起作用的必然产物，并透过危机来论证资本主义的历史演替。由此在马克思主义传统中产生了一种被称为"崩溃理论"（theory of breakdown）的狭义的危机理论①。在马克思主义经济思想史尤其是早期历史（第二国际、第三国际时期）中，崩溃理论具有独一无二的重要性。特别是一些德语国家的马克思主义理论家经常直接使用"危机与崩溃理论"（Krisen - und Zusammenbruchstheorie）或"崩溃与危机理论"（Zusammenbruchs - und Krisentheorie）的概念。伯恩施坦、考茨基、卢森堡、杜冈 - 巴拉诺夫斯基、鲍丁、格罗斯曼等人都是崩溃理论的重要代表。直到 20 世纪中期，人们才提出把崩溃理论和危机理论分开。

第二国际时期流行的资本主义崩溃理论主要有两种：消费不足论和比例失调论。伯恩施坦否认资本主义的崩溃趋势。杜冈 - 巴拉诺夫斯基把再生产图式和资本积累问题引入危机理论②。卢森堡提出了因为缺乏外部的非资本主义经济体系而导致资本主义崩溃的理论③。考茨基在同伯恩施坦的论战中坚持消费不足论，认为利润率下降的作用只是使资本

---

① 崩溃理论与周期理论的关系如下："一种崩溃理论一定同时是一种周期理论。然而一种周期理论却不一定是一种崩溃理论。"
② 杜冈 - 巴拉诺夫斯基关于危机理论的主要著作是《英国商业危机的历史与理论的研究》和《马克思主义的理论基础》，后者专门论述了"资本主义经济秩序的崩溃"。
③ 卢森堡的观点总是与积累问题联系在一起，并非简单的消费不足论。

家阶级规模缩小，而未将其与崩溃和危机联系起来。希法亭和奥托·鲍威尔则以部门间比例失调来解释危机。鲍威尔 1913 年发表了《资本积累》一文，试图用一个再生产图式来证明资本积累不需要卢森堡所说的资本主义体系外的"第三方"。该图式假定不变资本的价值比可变资本增长更快并且利润率不断下降。

真正把资本积累与危机和崩溃在理论上联系在一起的是亨利克·格罗斯曼[①]。他认为资本主义的崩溃趋势是马克思主义政治经济学的基本命题。虽然卢森堡正确地指出资本主义将遇到绝对的极限，但是她没有从积累的内在规律出发，而是离开生产过程转向流通过程，因此她的论证是失败的。在 1929 年大危机的前夜，格罗斯曼发表了《资本主义体系的积累与崩溃规律》，试图根据资本积累过程、特别是利润率下降趋势来建立崩溃和危机理论。该书在后来产生了极大影响，有人称其为"唯一的正统马克思主义经济危机理论"，也有人称其为"两次大战之间马克思主义经济理论的唯一重要著作"，还有人认为它是"自卢森堡的《资本积累论》以来最精细、最详尽的崩溃论研究，是两次大战之间马克思主义学术界最重要的作品"，"在方法上和实质性理论上都是马克思主义政治经济学的开创性著作之一"。令人遗憾的是，国内外对如此重要的学说的研究并不多见[②]。尤其是国内关于格罗斯曼理论的专门介绍几乎阙如。既然格罗斯曼的理论是所有关于马克思主义危机理论的严肃讨论不能绕开的，这种状况就必须改变。

本书梳理并讨论了格罗斯曼理论的主要内容及其后来的发展演进。我们希望通过这一思想史研究，为理解和澄清马克思的危机理论提供帮

---

① 格罗斯曼是犹太人，生于奥属波兰的加里西亚，曾经师从庞巴维克，一度还是法兰克福社会研究所的成员。格罗斯曼的德语拼写是 Grossmann，英语则常拼写为 Grossman。

② 《资本主义体系的积累与崩溃规律》于 1929 年在莱比锡以德文版出版，使其在英语世界的传播受到了一定的限制。在早期的英语文献中，伯尼斯·舒尔（Bernice Shoul）在哈佛大学接受熊彼特的指导，完成了题为《马克思主义的资本主义崩溃论》的博士学位论文，格罗斯曼是其主要研究对象。但由于没有公开出版，影响不大。直到后来通过斯威齐、霍华德、金、谢克等人对马克思主义危机理论史的介绍，格罗斯曼的学说才得以流传。近年来，格罗斯曼的传记作者瑞克·库恩（Rick Kuhn）在介绍格罗斯曼的理论及其早期批评方面做了重要的工作。《资本主义体系的积累与崩溃规律》一书的英文节译本由印度马克思主义活动家亚鲁斯·巴纳吉（Jairus Banaji）翻译并于 1992 年出版，英语世界的读者对格罗斯曼的了解大多来自此书。

助和启示，以避免理论家"总是喜欢简单地发明已经发明的东西，犯别人很早就犯过的同样错误"。

（一）格罗斯曼对资本主义崩溃的论证

格罗斯曼的理论是在和第二国际时期流行的危机理论进行论战的过程中产生的。他采取了三种论证方法——"算术的""数学的"和"逻辑的"——证明资本积累会走向崩溃。算数和数学的方法主要依据鲍威尔再生产图式的数值模拟和代数方程，逻辑方法则是依据《资本论》第三卷的论证思路。

1."算术的"论证

鲍威尔的再生产图式假定存在一个纯粹的、孤立的资本主义体系，它具有以下特征：

（1）不存在和外部非资本主义体系的对外贸易；

（2）该体系只有工人和资本家两个阶级，不存在地主和商人等其他阶级；

（3）劳动力价值和剩余价值率都不变；

（4）只有生产资料和消费资料两个生产部门；

（5）人口增长率为某一常数；

（6）两个部门的资本周转速度都是每年一次。

鲍威尔假定：不变资本每年增长10%，可变资本以及人口每年增长5%，剥削率为100%，积累率为每年增加约1%，资本家的消费和追加的资本占剩余价值的比例保持不变。于是可以得到表6-1中的具体结果。

表 6-1　鲍威尔图式第 1~4 年的结果

	不变资本	可变资本	资本家消费	不变资本积累	可变资本积累	每年总价值	资本家消费率	积累率	利润率
Ⅰ部类	120000	50000	37500	10000	2500	220000	75%	25%	
Ⅱ部类	80000	50000	37500	10000	2500	180000	75%	25%	
第1年合计	200000	100000	75000	20000	5000	400000	75%	25%	33.3%
Ⅰ部类	134666	53667	39740	11244	2683	242000	74.05%	25.95%	

续表

	不变资本	可变资本	资本家消费	不变资本积累	可变资本积累	每年总价值	资本家消费率	积累率	利润率
II 部类	85334	51333	38010	10756	2567	188000	74.05%	25.95%	
第 2 年合计	220000	105000	77750	22000	5250	430000	74.05%	25.95%	32.6%
I 部类	151048	57576	42070	12638	2868	266200	73.04%	26.96%	
II 部类	90952	52674	38469	11562	2643	196300	73.04%	26.96%	
第 3 年合计	242000	110250	80539	24200	5511	462500	73.04%	26.96%	31.3%
I 部类	169124	61738	44465	14186	3087	292600	72.02%	27.98%	
II 部类	96876	54024	38909	12414	2701	204924	72.02%	27.98%	
第 3 年合计	266000	115762	83374	26600	5788	497524	72.02%	27.98%	30.3%

　　格罗斯曼认为，鲍威尔的图式有几个优点：①包含了不断提高的资本有机构成；②生产率和剩余价值的增长保证了用于积累的剩余价值不受资本家消费不断增长的影响而越来越多；③保证了两部类之间的稳定关系。但是，该图式也存在一个基本缺点：假定有机构成不断提高，但是去假定剩余价值率不变。格罗斯曼认为，鲍威尔图式的真实趋势只有在更长的时间跨度内才能显现，他的演算结果如表 6 - 2 所示。

表 6 - 2　鲍威尔图式第 5 ~ 36 年的结果

年份	不变资本	可变资本	资本家消费	不变资本积累	可变资本积累	每年总价值	资本家消费率	积累率	利润率
5	292600	121500	86213	29260	6077	545700	70.93%	29.07%	29.3%
6	321860	127627	89060	32186	6381	577114	69.70%	30.30%	28.4%
7	354056	134008	91904	35404	6700	622062	68.58%	31.42%	27.4%
8	389450	140708	94728	38945	7036	670866	67.35%	32.7%	26.5%
9	428395	147743	97517	42839	7387	723881	66.00%	34.00%	25.6%
10	471234	155130	100251	47123	7756	781494	64.63%	35.37%	24.7%
11	518357	162886	102907	51835	8144	844129	63.10%	36.90%	23.9%
15	758925	197988	112197	75892	9899	1154901	56.67%	43.33%	20.6%
19	1111139	240654	117509	111113	12032	1592447	49.66%	50.34%	17.8%

年份	不变资本	可变资本	资本家消费	不变资本积累	可变资本积累	每年总价值	资本家消费率	积累率	利润率
20	1222252	252961	117832	122225	12634	1727634	46.6%	53.4%	17.1%
21	1344477	265325	117612	134447	13266	1875127	44.3%	55.7%	16.4%
25	1968446	322503	109534	196844	16125	2613452	33.9%	66.1%	14.0%
27	2381819	355559	99601	238181	17777	3092937	25.20%	74.80%	12.9%
30	3170200	411602	73822	317200	20580	3993404	17.97%	82.03%	11.5%
31	3487220	432182	61851	378722	21609	4351584	14.31%	85.69%	11%
33	4219536	476480	30703	421953	23824	5172496	4.20%	95.80%	10.1%
34	4641489	500304	11141	464148	25015	5642097	0.45%	99.55%	9.7%
35	5105637	525319	∅	510563	14756 *	6156275	∅	104.61%	9.3%
36	5499015 *	540075 *	∅	540075 *	∅	6696350 *	∅	109.35%	8.7%

* 该栏数字实有赤字。

表 6 - 2 显示，随着利润率不断下降、积累率不断提高，当资本积累进行到第 35 年的时候，资本家的消费将完全被积累所侵蚀，这显然是不可能的。格罗斯曼由此认为这足以证明资本积累将出现崩溃。因为资本进行了过度积累（überakkumulation；overaccumulation），但是利润率不断下降，而且利润的绝对量减少了。这对资本主义经济来说是致命的。

2. "数学的" 论证

格罗斯曼还为上述积累过程建立了一个简单的数学模型。经过简化以后，可以表示如下。

记 c_t 和 v_t 是第 t 年（期）的不变资本和可变资本；g_c 和 g_v 分别表示其增长率；e 为剥削率；$Q_t = c_t/v_t$ 是资本有机构成；k_t 是资本家的消费；s_t 是第 t 年（期）的剩余价值。

于是可以得到：

$$c_t = c_0 (1 + g_c)^t$$
$$v_t = v_0 (1 + g_v)^t$$

资本家的消费等于剩余价值减去积累的不变资本和可变资本：

$$k_t = s_t - c_t g_c - v_t g_v = v_t (e - g_v) - c_t g_c$$

如果有：

$$k_t = 0$$

则有：

$$v_t (e - g_v) = c_t g_c$$
$$v_0 (1 + g_v)^t (e - g_v) = c_0 (1 + g_c)^t g_c$$

求解 t：

$$t = \frac{log\left(\dfrac{e - g_v}{Q_0 g_c}\right)}{log\left(\dfrac{1 + g_c}{1 + g_v}\right)}$$

可以得到：

$$\frac{\partial t}{\partial Q_0} < 0, \frac{\partial t}{\partial g_c} < 0, \frac{\partial_t}{\partial g_v} > 0, \frac{\partial t}{\partial Q_0} > 0$$

该结论意味着资本有机构成提高会以不断加快的速度侵蚀资本家的消费。这与前面的数值模拟结果完全一致[①]。

3. "逻辑的"论证

"逻辑的"论证更符合马克思主义政治经济学的传统分析方法，也更能体现格罗斯曼理论的本质。

（1）积累与崩溃

马克思在《资本论》中指出，资本主义的生产过程具有二重性，是使用价值生产过程和价值增殖（Verwertung；valorisation）过程的统一。后者是资本主义生产的根本动力。如果价值增殖过程顺利进行，资本主义生产就会扩张，反之则会缩小。格罗斯曼认为，资本主义生产过程的二重性是价值和使用价值内在矛盾在资本主义生产过程中的延续，体现为资本有机构成及其变化，但是考茨基、希法亭等人都忽视了这一点。劳动生产力越发达，在一定时间内生产的使用价值就越多，但是商品的价值会下降。加上生产力发展总是伴随着生产资料的增加和劳动量的减少，因此资本有机构成必然不断提高，而利润率则会下降。

沿着这一思路，格罗斯曼描绘了如下图景：资本积累过程是在价值

---

① Bronfenbrener& Wolfson（1984）对这一图式进行了现代经济学的解释。

和使用价值的对立中进行的。虽然生产力可以无限发展，但是使用价值的增加导致利润率下降，资本的价值增殖无法在原有水平上实现，这就是资本主义经济危机①。这就论证了马克思的基本命题：资本积累的障碍是资本自身，追求剩余价值的资本主义需要发展生产力，被唤醒的生产力却将成为资本主义的障碍。

格罗斯曼认为崩溃与危机的基本问题是，资本积累过程如何影响利润，利润反过来如何影响积累过程。为了研究"纯粹"资本积累的结果，格罗斯曼经常假定商品价格、工资等于其价值并保持不变，他把这种情况称为"均衡"，试图证明利润率下降不是价格波动或工资变化引起的。同时他还抽象掉了阻碍利润率下降的其他因素。

（2）崩溃与危机

马克思在《资本论》第三卷论述利润率趋于下降规律的同时，指出了"起反作用的各种原因"。在格罗斯曼看来，危机使得这些阻碍利润率下降的因素得以发挥作用，从而恢复了资本主义经济的"均衡"。危机不仅不是崩溃的表现，恰恰相反，"从资本主义生产的角度来看，危机是治愈的过程，通过危机，资本的价值增殖过程得以恢复"。资本积累过程随后可以在更高的水平上恢复，并在一定时期内取得平稳增长，直到剩余价值量开始下降，价值增殖过程放缓，危机再次发生。因此，资本主义的崩溃趋势可能会暂时被危机打断，而不是表现为一次毁灭性的崩溃。但是随着资本积累总量的绝对增长，资本实现价值增殖变得越来越困难，起反作用的因素一旦不再能够"治愈"资本主义生产，崩溃趋势就将占据上风，使资本主义出现最后的总危机。

《资本主义体系的积累与崩溃规律》一书的副标题是"亦作为一种危机理论"（Zugleicheine Krisentheorie）。关于崩溃与危机的关系，可以用图6-1和图6-2来表示。图中的横轴代表时间，纵轴代表积累的价值量。图6-1反映了没有起反作用因素时的崩溃趋势，图6-2反映了周期性的危机。

---

① 格罗斯曼在1919年的《经济危机理论》中指出，19世纪末到20世纪初，虽然德国的船舶生产过剩，但是这并没有减少船舶的生产，甚至数量还有所增加，只是其价值发生了贬值。所以"危机并非是对生产过程中真实装备的束缚，而是已有的价值与价格体系的崩溃，及其在新水平上的重组"（杜凯华，2010）。

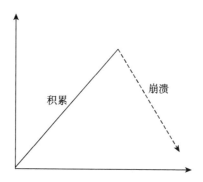

图 6 - 1　资本主义的崩溃趋势

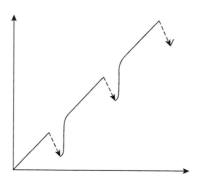

图 6 - 2　资本主义的周期性危机

（3）崩溃趋势的"反趋势"

格罗斯曼把资本主义在现实中没有崩溃的原因解释为"反趋势"（Gegentendenzen; countertendencies）的作用，认为"克服危机的途径是各色各样的。然而，它们最终都可归结于这一事实：它们或者减少了不变资本的价值表现（Wertausdruck），或者增加了剩余价值"。他还详细阐述了缓解崩溃趋势的以下各种因素。①国内市场方面，通过扩大生产力提高利润率；通过扩大生产力减少可变资本；缩短资本周转时间；通过增加货币资本扩大生产规模；出现新的资本有机构成较低的生产部门；减少地租和商业利润；资本在积累过程中的周期性贬值等。②世界市场方面的帝国主义和世界性垄断等。虽然使用了很多现实统计材料和计算，但是格罗斯曼对这些因素作用的理论分析并无太多新意。但是对于其理论中存在的一个重要问题——"反趋势"为什么不能无限制地发挥作用，以至于完全抵消利润率下降规律的作用——格罗斯曼却一笔带过，简单地把它转化为长期和短期的问题："使得利润率下降的那些因素，'在长期内'还将占上风，因为最终会在一切产业部门内出现生产力的增长。暂时看来，在个别产业的特殊部门，利润率下降的趋势能够被克服，因为不变资本和可变资本变得便宜了。"

（二）格罗斯曼对其早期批评者的回应

和当时流行的消费不足论、比例失调论相比，格罗斯曼的理论似乎是一种"极端非正统论点"，因此"受到了理论、方法论和政治的多方批评"，而且这些意见至今"仍然在不断重复"。

1. 关于平均利润率下降规律

一种批评认为，不变资本与可变资本的贬值会抵消利润率下降趋势。批评者包括布劳恩塔尔（Braunthal）、海伦·鲍威尔（Helene Bauer）、福格尔（Vogel）、米克什（Miksch）、穆斯（Muhs）和奈瑟尔（Neisser）。

格罗斯曼承认积累过程中存在提高和降低利润率的两种趋势，但是他指出这"不能够抽象地、演绎地被决定，只能通过经验观察来决定。经验，特别是一百多年以来的经验，一直教导着：不变资本的价值——从而也是总资本的价值——与可变资本相比较，较可变资本增长的更快，也就是说，在 c:v 的关系中，c 比 v 增长得更快。"《资本主义体系的积累与崩溃规律》引述的美国经济统计资料足以证明资本有机构成是不断提高的。除非能够证明资本有机构成提高这一事实不成立，才能说资本的贬值会提高利润率。格罗斯曼认为，"一边谈及资本有机构成逐渐升高的事实，同时一边假定价值贬值会抵消掉崩溃趋势，也即否认资本有机构成升高的事实"是"不可容许的矛盾和轻率"。

2. 关于鲍威尔图式

最多的批评意见指向了鲍威尔图式的假设的任意性和不现实。比如，斯威齐毫不客气的提出，格罗斯曼"随便逮住一个特殊的、而且必然是臆断的表式，并假定它如实地代表现实资本积累过程的实质，那就要招致理论上的不幸"。曼德尔认为，格罗斯曼采用鲍威尔图式得到的结果只是表明积累过程在第 34 年后出现停滞，而不是 5 年、7 年或 10 年一次的周期性危机。这些具有代表性的批评和质疑反映了一个重要问题：不论当时还是后来，很多人都把鲍威尔图式当做格罗斯曼理论和论证的核心，而忽视了格罗斯曼的其他论述。对此，格罗斯曼在给保罗·马蒂克的信中表现出了激烈甚至愤怒的态度："我不想给出这样一种印象：我是从鲍威尔图式中得出崩溃趋势的。我已在书中强调过，鲍威尔图式是不现实的……鲍威尔做了不现实的、错误的假定，我只是想沿着他的思路对他的图式进行归谬（ad absurdam）。有人讽刺我说，在我的书中，资本主义崩溃不是因为工人的贫困，而是因为资本家的贫困。这种反驳打击的不是我而是鲍威尔。这是他的图式的结果，也是他假定资本主义是在最好的条件下，有10%的年积累率，工人也在最好的条件下，年工资增加5%。现实中这些假定并不适用。……我想证明的是，尽管如此，他错误的图式仍是崩溃而非均衡。但我并不想在任何情况下把我自己和鲍威尔图式混为一谈。"显然，格罗斯曼看重的是他按照《资本论》的思路所做的逻辑论证，而不是工具性和技术性的数值论证。可惜这些回应意见在并未受到重视，即使马蒂克1969年发表了这些书信，在文献中仍鲜见引述。

3. 关于利润率平均化和转形问题

古尔兰德和奈瑟尔批评格罗斯曼在采用鲍威尔图式的时候没有考虑价值转形问题，因而也就没有考虑利润率平均化问题。格罗斯曼其实意识到了这对危机理论的重要性，并在1931年给马蒂克的信中表示已经开始考虑平均利润率问题，1932年又发表了《马克思的价值到价格转形与危机问题》。格罗斯曼主要从方法论角度强调了"转形问题"的重要性。他指出："卢森堡和鲍威尔不仅没有考虑价值向价格的转形，也未考虑一般利润率的有关问题，如剩余价值转形为特殊的利润诸形式（商业利润、利息等等）的问题，因而整个马克思《资本论》第三卷的学说（对他们来说）根本不存在！"考虑到转形问题，鲍威尔原来的图式就必须修正。例如，在鲍威尔图式中，第1年两部类的积累是10000c和2500v，但是引入转形问题之后，I部类应该得到14666c和3667v，II部类应该积累5334c和1333v。鲍威尔认为II部类的一部分资本积累转移到I部类，但是没有给出有说服力的说明。格罗斯曼指出转移的原因是利润率差别。因为I部类的利润率是29.4%，II部类是38.4%。如果形成了33.3%的平均利润率，从II部类转移的就不只是5833个单位（包括4666c和1167v），而是6667个单位。

格罗斯曼认为，他考察的是"根本上是一般的"（primärallgemeinen）

危机，即所有部门都出现了过度积累。在这种情况下，"价值和生产价格的一切界限都已经消失"，不会受转形问题的影响。但是对比例失调论者来说，由于他们关注的是个别部门的"根本上是局部的"（primärpartielle）危机，所以必须考虑利润率差别和平均化趋势的影响。

（三）格罗斯曼理论的延续和发展

格罗斯曼的理论诞生于第二国际时期。由于语言等方面的原因，它对当时的英美世界影响有限。格罗斯曼在二战结束后不久（1950 年）去世。随着二战后资本主义的复苏和繁荣，英美国家的马克思主义学者深受凯恩斯主义影响。在此背景下，保罗·马蒂克、戴维·亚夫等人继承并捍卫了格罗斯曼的理论，与凯恩斯主义和美国的危机理论传统展开论争，扩大了格罗斯曼理论的影响。

凯恩斯的理论诞生于资本主义的大危机时代，关注的问题与传统马克思主义政治经济学有相近之处。因此，"马克思主义者对凯恩斯的最初反应是复杂的。在重要的相似的思想，特别是在资本主义危机趋势的本质、利润率下降和货币与利息理论方面，引起了关注"。同时，马克思主义者也无法回避凯恩斯主义的一系列政策实践，如"混合经济"、国家干预、通货膨胀等。于是《就业、利息与通论》不仅是"资产阶级经济学的分水岭，但更是马克思主义政治经济学的分水岭"。在琼·罗宾逊这样的重视资本积累过程的凯恩斯主义者看来，格罗斯曼的理论是资本积累理论当中"最富有想象力的尝试"。但是在马克思主义学者内部，围绕凯恩斯主义的理论与政策实践产生了分歧。比如，保罗·巴兰和斯威齐在 1966 年出版的《垄断资本》中提出，利润率下降是竞争性体系的现象，与垄断资本相对应的是剩余上升规律。还有很多的美国马克思主义者持类似观点，认为二战后资本主义的基本趋势是停滞，国家可以通过军事支出来阻止这一趋势。在此背景下，格罗斯曼理论的继承者必须对资本主义的新现象做出回应和解释。

1. 保罗·马蒂克的理论

保罗·马蒂克与格罗斯曼有过密切的通信往来，是公认的格罗斯曼的追随者。他不仅继承和发展了格罗斯曼的理论，而且对凯恩斯主义经济政策进行了激烈的抨击①。

（1）"不断危机"

马蒂克早年有一篇阐释格罗斯曼崩溃论的论文，题目叫作《不断危机：格罗斯曼对马克思资本积累理论的解释》。"不断危机"（permanent crisis）是马蒂克提出的一个重要概念②。他提出："资本主义体系在其一切阶段、在其一切细节上，都可被认为是处于一种'不断的'危机条件之中。"

在格罗斯曼那里，"反趋势"的存在是"纯理论对现实的妥协"，是对崩溃理论进行的被动修补，而马蒂克则把"反趋势"的存在变成论证崩溃论的积极武器，认为"反趋势"在其发展过程中受自身限制，或因积累过度失去作用，无法与崩溃趋势相对抗，反而最终会强化崩溃趋势，从而造成资本主义体系的"不断危机"。比如，生产的合理化和任何技术进步一样，都会走向其反面即"非合理化"。对工资的削减也存在不可逾越的界限。一旦"反趋势"不能再发挥作用，崩溃趋势就会占据上风，资本主义的"不断危机"就将变成"致命危机"（Todekrise；death - crisis）。对无产阶级来说，在资本主义上升阶段和随后的繁荣期，贫困化只是相对的，但是到了崩溃阶段，贫困化就会变为不断的、绝对的。这种绝对贫困化必然导致工人阶级采取激烈的政治行动。使工人处于绝对贫困化虽然可以恢复利润率并将资本主义重新推向繁荣，但是当"致命危机"发生时，暂时的繁荣不仅不代表危机的结束，反而意味着更多的危机将开始。由于利润率下降规律的作用，固定资本积累也克服不了这一趋势。资本积累将最终走向崩溃。

（2）混合经济中的国家干预

马蒂克对凯恩斯主义指导下的混合经济（mixed economy）问题十分关注，在《经济危机与危机理论》一书中单辟一章进行分析。

混合经济中存在国营和私营部门以及较强的国家干预。在马蒂克看

---

① "对凯恩斯主义的这种直截了当的反对，根源于亨利克·格罗斯曼的（凯恩斯主义之前的）著作，并由他的弟子保罗·马蒂克孜孜不倦地宣传了近半个世纪。"（Mattuck，1981）

② 有的译文将 permanent crisis 译为"持久危机"。但是，permanent 在马克思主义传统中是一个具有特殊历史和理论含义的术语，最优代表性的如"不断革命"（permanent revolution）。故本书将这里的 permanent 译为"不断"。

来，混合经济的主要问题在于"一部分国民生产仍是为私人资本利润的生产，而另一小部分则包含了国家引导的生产，并不产出任何剩余价值。"虽然政府花钱购买企业的产品可以帮助这些企业实现剩余价值，但是政府的货币来自税收或赤字，因此政府购买实现的那部分剩余价值只不过是以前生产出来的剩余价值。"这样的'利润'，还有这样'积累的资本'，不过是国家债务的簿记而已"，对资本积累并无实质性的帮助。在发生危机的时候，利润不足以诱导私人资本扩张和积累，除非"国家借钱来买产品，否则产品就不会被生产出来"。但是更多的政府支出就意味着更多的政府债务和更多的税收，这会让私人资本的利润率变得更低。如此下去，国家干预只会越来越多，而私人资本则越来越缺乏积累的动力。可见国家干预并非解决危机问题的良药。

(3) 货币问题与通货膨胀

马蒂克还强调了货币与资本积累的关系。按照马克思主义政治经济学的传统，货币在资本主义体系中不仅是货币，而且还是执行价值增殖功能的资本。马蒂克指出，资本家"对货币的寻求实际是对资本的寻求"。他抨击"凯恩斯主义者将经济视作一种货币经济，又倾向于忘记这是一种赚取货币的经济"。在他们看来，需求不足是停滞的原因，通货膨胀则需求增长的结果。当资本主义发生紧缩性危机时，资产阶级试图通过通货膨胀的方法来抵消危机的影响，利用通货膨胀来降低工人的实际工资，从而降低劳动者占有社会总产品的份额，降低资本家的债务成本，提高利润率。在这种情形中，通货膨胀"是扩大剩余价值的方法。由此得到的剩余价值，等于劳动力价值的减少加上从货币资本转移给生产性资本的剩余价值，这保证了积累的增长"。

马蒂克认为，以为增加名义货币量就能提高利润率是一种徒劳的幻想。通货膨胀带给资本的收益不过是劳动力贬值的改头换面的形式而已。这种方法最终会"遇到特定的障碍，因为劳动力价值的削减有绝对的极限，并且因为工人的反抗，即使这种极限也很难达到。此外，总需求的增长也会随之带来对劳动力需求的增长，这本身就限制了价格通胀带来的工资降低的限度"。所以，货币政策也不可能真正克服资本主义危机。

2. 戴维·亚夫的理论

英国的戴维·亚夫同样传承了格罗斯曼的理论。亚夫在 20 世纪 70

年代初参加了英国社会主义经济学家联合会（British Conference of Social-ist Economists，CSE）。当时人们普遍相信资本主义已经陷入结构性危机，工人阶级的生活条件因此受到打击。但是亚夫与CSE的主流观点发生了冲突，他认为这些学者实际上是重拾李嘉图学派的传统而丢弃了马克思的传统。他发表了《马克思主义的危机、资本与国家理论》《利润率的危机：对格林－萨克利夫（Glyn－Sutcliffe）论点的批评》《马克思〈资本论〉中的价值与价格》等论文，以捍卫马克思主义政治经济学的批判传统。

和马蒂克的观点类似，亚夫认为"关于国家支出的要点就在于：它们的财政支持和支付出自税收。如果国家通过赤字开销——在此意义上也就是'未来'的税收——来支持其支出，这实际上就假定了未来的资本可盈利。或者，现在的或'未来'的剩余价值是由国家从私人资本处以税收或贷款的形式划拨出来，来支付那些国家支出。这就带来了积累的下降，以及劳动生产率的增长率的下降。这是因为，从资本主义整体观点来看，国家引导的生产是'非生产性的'。尽管国家支出'实现'了剩余价值，但国家买来的产品一般来说并不是作为资本来发挥作用的，因此并不生产额外的剩余价值……从社会和社会总资本的观点来看，'非生产性的'国家支出构成了资本的'下水道'。所以，个体资本家为国家生产而获得的利润，只是由已生产的剩余价值的重新分配得到的"。

亚夫非常重视生产性劳动和非生产性劳动的区分，认为"若其区别不清楚，任何关于国家干预作用的讨论都是不可能的"。他认为，生产性劳动是与资本相交换并以资本扩张为目的的劳动。生产性劳动者就是为了实现资本的自我扩张而工作、并通过商品生产为资本家生产剩余价值的人。非生产性劳动不与资本直接交换，而是与收入（工资、利润等）相交换。按照这种界定，站在资本家的角度，大部分服务业和国家支出都是非生产性的。亚夫由此出发还批判了消费不足论、比例失调论及其变种（如军备支出）。

在批评格林和萨克利夫的过程中，亚夫集中分析了通货膨胀问题。格林和萨克利夫认为通货膨胀主要是由工人的工资上涨引起的。他们收集了大量的统计材料，试图证明英国在1964～1970年利润率下降的同时，工资在国民收入中的份额增加了。亚夫也用统计材料证明，税后净的实际工资在国民收入中的份额是下降的，而且生产率比税后实际工资增长得要快，因此剥削率是上升的。

3. 格罗斯曼的理论在 1973 年之后的命运

1973 年是马克思主义危机理论史上的一个重要年份。1973 年之后出现了各种新的危机理论，马克思主义学者间的分歧比 20 世纪 30 年代还要严重。除了传统的有机构成提高论、消费不足论之外，还有过度积累论以及各种理论的综合与调和（如日本的宇野学派）。几乎所有的理论都很关注利润率下降趋势，但是对利润率下降的原因却有着不同的解释。主要分歧在于，利润率下降究竟是工资侵蚀利润的结果，还是资本有机构成提高的结果。

随着危机理论讨论的国际化性质越来越明显，开始形成了"一种国际化的新马克思主义政治经济学"（neo – Marxist economics）。危机理论的总体倾向也发生了变化，它"对大萧条所做的绝大部分的现代解释，在本质上是经济学的，依赖于几乎是想象的资本积累模型，该模型与意识形态、阶级冲突或劳工组织是无关的。这一点已经发生变化，第二国际时期马克思主义中的教条的经济学科学主义几乎不再有拥护者，这就产生了一种丰富得多的（虽然同时也是必然是具有较少把握和精确性的）政治经济学，产生了一种与'西方马克思主义'的本质特征相符的政治经济学"。在这种倾向造成的学术风气与氛围下，格罗斯曼的理论似乎显得有些陈旧和单薄。但是格罗斯曼的理论传统并未完全消失。1972 ~ 1974 年，马里奥·科戈伊连续发表了《新马克思主义理论、马克思与资本积累》《价值理论与国家支出》《利润率下降与积累理论：答保罗·斯威齐》，指出马蒂克的理论应当成为巴兰和斯威齐代表的"新马克思主义"的替代性选择。此外，格罗斯曼在非学术圈的马克思主义者当中受到了越来越多的重视。《资本主义体系的积累与崩溃规律》的英文节译本于 1979 年由印度的马克思主义者完成，一开始是以复印本的形式在英语国家的马克思主义者中间流传（1992 年正式出版），成为"马克思主义分析在八十年代复兴的关键"。不过，经历了七八十年代的昙花一现之后，由于格罗斯曼等人的理论不适应新的学术风气和讨论主题，并且由于资本主义经济走向稳定，格罗斯曼理论的影响逐渐式微，目前局限于马克思主义经济理论界的讨论范围。

（四）总结

《资本主义体系的积累与崩溃规律》一书内容驳杂，结构较为随意，其中大量篇幅带有论战性质，关于鲍威尔图式的评述和推演也占了很大的篇幅，而格罗斯曼自己的观点表述得并不十分集中。比如，关于价值与使用价值的对立如何发展出危机趋势，本来是格罗斯曼的理论核心，但他没有在关于积累规律的部分进行论述，而是将其放在关于"反趋势"的讨论当中。类似的处理方式对于读者尤其是其早期批评者来说，确实不容易把握其理论主旨，甚至会产生误解。

格罗斯曼的某些论证方法也容易受到质疑。比如，他为了证明纯粹的资本积累规律是危机产生的根本原因，就把价格和工资水平的变化排除在积累过程之外。然而，假定这些因素不存在并不能证明它们不起作用，也不足以充分证明排除了这些因素的积累过程就是产生危机的唯一的、本质的原因。在一些具体理论方面，格罗斯曼的论证留下了漏洞。人们会问：为什么资本主义在经历了一次次的周期性危机之后，积累总是能在更大的规模上进行？对此，格罗斯曼在给海伦·鲍威尔的答复中只是简单地将其解释为实证材料展示的"资本主义经济不言自明的事实"。格罗斯曼对批评意见的回应，往往采取的是方法论的角度，而非经济分析的角度。

纵然存在理论和表述方面的缺陷，格罗斯曼的理论仍然不失为马克思主义经济思想史上具有开创性的尝试。他恢复了被第二国际理论家所忽视、却被马克思称为"政治经济学的最重要的规律，即利润率在资本主义生产进程中有下降的趋势"的理论核心地位。格罗斯曼由此也获得了"正统"的名声。不仅如此，格罗斯曼本身还是一位经济思想史研究者，发表了许多有关古典政治经济学家（如西斯蒙第）的理论史研究著作。而利润率下降趋势在李嘉图等古典政治经济学家那里也得到了严肃的对待，因此可以认为，格罗斯曼的理论不仅是对马克思传统的回归，而且是在新古典经济学勃兴的时代对包括马克思在内的整个古典政治经济学传统的一种回归。

由于语言方面的原因，格罗斯曼的理论在早期对英美国家马克思主义政治经济学的影响远远小于1929年大危机本身所推动的理论研究，其贡献在20世纪70年代以前隐伏不彰，直到马蒂克和亚夫等人继承其理论并对凯恩斯主义和美国的危机理论进行批判，格罗斯曼才赢得了重要的声誉。

《资本主义体系的积累与崩溃规律》发表于 1929 年大危机发生的前夜，而马蒂克和亚夫的主要著作则恰逢二战后资本主义"黄金年代"的终结之时。这不能看作偶然的巧合。面对资本主义危机，格罗斯曼遵循马克思的传统提出了一个理论纲领，试图用资本积累的内在规律来证明危机的必然性。马蒂克等人还改进和发展了格罗斯曼的理论，通过分析"反趋势"的各种因素，对资本主义的"防御工事"——凯恩斯主义和改良主义的经济政策——进行了政治经济学批判，使格罗斯曼的崩溃论（资本主义注定崩溃）与现实中资本主义并未崩溃的事实能够相容，重新恢复了马克思主义危机理论的"新正统"（neo – orthodox）①。但是，马蒂克等人在批判凯恩斯主义的过程中，为了使危机理论显示出压倒繁荣和改良倾向的绝对力量，就将资本主义的全部自我调节措施都视为产生危机的因素或饮鸩止渴的举措，以至于包括繁荣在内的资本主义的一切行动和表征都可以用危机来概括。这种做法和对"不断危机"的强调，实际上不仅使危机理论变得更加空泛，而且因为危机的范畴太大乃至掩盖了崩溃趋势本身，因此理论上就带有一种把马克思主义危机理论转换成某种周期理论的潜在危险，这就偏离了马克思主义危机理论的核心命题：资本主义自身具有不可逾越的界限（而不仅仅是经济运动的周期性）。

随着资本主义经济的稳定化以及新的学术风气的兴起②，格罗斯曼理论的影响虽然有所减弱，但是必须承认，该理论包含了马克思对资本主义生产方式的深刻洞见：虽然现实中存在各种"反趋势"的因素，"反趋势"和崩溃趋势共同造成了资本主义经济的周期性运动，但是资本主义的生产目的与实现手段存在着不可克服的矛盾。这一矛盾构成了资本积累过程必然遇到的绝对的扩张障碍。格罗斯曼对利润率下降规律和资本积累过程的强调，他对劳动二重性和资本主义生产二重性学说的

---

① 马蒂克和亚夫所继承的格罗斯曼理论构成了对二战后美国主流马克思主义危机理论的一种反击。该主流理论以斯威齐等人的消费不足论为代表，这本来是苏联的危机理论正统，同时又和凯恩斯主义呼应，使得消费不足论在战后"左右逢源"。

② 这里指的是资产阶级的新自由主义和西方马克思主义中的改良主义倾向。

追溯，使其理论水平超出了同时代的其他危机理论。在这个意义上，格罗斯曼的确恢复了《资本论》树立的马克思主义正统。与此同时，我们显然不应当要求马克思或格罗斯曼在政治经济学抽象层面上的理论分析能够提供一张资本主义爆发总危机的具体时间表。资本主义到底是经过周期性的危机并通过危机的"经济暴力"进行自我纠正或改良，还是在经过一次毁灭性的总危机之后进入新的历史阶段，这个问题只有在考虑了所有的历史和现实因素之后才能得到科学的回答。

三　调节学派与社会积累结构学派

法国调节学派和美国社会积累结构学派（以下简称 SSA 学派）都是从马克思主义分析资本主义生产方式的基本范式出发，根据资本主义的新的发展情况，通过范畴和理论创新，不断扩充马克思主义政治经济学的传统分析框架和理论体系，因此在产生的时代背景、研究对象等方面具有高度的一致性。但是二者在具体的理论构建、研究的侧重点以及对资本主义发展状况的具体解释等方面又存在诸多差异。我们只能在捍卫马克思主义基本原理和方法的同时发展创新马克思主义政治经济学，对这两种学说我们不能简单地全盘接受或否定，厘清二者的关系也十分重要。

目前看来，国内对这两种学说的比较研究还不多，其中影响较大的有两篇文章，一是《抓住中间层次剖析当代资本主义：法国调节学派理论体系的演进》（吕守军，2015），二是《资本积累的社会结构理论的创新与发展：与吕守军先生商榷》（马艳等，2016）。前者系统梳理了法国调节学派的理论沿革，后者介绍了 SSA 理论的最近发展。从中可以看到，这两种学说的相关度很高，相似处很多。但是，第一篇文章认为，SSA 学派接受和发展了调节学派的方法论与理论基础，不过其研究范式仍然停留在调节学派创立之初提出的主要依据劳资关系的演变来说明制度变迁，而第二篇文章则认为这种观点源于对 SSA 理论最新的发展关注不足，并提出 SSA 学派的起源独立于调节学派。在我们看来，以上的观点分歧主要是由于不同的理论视角，第一篇文章是从调节理论视角看 SSA 理论，第二篇文章则是从 SSA 理论视角看调节理论，而并非对两大理论体系的系统对比。

本节从产生背景、理论构建、关于危机的解释、对新自由主义的批判以及发展动向等五个方面，对这两种学说做一较全面的比较。

(一) 产生背景

两大理论均产生于 1970 年代资本主义世界经济危机与经济学危机期间。这一时期资本主义世界经济的特征是经济停滞与通货膨胀共存，而凯恩斯主义经济学与新古典经济学对经济危机的解释及其政策建议均无法令人满意。一批西方马克思主义政治经济学家试图按照马克思对资本主义的批判性分析来解释这种危机，但是同时他们又认为马克思的传统理论过于抽象和一般化，需要发展一种对危机更加具体的理论解释体系。在这一历史背景下，产生了法国的调节学派和美国的 SSA 学派。

从初期来看，调节学派的理论较为完整且成体系，而 SSA 理论则较为简单。调节学派的理论缘起要追溯到阿尔都塞 (Althusser)、米歇尔·阿格列塔 (Michel Aglietta) 的专著《资本主义调节理论：美国的经验》(*A Theory of Capitalist Regulation: The U. S. Experience*，1976 年、1979 年分别以法文与英文出版) 标志着调节学派理论成型。随后阿兰·利皮兹 (Alain Lipietz，1986、1987)、罗伯特·博耶 (Robert Boyer，1984、1987) 系列著作的出版，使调节学派名声大振。"调节"一词源于法语的"Régulition"，是指以制度形式对经济基础与上层建筑之间的关系加以调整，具体来讲包括以各种制度形式对社会供求关系、资本之间的竞争关系、劳资关系、社会规范间的对立关系做出的调整。反观 SSA 学派，它最初只是激进政治经济学的一个分支，SSA 是"Social Structure of Accumulation"的缩写，其理论在大卫·戈登的《长周期的上升与下降》一文中初具雏形。后来，"GER" (Gordon, Edward, Reich)、"GWB" (Gordon, Weisskopf, Bowles) 等人合作发展了劳动力市场分割理论与长波理论，SSA 学派的理论观点散见于各类期刊文章中，直到大卫·科茨发展《社会积累结构：增长与危机的政治经济学》才首次完成了对 SSA 学派理论的系统梳理，通过归纳和总结 SSA 的共同观点以区别于调节学派的理论。

在理论发展过程中，两派都不仅部分吸收了凯恩斯主义的政府干预思想，也大量吸收了制度经济学的研究成果。因此，调节学派与 SSA 学派关注的不限于政府干预制度，而是涵盖了社会、政治、历史、文化等在内的更广泛的制度形式。比较特别的一点是，调节学派还汲取了演化经济学的方法论，因此还被归为演化经济学的四大流派之一①。比如，阿格列塔就提出，资本主义再生产类似于生物体的再生产，既包含社会结构再生产的信息，也包含多样性信息，因此生物学方法适合对再生产的研究。在此基础上，调节学派提出了"时间可变性"与"空间多样性"的方法论。"时间可变性"强调制度形式随时间而变化，"空间多样性"则强调制度形式在不同国家与地区呈现多样性。SSA学派则没有明显接受演化经济学的影响。

基于相同的时代背景和相似的问题意识，这两种学说都试图通过分析资本积累过程和"对资本积累过程起调节作用的社会结构"之间的关系来研究资本积累的长期模式，因此两派学者存在着广泛的"交集"。比如，SSA学派的代表人物之一塞缪尔·鲍尔斯（Samuel Bowles）就曾与法国调节学派的代表人物罗伯特·博耶（Robert Boyer）进行过多次合作，戈登与迈克尔·里奇（Michael Reich）也曾在20世纪80年代参加博耶的巴黎学术研讨会。除此之外，两派学者对2008年的金融危机也有过合作研究（McDonough & Kots, 2010），SSA学派2010年的论文集《当代资本主义及其危机：21世纪积累的社会结构理论》同时收录了博耶的文章。由此可见，这两种学说和两派学者之间存在着密切的联系，以至于英国马克思主义者杰索普（Jessop, 1990）就直接把SSA归为广义的调节学派，认为"欧美很多马克思主义政治经济学流派接受和发展了法国调节学派的方法论和基础理论……统称'调节学派'，这些学派包括……美国SSA学派"。

但是，正如前面提到的马艳等人的文章所指出的，SSA学派具有自身相对独立的理论缘起，杰索普的观点有失偏颇。从学术交流来看，两派属于相互影响，只不过相对而言，调节理论对SSA理论的影响更大一些。这种影响体现在很多细节上。比如，SSA学派在论述制度形成时曾使用调节学派的"结构主义"与"多元决定论"概念②。再比如，科茨

①　其他三个学派分别为：老制度学派、新熊彼特学派、奥地利学派。参见贾根良（2002）。

②　"结构主义"与"多元决定论"思想最初来自阿尔都塞。阿尔都塞认为，马克思关于社会组织的结构因果观包含两种作用：占统治地位的全面性结构对局部性结构、局部性结构对自身构成要素的决定作用；局部性结构对全面性结构、局部性结构的构成要素对局部性结构的相对自主性。而整体内部的部分也有其相对独立的历史及自身发展规律，其发展也会对整体造成影响。"多元决定"意为每个独特的社会过程均由所有其他社会过程的互动组成，每个社会过程本身包含所有其他过程组成的截然不同的影响。

提出的围绕"五大关系"的制度与博耶提出的五种"制度形式"也具有一定的相似性。总之，一方面不能认为两种学说各自完全独立地形成和发展而没有相互的影响，另一方面也不能因为二者之间的密切联系和影响就忽略了二者之间的重要差异。

（二）理论构建

在构建理论体系方面，这两种学说的最初定位或者说出发点有着明显的差别。阿格列塔认为调节理论是要发展一种被新古典经济学所忽略的中观层次的经济理论。他指出：①在微观层面，新古典经济学持"理性人"假定，认为劳资关系平等。但实际上微观主体只具有"有限理性"，劳资关系存在不平等；②在宏观层面，新古典经济学认为价格机制下微观主体追求利益的行为最终导致市场均衡。但实际上因为信息不对称等因素，价格机制无法保证充满对立与冲突的微观主体的行动符合宏观积累需要，从而会导致资本主义周期性危机；③在微观与宏观层面之间存在着一个由"制度形式"构成的中观层面，它对微观主体的行为进行调节，使其符合积累体制发展的需要。而 SSA 理论的出发点则是对危机做出更加具体的理解，比如戈登就认为：①在抽象层次上，马克思力图抽离资本主义多样性的表象，以揭示资本主义发展的普遍规律，但对具体危机则解释不足；②在中间层次上，应分析积累的主要制度的结构性逻辑，这些制度与积累的系列阶段密切相关；③在具体层次上，必须研究生活中的细节，以充分理解抽象与中间层次制度逻辑的影响。由此可见，调节学派的最初定位是与新古典经济学的"微观层面""宏观层面"相对应的"中观层面"，而 SSA 学派的最初定位则是与马克思的"抽象层面"相对应的"具体层面"。

这种差异并非微不足道，因为它直接影响到两种学说如何构建到底范畴体系和理论体系。在调节学派那里，必须构建一系列中间层次的范畴，比如"制度形式""积累体制""调节模式""发展模式"等。通过严格定义这一系列中间概念，调节理论细致地描述了各个机制是如何被囊括在一个整体之中的。调节学派将"制度形式"分为五类，将"积累体制"分为三类，将"周期性危机"分为五类，其分类方法遵循了层次性和逻辑性原则。而 SSA 学派则重在找出被传统马克思主义抽象掉或忽略了的具体因素和细节问题，所以它把一切与积累有关的制度均囊括在

"SSA"这个核心范畴当中，指出积累过程在一整套相互协调的制度条件下得以推进，这一整套制度条件就构成了SSA。在SSA理论中，概念多是成对出现的，如"再生产周期"与"非再生产周期"、"剩余价值生产的危机"与"剩余价值实现的危机"、"自由主义SSA"与"调节主义SSA"等，其概念分类方法更强调矛盾的对立统一。因此，调节理论的概念体系更加系统和复杂，SSA理论的概念体系则更加直接和简明。虽然有部分SSA学者如维克托·利比特（Victor Lippit）也曾试图对"制度"等概念进行明确定义，但并没有在SSA理论中形成主流。

关于制度的具体内容或构成，在调节学派的概念体系中，"制度形式"是基本社会关系的制度化或规范化，包括货币制度形式、劳资关系制度形式、竞争的制度形式、国家的制度形式、国家参与国际经济体系的制度形式等五种类型。与五种"制度形式"相对应，科茨则把社会积累结构的主要构成分为"五大关系"，即劳资关系、资本间竞争关系、国家在经济中的角色、劳动者之间的关系、资本主义国家间的关系。一个显著的差异在于，调节理论将货币理解为一种社会制度，强调了"货币制度形式"，而SSA理论没有。调节学派认为，货币在"使经济由潜在动荡转化为某种程度均衡的制度框架"中扮演着重要角色，每种积累体制都有特定的货币制度形式，并通过对"货币制度形式"的分析解释停滞与通胀的并存。

关于"积累体制"，调节学派认为它是维持第一部类与第二部类再生产平衡的模式，包括生产组织和价值分配两方面。资本主义经历了"外延型积累体制""不伴随大规模消费的内涵型积累体制""伴随大规模消费的内涵型积累体制"三个阶段。"外延型积累体制"是指资本积累主要依靠劳动时间和劳动力等生产要素的投入，群众消费则维持在低水平。"不伴随大规模消费的内涵型积累体制"是指积累主要依靠提高劳动生产率，此时群众消费仍保持在低水平。"伴随大规模消费的内涵型积累体制"又称"福特主义积累体制"，其特点是流水线生产方式与群众大规模消费。"福特主义"是调节学派提出的最著名的概念。与之相对应，SSA学派也认为一整套相互协调的制度结构代表了资本主义的特定发展阶段，GER指出美国劳动力市场制度结构自1840年以来就经历了三种SSA：①1840～1890年，主要特征是小型竞争性企业与手工业劳动过程;②1890 年至二战,主要特征是垄断性企业组织与同质化的劳动过程;③二战后到发生第一次石油危机,主要特征是劳资和谐,通过和平的集体交易、福利国家、布雷顿森林体系等机制表现出来。显然,GER的分析更加注重生产组织形式和劳资间社会关系的发展,而调节理论则注重把生产与消费结合起来考察资本主义的阶段性特征。两种理论各有侧重点与合理性,具有互补性而不是替代性。

除了"制度形式"和"积累体制"的划分,调节学派还对"调节模式"和"发展模式"进行了规定。"调节模式"是指社会在处理各种矛盾时所依据的程序,目的是维持积累体制的稳定。比如,博耶认为法国就经历了 18 世纪的"旧调节阶段"、二战前的"竞争性调节阶段"、二战后的"垄断调节阶段"的调节模式。当积累体制与调节模式相互契合从而得以维持长期稳定的经济发展时,就构成一定的"发展模式"。总之,由于构建理论体系的出发点不同,调节学派的范畴体系具有较强的系统性和层次性,SSA 学派虽然没有构建一套与"制度形式""积累体制""调节模式""发展模式"等概念明确对应的范畴体系,但是从其分析的具体内容来看,也大致包含了调节学派范畴体系所涵盖的主要问题,甚至可以笼统地把 SSA 看作这四个概念的总和。

(三) 危机理论

首先需要指出的是,两种理论一致认为资本主义经济危机主要是由其结构性特征决定的。比如,阿格列塔分析了二战后主要资本主义国家"福特主义积累体制"的经济结构,戈登也概括了二战后积累阶段美国经济结构的特点,他们都认为经济繁荣源于制度结构与积累过程相适应,萧条则源于制度结构与积累过程的冲突。但是,二者的结构性分析也存在着明显的差异。

比如关于危机的类型,调节学派把资本主义经济危机分为五类,包括:外部扰动危机(由自然灾害、战争等外因对经济产生干扰而爆发的危机,如石油危机)、周期性危机(由发展模式的内部调节矛盾导致,但可通过经济的周期性震荡实现暂时均衡)、调节模式的危机(因新积累体制与旧调节模式不相适应而导致,如 1930 年代大萧条)、发展模式的危机(因旧积累体制阻碍生产力发展从而引起制度结构剧烈变化,如1873~1896 年英国大萧条使外延型积累体制转向内涵型积累体制)、最终危机（资本主义作为支配生产方式的终结与资本主义的灭亡）。在博耶看来，前两种危机是小危机，第三、四种危机是大危机，小危机反复出现会演变为大危机，大危机则会导致资本主义内部结构变化，亦称结构性危机。

SSA 学派则认为，在大约 50 年的资本主义长周期中包含着很多的短"商业周期"（短的 3~4 年，长的 8~10 年）。这些短周期可分为"再生产周期"与"非再生产周期"① 两种类型。"再生产周期"是指经济下滑阶段可以通过经济体自身内部运动予以纠正的商业周期，而无须社会结构做出改变。"非再生产周期"是指经济下滑阶段无法通过自身内部作用予以纠正的商业周期，而需要外部干预以改变社会结构。GWB 提出判断"再生产周期"与"非再生产周期"的标准，将其用于长波扩张与收缩阶段的划界，形成了一套关于短波与长波关系的理论。他们认为，长波的扩张阶段以再生产周期为特征，此时促进利润、投资和增长的社会积累结构得以维持，长波的萧条阶段以非再生产周期为特征，积累无法自动恢复，只能通过建立新的社会积累结构才能摆脱萧条。和调节学派的危机理论相比，SSA 理论并没有专门论述"最终危机"的问题，而是更加注重资本主义在长期繁荣与长期萧条之间的交替发展问题。SSA 理论强调，适宜的社会积累结构可稳定劳资冲突、提高资本家对利润预期的信心，从而带动投资和繁荣，反之，不适宜的社会积累结构会加剧劳资冲突，破坏资本家的投资信心并阻碍积累，由此形成了经济长波。

关于 1970 年代滞胀成因的解释，调节学派认为，停滞与通胀并存的直接原因是"信用货币制度将本应由个人承担的损失转移到所有使用货币的人身上"，根本原因则在于福特主义发展模式② 的崩溃导致分配体系丧失公平，收入差距拉大，劳动者压力增加，瓦解了福特主义大众消费市场的基础。与之相对应，SSA 学派对于把利润率下降归因于"消费不足"的观点持批判态度，并提出了两条理由：利润率大幅下降发生在消

---

① "再生产周期"与"非再生产周期"的概念首先由 Tomas E. Weisskopf 提出，随后被GWB 引入长波理论中。

② 福特主义发展模式的制度形式特点为：工会组织化、国家干预强化、国际货币体系稳定。积累体制表现为泰勒主义生产方式与工会在利润分配方面的较大发言权。调节模式特点使劳资关系长期稳定。

费下降之前；危机之前并未发生收入分配由劳动向资本的变动。在 SSA 学派看来，滞胀危机更多源自供给方面，是"剩余价值生产的危机"而不是"剩余价值实现的危机"。所谓"剩余价值生产的危机"是指由于工人阶级过于强大而对资本家的利润形成挤压，导致剩余价值生产受阻，因此又被称为"利润挤压型危机"。而"剩余价值实现的危机"则是由于资强劳弱导致需求相对萎缩，剩余价值无法顺利实现。SSA 学派认为，滞胀的根源在于国内工人阶级、国内民众、国外竞争者力量的增强侵蚀了资本家的利润，影响了剩余价值的生产。

对危机成因的不同解释直接决定了两派的不同政策主张。调节学派认为要解决经济危机，必须重新实现"积累体制"与"调节模式"之间的协调。阿格列塔在研究二战后美国调节模式时认为，福特主义积累体制增加了劳动强度，工人必须增加消费才能完成劳动力的再生产，但是购买住房、汽车等就需要一种可提供长期信贷的财政结构，同时为保证工人维持消费并偿还贷款，需要改革工资制度并提供保险。而 SSA 学派虽然也强调制度重塑对解决危机的重要性，但他们认为新的社会积累结构的创造既非自发也非预先注定，而是与不同阶级间的力量对比有关。既然滞胀危机源于利润受挤压，要摆脱危机就必须恢复利润率并重启积累进程，换言之，此时应强化资本家阶级力量并限制工会，因为阻止垄断或削弱资本家力量的努力只会进一步加深危机，同时也会加重底层人民的经济痛苦。

危机理论在马克思主义政治经济学中的地位和重要性自不必说，消费不足论在其中颇具影响，包括早期以资本主义对抗性分配关系为基础的消费不足论，卢森堡等人解释帝国主义扩张的消费不足论，斯威齐为反驳杜冈－巴拉诺夫斯基的比例失调论而复兴的消费不足论，以及巴兰、斯威齐等结合垄断资本主义特征和凯恩斯理论而修正的消费不足论等，不一而足。调节学派关于滞涨危机的解释，从根本上讲并没有突破这些传统理论。然而，从《大纲》到《资本论》，马克思始终强调危机本质上是资本主义基本矛盾充分发展的结果，危机的根源是隐藏在消费不足现象背后的那些条件，即以利润为目的、由竞争推动的资本不断扩大规模、提高有机构成和生产效率的微观基础。其理论上的必然性与现实的发生机制只有在充分阐释了资本的生产过程、流通过程以及资本总过程的基础上才能得到全面清楚地理解。单从资本的生产过程、流通过程或者分配关系某一方面出发，试图从中找出危机的单一原因，在方法论上都是错误的。从这个意义上讲，调节学派危机理论的正确之处在于强调了 20 世纪 70 年代之前的积累体制、调节模式和发展模式导致生产与消费之间的矛盾，但是把危机直接归因于消费不足从而试图通过调整分配关系来摆脱而危及的观点又是错误的。SSA 理论解释的正确之处在于指明了滞涨危机归根结底是资本积累的动力被削弱，资本主义只能依靠包括重塑劳资关系在内的新的社会积累结构重启积累进程。SSA 学派的理论解释也更加符合后来的新自由主义发展时期的情况。

（四）　对新自由主义的批判

两大学派都继承了马克思的政治经济学批判精神，对新自由主义及占主流地位的新古典经济学进行深刻批判。比如，科茨指出新自由主义的缺陷包括：①具有降低实际工资并产生总需求不足的倾向；②放弃了反周期的财政政策，缩减社会福利，放松金融监管，使经济易受重大危机的打击；③具有加剧阶级冲突并恶化投资环境的倾向；④激烈竞争使个体决策者倾向于短期策略而忽略长期投资。而阿格列塔则批判新古典经济学既缺乏历史分析，也无法在经济关系中表现出社会的内容。

调节学派的"金融主导型发展模式"相当于 SSA 学派的"新自由主义发展模式"。博耶指出，"金融主导型发展模式"下的制度形式具有以下特点：工会权力被削弱但工人可从金融中获益；企业产品竞争日趋激烈且金融市场成为左右企业决策的重要因素；政府发行债券数量增多导致其宏观决策日益受市场势力要求放松金融管制呼声的影响；美联储的低利率政策促进了债务经济发展；国际体系方面资本主义多样性特征得以加强。调节模式的特点表现为"经营—金融"妥协关系，即经营者报酬与股价相关，工人通过股票影响企业决策与利润分配。积累体制的特点表现为劳资收入差距拉大，只得通过资本家再投资、涓滴效应、信用体制等方式维持两大部类再生产的平衡。科茨认为"新自由主义发展模式"特点包括：资本重新主导劳动；金融化推迟了需求不足危机的爆发；国家对经济干预力度减弱、企业雇佣制度与盈利模式发生变化。他们均认为，马克思所揭示的资本主义生产方式的深层次矛盾在国际金融危机中仍然起着实质性作用，而"全球新自由主义"或"金融主导发展模式"具有内在的不稳定性、脆弱性与不可持续性。博耶、科茨均认为国际金融危机预示着当前发展模式已走向极限，危机后美国与资本主义世界经济将进入一段痛苦的调整期，即长期萧条。尽管他们使用了不同的词汇，但对新自由主义及其危机原因的描述大体一致。

此外，调节学派的利皮兹认为，2008 年的经济危机还有生态方面的原因。他指出资本与自然之间的矛盾导致了粮食、能源与环境的危机。生存资源的有限性导致商品价格昂贵，中低收入阶级不得已才进行抵押贷款，从而导致次贷危机。国内已经有学者如马艳等人试图在 SSA 框架上构建 SSSA（Social Structure of Sustainable Accumulation）理论，在 SSA 理论的"五大关系"基础上，把"生态约束与资本积累之间的关系"作为第六大关系，这是一种有益的尝试。

不过，两派关于国际金融危机的研究也存在两点区别。第一，调节学派强调了国际金融危机中资本主义的多样性。如博耶指出，美英两国发展模式相近，均为金融主导型发展模式。但与美英不同，其他发达资本主义国家的比较优势在于非金融企业创造的附加值比金融企业多，多样性的制度结构导致其他国家难以形成美英式的"金融主导型发展模式"，对不同国家的危机应具体分析。而 SSA 学派的研究更多取自美国经验，对"全球新自由主义"特点的总结则更多地体现出一种普遍性。美国的 VoC（the Varieties of Capitalism）理论与 SSA 理论是两种不同理论。第二，根据"自由主义与调节主义相互交替的历史"，SSA 学派判断未来国家对经济的管制将加强。调节学派则预测下一步将由"金融主导型发展模式"转向"人类主导型发展模式"①。

（五）发展动向

调节学派最初包括三个分支：巴黎学派、格勒诺布尔学派、法国共产党－国家垄断资本主义学派。三个分支在具体观点、研究内容方面呈

---

① 博耶认为，现代资本主义经历了"物对物的生产"（即福特主义发展模式）向"货币对货币的生产"（即金融主导型发展模式）的转换，下一步将转向"人对人的生产"，即"人类主导型发展模式"。人类主导型发展模式的特征包括：①在积累体制方面，"人"（即人力资源）取代"物"和"货币"，成为经济发展的源动力；②在调节模式方面，教育、培训、健康、医疗、护理、文化、休闲等行业对社会需求起到更多调节作用。

现多元化特征，但其在方法论与分析框架上均保持了对制度调整的强调。当前学术界对调节学派的研究主要围绕阿格列塔、博耶、利皮兹的巴黎学派展开。但巴黎学派本身也包括两个研究方向，第一个方向以博耶为代表，沿袭了对"结构"的高度重视，更接近马克思的资本主义生产方式分析。第二个方向以利皮兹为代表，主要是"基于制度形式的动态分析"。第二个方向的学者偶尔也使用 SSA 框架分析问题，这就为两大理论的区分带来一定难度。同样，初期 SSA 理论也是沿两条主线发展，一条是 GER 提出的劳动力市场分割理论（提出该理论是为了解释为什么危机期间美国工人反应平淡），另一条是 GWB 对 SSA 与长波关系的论述。两条主线均强调了社会积累结构对积累的重要性。

调节学派第二代人物包括阿玛布尔（B. Amable）、罗尔敦（F. Lordon）、帕劳姆巴利尼（S. Palombarini）等。他们批判地吸收了比较制度分析学派的很多观点，对第一代学者的理论与方法论进行了发展与完善，提出了"资本主义多样性"理论、"制度形成"理论等。而 SSA 学派的第二代人物以大卫·科茨为核心，包括特伦斯·麦克唐纳（Terrence McDonough）、维克托·利皮特（VictorLippit）、马丁·沃尔夫森（Martin Wolfson）、迈克尔·华勒斯（Michael Wallace）、大卫·布雷迪（David Brady）等。他们将 SSA 理论研究方向由"经济在长期繁荣与长期萧条之间的交替"转向"制度结构在自由主义 SSA 与调节主义 SSA 之间的交替"，并进一步发展了劳动力市场分割理论。

为反驳新古典经济学提出的"世界正在向美国型资本主义转变"，阿玛布尔（Amable，2003）提出"资本主义五类型说"①。他认为应通过五大"子制度"来对资本主义进行比较研究，包括：产品市场竞争制度、劳动市场制度、金融部门与政府协调制度、社会保障与福利国家制度、教育制度。同一国家五大"子制度"间具有强烈互补性，会对外来制度进行抵抗，使后者侵入后发生变异甚至被淘汰，因此各国资本主义将长期保持多样性。并将制度分为市场主导型资本主义（如美国）、亚洲型资本主义（如日本）、社会民主主义型资本主义（如瑞典）、欧洲大

---

① 调节学派自产生起就把研究对象拓展到其他国家如西欧国家、北欧国家、日本等 OECD 国家。

陆型资本主义（如德国）、地中海型资本主义（如意大利）五种，认为各种类型资本主义均有其比较优势。阿玛布尔的学说与美国人皮特·霍尔（Peter Hall）、大卫·索斯凯斯（David Soskice）的学说极其相似（Hall & Soskice，2001）。"制度形成"理论包括以下观点。①制度有两重作用：约束社会成员、调节社会冲突。制度通过与意识形态、政治媒介相互作用共同调节社会冲突。②政治对制度起决定性作用。政治能使各方力量相互妥协，制度的存在即社会群体间相互博弈和妥协的结果。制度不会轻易被打破，因为存在政治成本；③历史也对制度选择产生影响。由于历史的不可逆性，在特定历史条件下的制度选择结果是唯一的。

　　为解释新自由主义无法带来长期增长的原因，科茨、沃尔夫森修改了 SSA 的概念，并将其分为"调节主义 SSA"与"自由主义 SSA"两类。两者核心区别在于政府在经济中的角色。前者特点包括：政府积极干预经济、劳资妥协、竞争缓和、主流意识形态强调政府作用。后者特点包括：有限政府、资本主导劳动、资本竞争激烈、自由市场意识形态。由于自由主义具有很多内在缺陷，因此调节主义 SSA 比自由主义 SSA 更利于积累。但调节主义只在特定历史条件下才会形成。这些特定条件包括：后发经济体通过国家力量推动发展、出现对资产阶级的重大政治威胁、严重的经济危机等。这些条件迫使国家采取措施克服资本主义抵制中央调节的强大竞争性力量。一旦这些条件停止发挥作用，将会出现向自由主义的转变。而 1980 年代以来新自由主义的出现，正是源于经济全球化削弱了寡头垄断结构、工人运动与国际社会主义运动衰减降低了资产阶级面临的威胁、大萧条逐渐过去等因素。华勒斯与布雷迪则沿着 GER 的路线将劳动力市场发展的历史总结为"无产阶级化""同质化""分割化""空间化"四个阶段，"无产阶级化"即雇佣工人从人口中分离出来，"同质化"即工人不同岗位间差异的消除，"分割化"即工人被不同类型的工作及不同等级的工资分割，"空间化"即全球化分工导致社会生产在空间上的隔离。

　　显然，两派理论后期的理论分歧发生了变化。虽然调节学派与 SSA 学派都根植于马克思主义，都坚持辩证唯物论和历史唯物论的分析方法，但相对而言，SSA 理论显示了马克思主义对该学派日益增强的影响。SSA 学派学者戈登、科茨等人曾试图吸收部分新古典经济学分析方法，为

SSA 理论发展出一套微观基础，这导致 SSA 理论一度偏离马克思主义。但迈克尔·里奇 1997 年指出 SSA 学派应强调定性变化和社会体制，之后 SSA 理论开始向传统马克思主义回归，这一点集中表现在 SSA 学派对新自由主义的批判上。相反，调节学派第二代的研究则在一定程度上偏离了马克思主义土壤，开始偏重于制度主义的理论框架。

两派理论均有向各个领域扩展的趋势。尤其是 SSA 学派的研究对象不仅扩展到了南非、墨西哥和阿拉伯世界，还扩展到了社会学与犯罪学领域。如苏珊·卡尔森（Susan Carlson）与雷蒙德·米哈洛夫斯基（Raymond Michalowski）利用 SSA 框架分析了美国刑事司法系统自二战以来的制度变迁。这也导致 SSA 理论影响力与日俱增。但相对而言，由于调节学派后期理论创新较少，且越来越多地采用与其他学派相通的方法论，其影响力大不如前，日益边缘化。

（六）小结

调节学派和 SSA 学派存在很多共性，也存在很多差异。正如科茨在比较两大理论时指出的那样，"任何极端都是不正确的，历史是两组力量互动的产物"。由于结构性力量与阶级斗争的力量密不可分，那种简单将调节学派划归"教条化的结构主义理论"、将 SSA 学派划归"关于阶级斗争的自发性理论"的观点都是不正确的。

首先，两个学派在整体倾向上具有以下共同点。①产生的时代背景和问题意识是相同的。②具有相似的理论渊源，继承了辩证唯物论、历史唯物论以及马克思对资本主义的批判精神，正如博耶所说，其理论研究的首要特征是对马克思主义分析方法和主题确切无疑的忠诚。③都试图发展马克思主义，对当代纷繁复杂的资本主义制度演变进行具体阐释，为传统马克思主义关于资本主义的分析补充、扩充必要的"中间层次"或"阶段理论"，通过分析资本积累过程以及影响该过程的一整套社会制度之间的关系来解释资本积累的长期模式。④其理论学说还在随着现实的变化而持续不断地发展。除了这些整体上的共同点和相似点，两派关于特定历史的具体理论分析存在大量的"交集"，细节分析中的共同点更是不胜枚举。

其次，两大理论在整体倾向和一些主要观点方面也存在区别。整体倾向上的区别有以下几点。①调节理论更早熟而 SSA 理论后期影响更大。

②基于最初的理论定位，调节理论早期更接近传统马克思主义但后期制度主义的色彩更浓，SSA 理论早期偏离马克思主义但后期呈现向传统马克思主义的回归。③在概念分类方面，调节学派多采用较具逻辑性的多元分类方法，而 SSA 学派多采用二元对立的分类方法，因此前者更系统而后者更简明。主要观点上的区别至少包括：①调节理论将演化经济学视为理论来源之一而 SSA 理论没有；②调节学派深入分析了"货币制度形式"而 SSA 学派没有；③SSA 学派提出"再生产周期"与"非再生产周期""制度结构在自由主义 SSA 与调节主义 SSA 间的交替"等概念而调节学派没有。③调节学派更关注结构而 SSA 学派更关注劳资冲突；④调节学派认为 1970 年代的危机是有效需求不足的危机，滞胀原因在于货币制度形式缺陷，而 SSA 学派则认为滞胀源于工人对资本家的利润挤压；⑤在对金融危机与新自由主义的研究中，调节学派强调资本主义多样性而 SSA 学派强调普遍性；⑥对未来的预测存在不同。

第七章　中国特色社会主义政治经济学研究

一　经济改革的逻辑与取向

在对经济制度进行评价的标准体系时，我们最常听到的一种标准是公平和效率，如果从工程学或者是社会工程师的角度来理解效率这个概念，那么可能更多的是一个技术效益问题，即如何在资源、技术给定的情况下，或者在不改变资源用途的情况下，让产出达到我们想要的水平，这是技术效益的一种定义。但是经济学家更偏好另外一种效率的概念，即帕累托效率，如果社会实现了帕累托效率，那么对于资源配置或者分配体系的任何变动都会对某些社会成员造成损害，所以在实现帕累托效率的状态下，现有的经济秩序是不可变动的，有变动就必然会带来损失。反过来讲，如果存在改进的可能，那么这个社会就还没有实现帕累托效率，也就是处于帕累托无效率的状况。能够做出帕累托改进的状态，是中国经济改革的出发点。

需要注意的是，帕累托效率并不代表着某种唯一的社会状态，可能有多种社会状态都处于帕累托效率状态，但是它们的分配结构可能完全不一样。

关于公平的问题，通俗来说，一是有关机会公平的问题，二是有关结果公平的问题，更确切地说，应该把它称为交换正义和分配正义的问题。机会公平涉及程序性问题，就是说在经济交往中双方是否处于平等的或者自主的、自愿的地位。结果公平涉及经济交往活动的结果，就是说从分配的角度来说，我们各自对产品的支配和占有是否合理。在机会平等和结果平等之间经常会发生冲突，如果要保证机会平等，我们可能要损害很多分配上的平等。比如一个非健康的人和一个健康的人在劳动力市场上，可能面临完全不平等的机会。这个时候，如果需要给他们提供起点的平等，我们就必须调整分配结构或者收入结构。

在一个经济体系里，要同时实现效率和公平是很困难的，要实现效率和公平的某一种组合也是很困难的，因为这取决于个人的价值判断以及集体选择。这是在评价经济制度的时候经常会采取的一种评价体系。

第二种就是把自由和民主引入经济学当中，因为在很多人看来，自由和民主是一种终极的价值追求。如果把这一对概念引入经济制度评价中，那么涉及的具体问题就是经济自由和经济民主。经济自由最根本的判断标准是经济决策是否具有自主性，如果我们的决策是在对他人可能造成影响的情况下做出的，那么还应该不损害其他人的利益，所以经济自由并不意味着任意的决策，它是一种经济权利和责任之间的对应关系。在经济学的话语体系里，这意味着个人负担的成本和收益应该对称，从而个人自主的经济活动才不会对其他人造成损害。

如果经济自由涉及的不是个人的权利，而是把权利让渡给他人的时候，问题就会进入经济民主的范围。就民主这个范畴本身来说，会涉及对权利的几个方面的问责。当个人把权利让渡给其代理人的时候，会涉及一个问责，民主体制要求尊重每个人的平等权利，同时要给予每个人有效参与的平等机会，在经济民主中也是如此。个人在经济活动中有很多权利并非是自主让渡出去的，权利的让渡者在这种情况下是否应当对该权利的行使结果负责，这是一个经济民主的问题。对于一个经济组织，所有的利益相关者在代表这个组织活动的时候，是否拥有平等的有效参与的机会，这也是经济民主问题。

经济自由和经济民主固然很美好，但是它们之间有时候也会冲突。经济民主实际上意味着要把个人的经济决策权让渡出去，让渡出去也就意味着在一定程度上放弃自己的一部分经济自由。这种民主决策的机制会不会损害我们个人的经济自由？这是一个很大的挑战。所以在经济自由与经济民主这一对标准当中，要实现完美的结合也存在着困难。

从这上面两组标准中可以看到，对一个经济制度的评价，事实上很难作出唯一的或者终极的判断，往往需要在多种目标之间做一种妥协。从这个角度来说，在任何一个经济制度的形成或者发展的过程中，都可以看到它所包含的两种基本的评价逻辑。一种逻辑是制度的逻辑，一个经济系统同时也是一个机会系统。制度的逻辑即这种经济对权利和机会的分配是否合理、是否符合某种正义的要求。比如马克思主义政治经济学强调的所有制就包含着机会平等的含义。

第二种逻辑是经济的逻辑，即经济自由和经济效益的要求，这两者至少在主流经济学看来是能够同时实现的，就是说按照经济自由的要求构建出来的经济体制最终会实现经济效益、实现帕累托效率。下面就从制度的逻辑和经济的逻辑这两个方面来分析中国的经济改革。

关于经济改革发生和发展的逻辑问题，在讨论的时候，大多数学者偏重于经济逻辑，对于制度逻辑问题相对不太重视，而且在中国经济改革实践中，也确实存在着有关制度逻辑的偏差。但是在中国讨论经济制度改革肯定不能忽视其中的制度逻辑问题。首先，在现实上忽视中国经济基本制度的属性是不可行的。其次，即使我们完全从经济逻辑的角度去考察这个问题，也绕不开制度逻辑的制约。比如，与中国几乎同时开展经济改革的一些国家采取了和中国不同的改革方法，即激进式改革或者"休克疗法"。其中最核心的改革措施是私有化，再加上自由化和宏观经济的稳定化，这三个方面构成了所谓的"华盛顿共识"的三大支柱。其中私有化必然是对制度逻辑的一种修正或者是一种颠覆。所以在中国，即使我们完全从经济逻辑的角度去讨论，也就是说即使完全按照经济自由和经济效率的要求去设计我们的改革路径，也不可能绕过制度逻辑问题。

中国经济的制度逻辑就是基本经济制度——社会主义市场经济制度。它最核心的部分是公有制。而从经济逻辑角度来看，经济体制的问题，也就是计划体制和市场体制的效益问题，是贯穿中国经济改革的两条主线。事实上，如果从理论的角度考察的话，我们可以清楚地看到中国改革一开始在理论界表现出来的就是以公有制与商品经济的兼容问题为核心的大讨论。研究如何实现公有制与商品经济的兼容，实际上也就是在研究如何实现制度逻辑和经济逻辑的兼容。对这个问题的讨论，在改革开放之前就已经展开，比如顾准等人讨论了社会主义经济条件下的价值规律问题和商品经济关系问题。在东欧实行的一些改革和改良，包括匈牙利的分权模式、捷克的"第三条道路"以及南斯拉夫的工人自治制度，也都是围绕着如何实现制度逻辑与经济逻辑的兼容展开的。所以这两条主线对社会主义经济和社会主义国家来说是同时存在的，不可能忽略其中的某一个。

从中国的改革开放来看，实际上最核心的问题也是制度逻辑与经济逻辑的兼顾或者兼容问题。中国的改革和苏联的根本区别就体现在对这两个逻辑关系的处理上，即改革到底是遵循哪一种逻辑，或者是以哪一种逻辑为重点。中国的改革一开始是以经济逻辑为重点，也就是"以经济建设为中心"，但是中央试图在制度逻辑与经济逻辑之间保持一种平衡，即在搞经济建设的同时坚持社会主义基本制度，处理好改革、发展、稳定的关系。什么是"稳定"呢？稳定在这里就意味着制度逻辑，这是中国经济改革的基本出发点。

改革的起点是现实的经济生活或者经济制度，取决于经济制度是否符合制度逻辑和经济逻辑。只有当现实与制度逻辑和经济逻辑发生了冲突的时候，改革才会发生。所以改革发生的前提是基于现实对制度逻辑和经济逻辑的挑战或者背离。作为一种经济制度，社会主义公有制更准确地说是一种社会所有制，它是对生产和发展权利与机会的一种分配，代表了一种分配正义，也是对经济权利和机会的一种分配正义。社会所有制代表了这样一种机会系统，它为社会成员提供完全平等的生产机会和发展权利。但是这样一种权利和机会的分配有一个前提条件，就是生产者、社会成员在他们的生产能力、劳动能力方面应该得到充分的、全面的发展，从而能够摆脱和消除在原有社会当中存在的那种劳动分配——人们从事的生产活动取决于个人的劳动能力，或者是取决于其是否拥有资本。社会所有制要实现每个成员对生产手段和劳动手段的平等占有，它就一定得要求劳动者本身的劳动能力不会存在难以消除的差别。如果这个差别太大，那么社会成员就不可能对生产手段进行平等的占有和使用。这是中国基本经济制度的内在要求，无论是公有制、社会所有制，还是国家所有制，只有满足这种制度逻辑的要求才是真正的公有制。

从经济逻辑来说，计划经济体制也存在着一些必要的前提。第一个前提就是在这个体制内，每个人的劳动过程都能直接作为社会劳动的一个组成部分，只有这样，计划才能对社会总劳动进行某种有意识的、事先的安排。这时个人的劳动不再通过商品或者是价值、价格这样的间接的方式来实现它的社会化。第二个前提是恩格斯提到的，经济计划要能够衡量消费品的效用与生产所需要的投入之间的关系，也就是在社会的需求和供给之间进行符合经济逻辑的安排。第三个前提是计划经济体制本身还要发挥分配的功能。目前的经济活动中，初次分配主要是通过市场来完成的。在社会主义经济制度当中，如果由社会和计划来进行分配，那么在对个人进行按劳分配和完成对个人的初次分配之前，计划会对社会的总产品进行某些必要的扣除，这些扣除在今天的政府活动中都能看到：对折旧的扣除，按照合理的投资率对社会从事积累所需资本的预先扣除，对社会保障基金和保险基金的预先的支付，预提用来应付自然灾害、生产事故或者为没有劳动能力的人提供生活的基本保障支出，用于学校、体育馆等公共支出的部分，还有一些必要的社会管理费用如政府人员的工资等。

但是中国经济改革的起点恰恰就在于现实对制度逻辑和经济逻辑构成了严重的挑战，这个现实就是社会主义初级阶段。如果社会中的生产手段、劳动手段是有限的，那就难以实现充分就业，也就是说无法为劳动者提供完全平等的劳动机会、生产机会或者生产权利。另外，劳动者之间在能力上存在着事实上的不平等，而且城乡分割等国情造成了劳动者之间事实上存在不平等的机会和权利，以致造成劳动者之间关系的一些异化。比如，虽然国有企业是中国社会主义经济制度逻辑的最主要的载体，但是从经济逻辑的角度来说，它存在着严重的预算软约束问题。对这个问题，不管是因为政府对它带有父爱主义色彩，还是因为政府无法识别它所承担的经济职能与社会职能之间的差别，预算软约束确实是国有企业难以克服的一个弊端。再比如计划体制在处理社会需求的信息以及生产条件（包括创新在内）方面能力的欠缺，以及分配方式对经济效益所产生的一种反向的激励作用，都是难以克服的。

所有这些现实的因素，对制度逻辑和经济逻辑都产生了严重的挑战，甚至使得现实的经济关系与制度逻辑和经济逻辑发生了背离，这是中国经济改革的起点。就改革的过程来说，这里把改革分为两个阶段：第一个阶段是在改革的初期，中国的经济改革通过帕累托改进的方式来维持了制度逻辑与经济逻辑之间的平衡，就是能够兼顾制度逻辑和经济逻辑。帕累托改进是在没有损害其他人福利的前提下，使得另外一些人的利益、福利能够有所改进，也就是我们通常所说的"把蛋糕做大"，而不是"切蛋糕、分蛋糕"的问题。即便不改变分配的格局，只要这个蛋糕能够做大，那么社会就有可能从帕累托无效率向帕累托效率演进。

　　中国之所以在改革的初期实现帕累托改进是基于这样一些有利的因素。第一具备很多有利的初始条件，比如中国在改革开放初期乃至今天，都存在着典型的二元经济结构，这也就意味着在我们的经济系统里面有一个生产率相对较高的现代部门——工业部门，同时又有一个生产率较低的传统部门——农业部门。这样的经济结构为我们的发展提供了一种可能性，就是使我们社会总体的经济效率能够提高。它的途径就是生产的要素的转移，比如说在土地上从事生产的劳动力向生产率高的现代部门转移，从而提高社会整体的生产的效率。这是一种典型的资源配置效率的提高，是一种配置效率的改革。有经济学家在比较中国和苏联的经济改革的时候特别强调我们的二元经济结构提供了这样的高速增长的空间，苏联作为一个工业化国家，并没有这样的空间。但是这只是中国能够采取帕累托改进的一个原因。再比如，在改革初期存在巨大的人口红利，庞大的劳动力人口规模能够为我们发展劳动密集型产业提供基础。同时，我们在技术和制度方面存在后发优势，可以利用比较优势参与国际分工。1980 年以来，世界经济进入新自由主义。一方面，中国的经济结构和欧美发达国家的经济结构之间存在着高度的互补，发达国家的传统产业可以向中国转移；另一方面，中国经济能够支撑欧美国家的负债式增长，中国向美国提供资本。这是有利的外部环境，是中国在经济改革的初期所享受的有利条件。

　　第二个有利因素是中国的改革路径是一种渐进主义的路径，也就是说中国的改革并不是说推倒重来，而是在原来的体制之外建立一个新的部门。我们的改革是从容易改的部分开始的，比如说首先是从农村部门开始改革，进而才向城市发展。我们的改革是自下而上的，也就是说在现实的经济利益当中，当确实存在着可以改进的机会的时候，我们才提出这样的改革。改革采取试点方式，试点成功以后，再做推广。中国的改革带有明显的增量改革的特征，双轨制就是一种典型的增量改革，我们首先保留了原来的价格体系，同时在这个价格体系之外，再用剩余的产品试探性地发展新的体系。

　　第三个有利的因素是中国始终坚持了"发展型国家"的定位，而且这样的定位和中国的制度逻辑是吻合的，也就是和以公有制为主体相吻合。发展型国家是中国近现代政治的遗产，近现代历史上，我们都是把国家富强和民族独立作为终极目标。在这样的目标的统领下，政府拥有强大的资源动员力量，可以通过对土地、矿产等资源的直接控制，对国有部门、股权、人事、财政或者金融政策的控制来提高积累。这些都是以发展型国家定位为前提的。

但是如果我们仔细分析发展型国家定位的特点的话，可以看出其中经济逻辑占了上风。经济逻辑是促进经济增长和发展成为政治或者政府合法性、正当性来源的最重要的支撑。在这样一种经济逻辑下，经济体制的价值取向会带有很强烈的工具色彩。

以上三个方面的因素促进了中国改革迅速地铺开，带来了经济上的中国奇迹，以至于很多学者把它归纳为一种特有的中国模式，也就是发展型国家定位所代表的体制与经济逻辑主导的市场化改革两者的一种特殊的结合方式。这是改革的发展逻辑中的第一个结合。在这个阶段帕累托改进勉强地维持了制度逻辑与经济逻辑之间的契合关系。

但是从 20 世纪 90 年代开始，尤其是 90 年代中期，中国经济的改革进入了第二个阶段，这个阶段的特征是从帕累托改进向卡尔多改进发展、演变。这个时候的经济改革就不是在帕累托改进的前提下开展的了。这个时候的改革措施会以损害一部分人的福利为代价来换取经济的增长或者是其他社会成员福利的提高，这是卡尔多改进和帕累托改进的根本区别。当然如果经济增长能够覆盖改革对一部分社会成员造成的福利的损失，那么就存在着卡尔多改进的可能。但是这并不是一个充分必要条件。

这一个阶段我们看到的一些典型的改革措施表现在 20 世纪 90 年代的国有企业改革中，表现在通过加入 WTO 这种方式来倒逼国内的很多部门的改革中。国内传统的农业部门、金融部门的改革，在财政体制方面很重大的分税制改革（重新调整了中央和地方的权力与责任），还有社会保障体系的建立和完善，这些重大的改革措施都具有卡尔多改进的性质。改革渐渐步入了深水区。因为有了现实的利益的损失，同时也出现了改革的受益者，所以这个时候社会上的怨言开始出现。这样的改革主要是在经济逻辑的指导下进行的，如果要满足制度逻辑的要求，必须有一个非常重要的条件——卡尔多改进当中的补偿机制，要求改革不仅在理论上可以补偿社会成员的损失，重要的是社会中要存在一种现实的补偿机制，能够让改革的受益者去补偿利益受损的人。所以在这个阶段的卡尔多改进想要同时满足制度逻辑和经济逻辑的话，就必须要建立相应的补偿机制。

这种改革存在一种很大的风险，即补偿机制的缺失。在经济改革当中有一种强大的反对力量——既得利益。所谓既得利益，是指依靠权力或市场势力来维持的经济权利。如果要真正地打破既得利益，从制度逻辑和经济逻辑的角度来说，就意味着必须开放市场所代表的机会系统。所以，对既得利益的破除实际上有赖于遵循制度逻辑——机会系统必须是个开放的系统，它对所有人提供公平的准入，在准入条件上没有设置障碍，这样才能够切实地破除既得利益。

如今的经济生活里存在着各种各样的既得利益，包括它受权力、体制或者市场势力的维护程度的问题、它的开放程度的问题、它的准入的门槛的问题。但不管怎么讲，都存在着各种各样的既得利益。卡尔多改进机制下不可避免的一个问题是它在不同的成员之间分配机会，进而创造出了不同的既得利益。这就使得卡尔多改进产生了一种很大的风险，就是改革的既得利益者在缺少某种现实的、真实的补偿机制的情况下，是不会向改革的受损者主动地提供补偿的。这就会使卡尔多式改革陷于某种困境当中。

我们经常听到的国内外学者对中国当前政治经济体制的负面评论，这些评论都聚焦于这样一种缺乏补偿机制的卡尔多改进。中国今天最大的挑战就是卡尔多改进的补偿机制问题。在这种情况下，各种各样的对机会的垄断，会使经济改革偏离它本来的制度逻辑和经济逻辑。

进入市场化改革的阶段以后，原有的结构对财政、金融等经济政策仍然有垄断，从而为公共利益的部门化和个人的寻租提供了空间。

当违背制度逻辑、缺乏补偿机制的卡尔多改进和市场化的改革结合在一起的时候，还会生成新的利益集团。比如说地方政府由于对土地收入的依赖，可能和土地的开发者之间形成某种利益上的共同体。不管这些概念是否准确，它们指向的都是在制度逻辑缺失的情况下，缺乏补偿机制的卡尔多改进随着市场化改革的深入，单纯地按照经济逻辑来改革可能存在巨大的风险。

中国经济改革的重心是围绕着经济逻辑展开的，这是中国改革的一个主要的特征。在改革初期，我们通过帕累托式的改进还能够维持制度逻辑。但是随着改革的深入和经济的发展，虽然国家提供社会支撑、社会保护或者是公共品的能力在不断增长，但是由于对制度逻辑的淡化，以及社会当中缺乏现实的、有约束力的补偿机制，一旦经济改革从帕累托改进阶段转入卡尔多改进阶段后，就会暴露出越来越多的问题。比如收入分配差距扩大问题、社会保障体系建设滞后的问题以及腐败问题等。在这种情况下，中国原有的改革取向已经不够了，单纯按照经济逻辑展开的改革障碍越来越大。我们到底应该构建一种什么样的新的经济制度、在这种制度下按照什么样的分配正义的标准来重新界定权利或发展机会？

　　以城镇化为例（更准确的说法是城乡一体化），在城镇化这个重大的经济改革方案中有一个绕不过去的方面就是土地制度改革。如果单纯从经济逻辑来看，城镇化有比较成熟的实现方式，比如说同时开展的工业化、政府在城镇化过程中依靠财政政策来提供基础设施、提供教育资源、提供医疗卫生服务等。但是从制度逻辑的角度来看，我们面临着巨大的挑战：土地制度到底怎么改、需不需要改？在农村的集体土地城镇化或者城乡一体化的进程当中，如何保障农民的权益？改革需要在制度逻辑方面给出明确的答案。在这种机会和权利分配既定的情况下，到底怎么使农村的土地向城市或者工业部门转移？是保留现有的体系、仍然限于使用权的流转或者市场化配置，还是说有按照某种补偿机制慢慢地将农村土地国有化，同时回避当前存在的农村集体土地收益向地方政府和开发商转移的一些问题？

　　显然这些问题无法回避，但我们如今还没有明确的答案。所以就制度逻辑来说，我们面临着严重的挑战。按照经济逻辑的要求，当前面临的挑战主要是迅速变化的外部经济环境和自身的条件发生了很大变化。比如说我们的外部经济环境是相当不利的，目前发达经济体的复苏乏力，新兴经济体的经济增长前景也不乐观。随着发达国家维持宽松的货币政策，市场当中的泡沫一直存在，中国如果在这样的条件下，还要进一步推动自由化，包括资本项目的自由化，就会存在着巨大的风险。我们存在两难，一方面要往市场化、自由化方面走，另一方面外部的环境对我们是不利的，风险是巨大的。再比如我们现在的比较优势发生了变化，人口红利基本上消失，中国面临着严峻的结构调整和产业升级的问题，中国的经济长期主要依赖投资和出口，但是投资的效率在递减，而外部环境的恶化对投资和出口也构成了严重的威胁。在这种情况下，国内的消费需求又受到收入分配、社会保障体系滞后等因素的制约，拉动国内的消费需求存在困难。

当我们在衡量经济效率的时候，应该把全部的投入包括生态与环境投入、家庭劳动投入都纳入经济效率中，这样才能看出产出到底是否具有效益。在中国的长期增长过程中，我们已经支付了过高的生态环境成本，现在也正在支付着越来越高的社会成本。这些是经济逻辑角度的挑战。

作为未来的改革的取向，在经济逻辑这条主线上，十八届三中全会的精神非常明确，就是以进一步界定政府和市场的职能或者它们的边界作为经济改革最核心的任务。市场机制从过去的起基础性作用，成了现在的起决定性作用，而且发挥市场机制决定性作用的基础就在于提供一个统一的、开放的、公平竞争的环境，包括国有或者民间资本在内的所有经济主体参与的一种统一、公平、透明的市场机制。但是就制度逻辑来说，还有很多需要明确和深化的地方。以国有企业为例，它应该遵循什么样的制度和逻辑，或者说能否符合我们的价值取向？对经济逻辑的过于强调导致越来越淡化国有企业承担的制度功能。比如从20世纪90年代的国有企业改革以来，基本的逻辑是经济逻辑，因此我们提出"抓大放小"，让国有企业退出竞争性行业，将民营企业、私有企业不愿意投资、不能够盈利的部分行业留给国有企业。换句话说，让国有企业提供公共品，或者是仅停留在自然垄断领域和非竞争性领域中。这是完全按照经济逻辑展开的改革，但是国有企业确实又是中国的经济制度功能的主要承担者。对于国有企业的改革取向，如果不足以实现它包含的全部的制度逻辑，也就是说如果不能够通过国有企业为全体劳动者提供完全平等的生产的权利和发展的机会的话，那么我们可能只能放弃这一部分的功能，而退回到另一个方面去——恢复国有资本的社会化的性质。当然社会化不能为我们带来劳动权利的平等，但是它可以满足另一个方面的平等，就是它可以为我们提供资本收入或者财产收入。这是基于制度逻辑来思考的进一步改革的取向。土地制度改革的取向也只能在经济逻辑之外寻找一种新的对制度逻辑的回应。

二　公有制与商品经济兼容问题

习近平总书记指出，"在社会主义条件下发展市场经济，是我们党的一个伟大创举"。我国经济发展获得巨大成功的一个关键因素，就是我们既发挥了市场经济的长处，又发挥了社会主义制度的优越性，解决了世界上其他社会主义国家长期没有解决的一个重大问题。

历史上，苏联作为世界上建立的第一个社会主义国家，从工人阶级掌握政权的第一天开始，就面临着如何对待商品经济的问题。列宁在取得革命胜利的初期，曾经试图直接过渡到没有商品货币关系的共产主义社会，但是后来又认识到存在广大小农的客观现实，这使商品经济的发展成为一种必然，于是提出了著名的"新经济政策"，利用商品交换来为社会主义经济关系服务。斯大林在《苏联社会主义经济问题》一书中进一步提出，由于社会主义制度下还存在全民所有制和集体所有制这两种不同的公有制形式，因此还存在商品生产和交换的基础，而价值规律能够"促使我们的经济工作干部迅速成长，迅速变成现今发展阶段上社会主义生产的真正的领导者"（斯大林，1979）。从所有制关系的角度理解商品经济存在的基础，这在当时是社会主义政治经济学的一个重大进步，但是该理论仍然没有突破同一种性质的公有制经济内部是否应该发展商品经济的命题。在社会主义与商品经济的关系问题上，我国同样经历了曲折的过程。面对1958年"大跃进"和"共产风"带来的严峻的现实问题，毛泽东同志提出，社会主义时期不能避开一切还有积极意义的诸如商品、价值法则等经济范畴，而是必须使用它们来为社会主义服务，"算账才能实行那个客观存在的价值法则，这个法则是一个伟大的学校。只有利用它，才有可能教会我们几千万干部和几万万人民，才有可能建设我们的社会主义和共产主义。否则一切都不可能"（薄一波，1993）。遗憾的是这种思想没有得到长期坚持和落实。东欧国家在不同时期也尝试过在社会主义经济中引入市场机制，但是始终没有找到真正把社会主义与市场经济有效结合起来的方式。

从20世纪80年代开始，苏联和东欧社会主义国家逐渐背离社会主义道路和马克思主义政治经济学，转而遵循西方新自由主义经济学，以私有化改造为重点推行市场化改革。中国则开辟了一条有中国特色的市场化改革道路，始终坚持社会主义基本制度不动摇，坚持公有制主体地位不动摇，提出了建立和完善社会主义市场经济的目标。四十多年的改革开放取得的伟大成就充分证明，中国的市场化改革和社会主义市场经济才是成功的道路。这个事实对西方正统经济理论构成了重大的挑战，被称为"中国奇迹"和"中国之谜"。按照西方经济学理论，社会主义公有制下不可能建立真正的市场经济，要进行市场化改革，首要前提就是私有化。然而，中国在实现经济高速增长的同时，公有部门仍然占主体地位，国有企业仍然对经济增长做出了重要贡献（谢千里、罗斯基，1997：53，54）。有的西方学者提出："这里提出了一个悖论。如果中国和较小的亚洲国家在较早的时候用渐进主义取得了成功，为什么东欧一般地、俄罗斯特别地在较晚的时候却试图对经济市场化采取大爆炸的方式呢？为什么东欧如此倾心于更彻底的产权转移（包括为转移国有财产精心制作的凭证计划），以及对传统企业全面的价格和产出控制的突然放开呢？"（麦金农，1997：268）还有学者试图用"激进与渐进"的差别来解释中国的相对成功，认为中国采取了"渐进式改革"，相对于"大爆炸"和"休克疗法"来说，因为具有帕累托改进和卡尔多改进的性质，所以有利于改革的顺利推进。这种解释其实也隐含着一个悖论：如果社会主义国家的政党或政府能够有效识别和比较改革的社会成本与社会收益，把这种能力用于制订经济发展计划也可以取得成功，为什么还要对计划经济做出全面的市场化改革呢？

同时，在很多人看来，马克思恩格斯早就提出过未来社会商品关系必然消亡，因此马克思主义政治经济学和西方经济学一样，都否定社会主义能够与市场经济相结合。我们的问题就是：中国特色社会主义政治经济学是否能从马克思主义政治经济学的基本原理和方法出发，从历史与逻辑、理论与实践相统一的角度来理解市场化改革？

（一）市场经济与所有制

到底该如何理解市场经济和市场化改革，这是政治经济学的一个基本问题。关于市场经济，从亚当·斯密以来，政治经济学就认识到劳动分工与市场交换之间存在着相互增强的作用。由于资本主义制度天然地建立在商品生产和交换的基础上，并且是最发达的市场经济，即便是亚当·斯密和李嘉图这样的伟大的政治经济学家，也经常错误地把市场经济与资本主义经济混为一谈。马克思在《资本论》中多次批判了这一错误认识，指出市场经济的性质取决于它的所有制基础。如果商品生产是以生产者的劳动与其本人拥有的生产资料相结合，就是简单商品生产；只有商品生产是以生产者的雇佣劳动与他人拥有的生产资料相结合，才是资本主义商品生产。在资本主义市场经济中，不仅社会财富表现为庞大的商品堆积，劳动力本身也是用于交换的商品。简单商品生产与资本主义商品生产虽然表面上都采取了商品的私人所有权和等价交换形式，但是由于二者的所有制性质不同，商品生产的所有权规律在资本主义条件下必然转变为资本主义占有规律。此外，由于所有制性质不同，二者的生产目的也不同。简单商品经济的生产目的是使用价值，资本主义商品经济的生产目的是价值增殖即利润。围绕利润展开的资本主义商品生产和交换使"各个生产部门之间的平衡表现为由不平衡形成的一个不断的过程，因为在这里，全部生产的联系是作为盲目的规律强加于生产当事人，而不是作为由他们的集体的理性所把握、从而受这种理性支配的规律来使生产过程服从于他们的共同的控制"。① 克服资本主义商品生产的狭隘性、使之与社会化大生产相适应的根本出路在于彻底改造其所有制基础。

以此可见，马克思主义政治经济学提出了理解市场经济的一条最重要的原理，这就是不能离开所有制关系而孤立地、抽象地考察商品生产和交换关系。马克思恩格斯关于未来社会商品经济消亡的设想也是以他们关于未来社会的所有制关系的设想为基础的。在他们看来，未来社会的基本特征包括：生产资料的社会所有制、直接的社会劳动和有计划的社会生产、劳动者个人消费的按劳分配。这些条件，使社会主义社会在按比例分配劳动和为劳动者提供激励也就是效率和公平两方面都比资本主义更加有效②。

社会主义社会如果要实现马克思恩格斯的设想，彻底消灭商品关系，

---

① 《马克思恩格斯文集》第7卷，人民出版社，2009，第286页。
② "在资本主义经济中，无穷无尽的运动和反运动是必然的，决策只能在不确定的氛围中做出，从而使行动变得迟钝起来。而这样的战略和这样的不确定性却不会存在于社会主义经济之中。……（因而）效率就必然会提高。"参见熊彼特（1994）。

也必须以社会所有制为基础。对于这种所有制，马克思曾经做出过一个著名的论断，认为它"是在资本主义时代的成就的基础上，也就是说，在协作和对土地及靠劳动本身生产的生产资料的共同占有的基础上，重新建立个人所有制"①。依照这种所有制的性质，每个劳动者都拥有与生产资料相结合的完全平等的权利，任何个人都不得对生产资料进行垄断占有，在这个意义上，它既是劳动者的"个人所有制"，又是全体劳动者的社会所有制。因为没有任何个人能够单纯凭借生产资料所有权获得收益，劳动者实现个人利益的唯一途径只能是为社会提供一定的劳动。产品是劳动者按照社会计划从事联合劳动得到的产品，而不是劳动者的私人产品，因此无论是生产资料还是消费资料都不是商品，劳动者之间也就不存在真正的商品货币关系。

马克思恩格斯关于未来社会商品关系消亡的设想，是基于一定的所有制关系提出来的，是由一套完整的原则构成的，具有内在的逻辑一致性，因而是科学的理论。指责该设想是"不现实"的，这本身其实是极不科学的态度。马克思恩格斯从来没有跳出生产力与生产关系高度统一的规定，对社会主义经济采取怎样的具体形式进行任何的"空想"。我们今天坚持马克思主义政治经济学的基本原理和方法，既不能教条地固守马克思恩格斯关于未来社会的设想而取消对社会主义国家生产力和生产关系现实的具体分析，也不能因为这些设想还没有实现就武断地认为它们是"不现实的"或不可能实现，而是要从马克思主义政治经济学的基本原理和方法出发，从历史与逻辑、理论与实践相统一的角度来理解公有制经济实行商品生产和交换的根本原因。

（二）生产力的"双重约束"与公有制关系的实现

历史唯物主义的基本原理告诉我们，生产关系的变革不仅要适应生产力的发展，而且一定的生产关系的具体实现也会受现实的生产力的制约。马克思恩格斯设想的未来社会的所有制关系，是劳动者"个人所有制"与社会所有制的统一，这种所有制关系要真正实现，必须具备一定的生产力基础。第一，生产资料的数量和质量不会构成劳动者与生产资料相结合的障碍，这样才不会让劳动者的"个人所有制"成为一句空

①　《马克思恩格斯文集》第5卷，人民出版社，2009，第874页。

话，才能在事实上确保劳动者充分行使对生产资料占有、使用和支配的权利，最大限度地满足劳动者与生产资料相结合的要求。生产资料的数量和规模是基本要求，进一步讲，劳动者与生产资料相结合还要受二者的比例关系或生产的技术构成影响，二者共同构成了实现社会所有制关系的物质和技术条件。第二，在社会劳动即联合起来的劳动中，只有当社会劳动分工与个人劳动分工的要求相一致，才能同时保证生产资料的社会占有与个人占有相一致，劳动者才不致因为分工而被固定在特定的生产资料上面，形成事实上的局部占有，而无法对其他生产资料进行占有、支配和使用。为了保证劳动者能够与生产资料自由地、全面地结合，社会共同占有生产资料是一个必要条件，除此之外，还要求劳动者本身获得自由而全面的发展，具备从事各种劳动分工的能力。

马克思恩格斯对于实现社会所有制关系所需要具备的生产力基础提出过许多论述。关于生产资料的问题，恩格斯在《共产主义原理》中就指出："能不能一下子就把私有制废除？不，不能，正像不能一下子就把现有的生产力扩大到为实行财产公有所必要的程度一样。……只有创造了所必需的大量生产资料之后，才能废除私有制。"[①] 关于劳动分工的问题，恩格斯在《反杜林论》中批判了杜林的那种以为"无须从根本上变革旧的生产方式，首先无须废除旧的分工，社会就可以占有全部生产资料"的一种幼稚观念，它一方面说社会应该成为全部生产资料的主人，但同时又"让每一个人依旧做自己的生产资料的奴隶，而仅仅有选择哪一种生产资料的权利"。[②] 马克思在《资本论》中，指出机器的资本主义应用使工人"过去是终生专门使用一种局部工具，现在是终生专门服侍一台局部机器"。[③] 但是同时，马克思又指出机器和大工业代表的生产力的发展，为旧的分工及其僵死的专业化在技术上成为多余创造了可能。与机器的资本主义应用相比，对未来社会"生死攸关的问题"就变成"承认劳动的变换，从而承认工人尽可能多方面的发展是社会生产的普遍规律，并且使各种关系适应于这个规律的正常实现。……用那种把不同社会职能当作互相交替的活动方式的全面发展的个人，来代替只是承担

① 《马克思恩格斯文集》第 1 卷，人民出版社，2009，第 685 页。
② 《马克思恩格斯文集》第 9 卷，人民出版社，2009，第 314 页。
③ 《马克思恩格斯文集》第 5 卷，人民出版社，2009，第 486 页。

一种社会局部职能的局部个人"①。总之，在马克思恩格斯看来，未来社会"旧的生产方式必须彻底变革，特别是旧的分工必须消灭。代替它们的应该是这样的生产组织：在这样的组织中，一方面，任何个人都不能把自己在生产劳动这个人类生存的必要条件中所应承担的部分推给别人；另一方面，生产劳动给每一个人提供全面发展和表现自己全部的即体能和智能的机会，这样，生产劳动就不再是奴役人的手段，而成了解放人的手段，因此，生产劳动就从一种负担变成一种快乐"。②

然而，中国和大多数社会主义国家都是在生产力极不发达的条件下建立起社会主义制度的，而不是从经过了充分发展的资本主义社会内部自然孕育出来的，因此无法从历史上直接继承资本主义发展和积累所创造的物质技术条件。广大劳动者由于受落后生产力和传统劳动方式的制约，只具备比较低下和简单的劳动技能，从来没有充分地参与社会化大生产和发达的社会分工中。不论是从社会掌握的生产资料数量和质量来看，还是从劳动者的能力以及参与社会分工的情况来看，落后国家的生产力基础距离实现社会所有制关系的要求都远远不够，这构成了社会主义国家实现公有制关系所面临的"双重约束"。在这种约束下，社会主义国家以国家所有制的形式来实现全社会对生产资料的占有，在广大农村地区采取了土地的集体所有制，以城乡分割、条块分割等为代价建立高度集中的计划经济体制。

关于国家所有制。有人提出，国家所有制违背了真正的社会所有制，在采取国家所有制的条件下，国家是生产资料的最大的"垄断者"和"雇主"，认为"作为生产资料所有者的国家，必然作为与劳动者和消费者相分离的部分出现——作为在特定条件下雇佣工人的雇主及由此而作为收入的分配者"（布鲁斯，1989：65）。对这种看法只需要指出一点：如果社会受到生产力的"双重约束"，只掌握十分有限的生产资料并且还不得不实行劳动的旧分工，社会的生产活动就无法由全面发展的劳动者直接来管理，在这种条件下，国家所有制是保证由全社会共同占有生产资料的唯一可能的形式。这就好比"公社中，一开始就存在着一定的

---

① 《马克思恩格斯文集》第5卷，人民出版社，2009，第561页。
② 《马克思恩格斯文集》第9卷，人民出版社，2009，第310~311页。

共同利益，维护这种利益的工作，虽然是在全体的监督之下，却不能不由个别成员来担当"。[①] 假如不依靠国家代表整个社会掌握生产资料的所有权，公有制就会变成那些直接支配和使用局部生产资料的企业及劳动者的所有权，这在南斯拉夫的"工人自治模式"中已经充分暴露。从国家所有制向真正的社会所有制过渡，只能依靠生产力的进一步发展。布鲁斯指出："过渡时期的基本矛盾在于，一方面，国家是社会化过程中进步的手段，（对于经济和社会欠发达的国家尤为重要，而且持续时间较长。因为社会主义国家必须首先为向一下阶段过渡创造物质条件，这主要是一个工业化和联合改造社会及经济结构的问题。）……另一方面，国家——包括那些由群众的自发革命运动建立起来的国家——没有强制机构就无法进行管理。……这些矛盾显然不能依靠简单地取消其中一方的办法来解决，因为每一方都有客观基础。解决办法只能是为向着所有制实际社会化方向的渐进，创造尽可能有利的前提。"（布鲁斯，1989：67）

关于计划经济体制。胡钧等指出："由于旧的社会分工的存在，在对生产资料的管理上，还不可能做到全体社会成员都直接参加管理，以实现管理上的完全平等。这样，就决定了在占有生产资料的主人中间，还有一个管理者阶层。这些管理者与直接生产者虽然在生产资料的占有关系上都是完全平等的，但在对于生产资料管理权利上，却不是完全平等"。"管理上的完全平等，也只能在生产力高度发展和旧社会分工消亡以后才能实现"（胡钧，1990：79）。

国家所有制和传统计划经济体制在社会主义建设过程中发挥了重要作用，为完成社会积累实现经济发展奠定了坚实基础，但是也存在着一系列问题。政治经济学主要需要考察的是这样的制度安排对于实现社会主义生产关系到底起到了怎样的作用。在生产力的"双重约束"下，仅掌握数量有限、质量不均的生产资料的社会主义国家一方面必须考虑如何解决劳动者完全平等的所有权与劳动者只能局部占有生产资料之间的矛盾；另一方面又必须通过一定的组织方式，把旧分工下的劳动者的个人劳动转化为同一的、可比较的社会劳动，进而在劳动者之间进行按劳分配。这两个方面直接关系到社会主义公有制关系的实现，我们将其称

[①] 《马克思恩格斯文集》第9卷，人民出版社，2009，第186页。

为公有制关系的"两个实现"问题。从理论和实践来看，解决"两个实现"问题的关键在于出现了国有企业这一个"中间环节"。解决第一个实现问题的方式是劳动者以就业的形式进入企业，与生产资料相结合。解决第二个实现问题的方式是以指令性计划的形式统一规定社会分工和企业内部分工以及个人消费品的分配。企业按照社会计划确定的社会分工进行生产，把从事旧分工的劳动者的个人劳动联合在一起并转化为一定的社会劳动。国有企业由此成为国家所有制条件下实现公有制关系的"枢纽"。然而，与马克思恩格斯设想的劳动者的个人劳动直接都是社会劳动的情况相比，由于企业这一特殊环节的存在，公有制关系的实现变得更加迂回、更加复杂，在现实中存在几个主要困难和障碍。

一是"退出"问题。"退出"在市场经济条件下是指交易双方终止合约关系。社会主义公有制中的"退出"包括两种情况。一种情况是指劳动者个人从企业中"退出"，另一种情况是企业从社会分工中"退出"。不论是哪一种"退出"，在生产力的"双重约束"下都是合理的。如果缺少了这种"退出"机制，劳动者个人或国有企业对生产资料的局部占有就会固化成为事实上的排他性权利，这与公有制的本质要求显然是矛盾的。在传统体制下，企业职工的"铁饭碗"和国有企业的"预算软约束"特征，从根本上来说都是因为缺少"退出"机制（张军，1994）。

二是激励问题。传统计划经济体制为了降低计划的制订和执行的难度，通常会采取"棘轮原则"，即以过去的产量为基础制订将来的生产计划。如果把"棘轮原则"与激励挂钩，就可能出现社会主义条件下的"道德风险"和"逆向选择"问题，因为提高当期产量会提高未来的计划指标，从而降低完成或超额完成计划并获得奖励的可能性，企业和劳动者因此可能会隐瞒自己的生产能力。此外，"棘轮原则"实际上把对企业和劳动者的事后评价变成了事先评价，其结果有可能偏离真正按劳分配的要求，于是我们看到在传统体制下某些企业和劳动者存在着"出工不出力""干多干少都一样"的现象。

三是积累问题。积累是社会主义为发展生产力、实现社会主义生产目的而采取的必要的社会扣除。在个人分配之前，社会必须确定积累与消费的比例。以私有制为基础的市场经济中，私人生产者根据自己的消费偏好和对资本边际产出率的估计来决定自己的"最优积累率"。在社会主义公有制条件下，社会必须通过政治动员和民主政治过程来决定社会的"最优积累率"，把成千上万个社会成员的个人偏好和预期整合成为一个社会偏好和预期。如果计划对资本边际产出率的预期高于企业和劳动者，社会积累率就会偏高，使社会生产与满足人们需要之间的矛盾在短期内更加突出。如果计划直接按照社会总劳动的一定比例进行扣除用于积累，这就意味着企业和劳动者提供的社会劳动越多，向社会提供的积累也越多，而那些在"棘轮原则"下隐瞒生产能力的企业以及在固定工资制度下减少实际劳动供给的劳动者，反倒比按劳取酬或超额完成计划的企业和劳动者向社会提供的积累更少，出现"鞭打快牛""苦乐不均"的问题。

四是创新问题。在旧分工体系中，不仅一般劳动，而且管理劳动也无法代替创新劳动，所以计划无法取代创新。创新劳动本身是比一般劳动更加复杂和高级的劳动，所以不能只根据劳动时间来对其进行评价。现实中计划经济体制在评价创新劳动时面临着很大的挑战。比如说，如果社会想通过劳动生产率的提升来衡量创新劳动的贡献，计划经济体制就必须能够明确区分生产率的提高到底是由于创新劳动所起的作用还是生产资料质量本身发挥的作用[①]。但是，这就要求社会计划能够充分掌握每个企业和劳动者的生产函数及其变化的情况，相当于能够把每个劳动者的个人劳动和企业的联合劳动直接作为一定的社会劳动，这个条件显然还不具备。与此同时，计划采取"棘轮原则"还可能使企业尽量规避创新失败的风险，通过计划体制"免费"地进行创新扩散会进一步削弱企业创新的动力。

这些问题不仅影响到社会主义的公平和效率，而且给社会主义公有制关系的实现造成了巨大的困难和挑战。

（三）公有制与商品经济的对立统一

有无必要、如何才能在社会主义公有制经济中建立起商品关系和市场经济，这是政治经济学长期以来不断探讨的一个重大理论和现实问题。其中有代表性的观点认为，只要社会主义的劳动者和企业还存在各自不

---

① 正像马克思所说的，"劳动生产率不仅取决于劳动者的技艺，而且也取决于他的工具的完善程度"。

同的特殊利益，公有制内部就存在商品关系（中国社会科学杂志社，1987）。这是一种似是而非的观点。个人物质利益在一切生产方式和所有制条件下都是客观存在的，问题在于这种利益在不同的生产方式和所有制关系中是如何决定、如何实现的。公有制条件下劳动者之间的利益关系与私有制条件下商品生产者之间的利益关系本质上是不一样的。私有制条件下，生产资料和产品都归私人所有，商品生产者通过自己的产品，以物的交换实现劳动的交换，在商品生产者的私人劳动与交换所承认的社会劳动之间存在的差额，是商品生产者的私人收益。在社会主义公有制条件下，生产资料和产品都归社会所有，劳动者不是拿私人所有的产品去和国家或者其他的劳动者进行交换，而只是根据自己在社会总劳动中的贡献，从社会那里取得一份相应的消费资料，对他的劳动的评价不是通过物与物的等价交换来完成，而是在社会分工和生产过程中被直接评价的。按劳分配关系对劳动者个人来说，意味着他与国家代表的社会以及企业和其他劳动者之间不存在真正的商品关系和等价交换关系，更不会像商品生产者那样，以私人占有的生产资料为基础进行私人劳动，因而把私人劳动与社会劳动的差额当成私人收益。总之，因为所有制基础不同，"在存在实质商品交换关系的地方，是不能完全贯彻按劳分配原则的"（胡钧，1998：13）。

　　虽然公有制条件下劳动者实现个人利益与商品生产者实现个人利益的方式存在根本差别，但是公有制条件下劳动者与劳动者之间、商品生产者与商品生产者之间，又存在一个共性，那就是交换和分配的依据都是社会劳动。马克思在《哥达纲领批判》中明确指出，刚刚从资本主义社会中产生并且还带着旧社会痕迹的社会，只要人们还不得不把劳动当作谋生手段，还不得不"奴隶般地服从分工"，劳动者相互间遵循的就是通行于"商品等价物的交换中的同一原则，即一种形式的一定量劳动同另一种形式的同量劳动相交换。……它默认，劳动者的不同等的个人天赋，从而不同等的工作能力，是天然特权。所以就它的内容来讲，它像一切权利一样是一种不平等的权利。……但是这些弊病，在经过长久阵痛刚刚从资本主义社会产生出来的共产主义社会第一阶段，是不可避免的"。[①]

---

　　①　《马克思恩格斯文集》第3卷，人民出版社，2009，第434～435页。

社会主义社会是共产主义社会的第一阶段，社会主义初级阶段又是不发达的社会主义。社会主义初级阶段受生产力的"双重约束"，必须通过改革传统体制来不断自我完善，以便更好地实现社会主义公有制的本质利益关系，这就是市场化改革的根本目的。围绕这一目的，采取商品生产和交换形式对于社会主义公有制关系的实现具有以下几方面的重要作用。

一是劳动核算的必要性。生产中的劳动分配与个人按劳分配都是以劳动核算为前提的。马克思指出，在一个"自由人联合体"中，"劳动时间就会起双重作用。劳动时间的社会的有计划的分配，调节着各种劳动职能同各种需要的适当的比例。另一方面，劳动时间又是计量生产者在共同劳动中个人所占份额的尺度，因而也是计量生产者在共同产品的个人可消费部分中所占份额的尺度"。① 马克思的论述是以直接社会劳动为条件的，根据劳动时间就可以直接进行劳动的核算与配置。如果社会主义社会还不具备这样的条件，通过商品形式和价值规律同样可以起到劳动时间的双重作用：利用价值形式实现社会总劳动的分配或资源配置；利用价值形式衡量劳动者的社会劳动量并进行个人分配。由于存在生产力的"双重约束"，公有制经济必须把劳动者在局部占有生产资料基础上从事的旧分工劳动，转化为按劳分配关系中的社会劳动。由此可见，"利用价值形式将是很长时间的事情。劳动差别的多样性复杂性，使得直接用劳动时间计算，即使建立了全面的全民所有制以后，在一定的技术水平下也是一件很困难的事情。但是严格计算劳动时间，又是发展生产和产品分配所绝对必需的。因此价值形式就是一种唯一较好的形式，也是一种已经普遍利用而为人们所熟悉的形式。所以，完全没有必要在目前考虑改变这种形式。……价值形式什么时候不再被利用，也是一个自然过程"（胡钧，1998：12，13）。

二是国家所有制条件下企业特殊的产权结构。公有制关系如果离开了经济上的实现就没有任何意义②。生产力的"双重约束"意味着劳动

① 《马克思恩格斯文集》第5卷，人民出版社，2009，第96页。
② "谁不能把所有制首先看作是一个过程，看作是不断更新和发展的占有，谁就永远把握不住现实和真正马克思主义地对现实的反映，就永远理解不了任何一种生产资料所有制形式的社会本质。"参见锡克（1984：209，210）。

者只能以企业为中介与生产资料相结合，这种结合在旧分工下意味着对生产资料事实上的局部占有，这使国有企业形成了特殊的产权结构。一方面，只有国家所有权形式才能保证全体劳动者和整个社会掌握生产资料的所有权，才能从根本上克服局部占有事实带来的缺陷。另一方面，以国家所有权为基础建立的国有企业，把一部分劳动者联合在一起进行生产。相对于国家所有权来说，企业以这种联合劳动、结合劳动为基础行使的生产资料占有、使用和支配的权利以及参与分配的权利，构成了企业产权的实质性内容，也是不同企业的特殊利益所在，这种产权还赋予了国有企业商品生产者和交换者的主体地位。在局部占有和旧分工的条件下，劳动者个人之间的劳动交换关系要通过企业间的结合劳动交换关系才能实现。由此可见，国有企业的产权结构涉及国家代表的整个社会与企业和劳动者的利益能否真正实现的问题。国有企业改革的核心命题就是通过建立现代企业制度和"激励相容"的企业治理结构，更好地实现国家、企业以及企业内部管理者与生产者的利益。

三是社会主义经济内在的竞争关系。生产力的"双重约束"使公有制内部必然存在着竞争关系，即竞争性的局部占有——哪些劳动者、哪些企业能够对生产资料进行占有、使用和支配。按照社会主义的生产目的与按比例分配社会劳动的根本要求，社会应该在劳动核算的基础上，把生产资料分配给那些能够以更低的物质消耗、更少的劳动时间生产出满足社会需要的产品的企业。企业应该在劳动核算的基础上，更多地采用生产率更高的劳动。如果缺少竞争和"退出"机制，社会主义生产目的就无法有效实现，公有制关系就会被局部占有的事实所破坏。换言之，保持竞争关系对实现社会主义公有制的效率与公平同等重要。

以上分析表明，虽然社会主义公有制关系与商品关系存在本质差别，但是在生产力的"双重约束"下，采取商品生产和交换的形式实现公有制关系不仅具有可能性，而且具有必要性。社会主义公有制与商品关系和市场经济的结合于是成为一个矛盾统一体。要解决其中的矛盾，就要把采取商品等价交换关系转化为采取劳动者之间的"等量劳动互换"关系。这个转化过程包含两个环节：首先是在企业之间进行商品等价交换，然后从企业的等价交换收益中扣除因占有不同生产资料而获取的级差收益（胡钧，1990、1998）。其中第二个环节即扣除生产资料级差收益的环节具有决定性意义。从理论上来说，社会如果要进行合理的扣除，就必须掌握企业的生产函数及其变化信息，但是如果社会具有这种能力，理论上也就能够通过计划体制准确地进行劳动核算与评价，市场化改革也就失去了意义。反过来说，如果计划体制无法做到或者做好这一点，利用市场竞争和价值形式就是必要的。这意味着公有制经济与市场经济的结合，不仅要建立产品市场，更重要的是发展竞争性的要素市场；不仅要利用产品市场来评价企业的联合劳动或结合劳动，更重要的是利用要素市场来评价劳动者本身的劳动和生产资料的级差收益。要素市场的建立和完善对于把商品关系转化成按劳分配关系是如此重要，但是从表面上我们难以看到这一点，甚至很容易把它与私有化联系在一起，因此需要再次强调：包括产品市场和要素市场在内的全面的市场化改革，根本目的是实现公有制经济的本质关系。

对中国四十多年改革开放的考察表明，我国经济改革的实践逻辑与政治经济学的理论逻辑是高度一致的（刘伟、方敏，2015）。第一，我们提出社会主义的根本任务是发展和解放社会生产力，改革是社会主义的自我发展与完善。按照发展和解放生产力的要求，我们调整了所有制结构，在坚持公有制主体地位的条件下，充分发挥非公有制经济的积极性，扩大对生产资料、劳动力的利用，形成了社会主义初级阶段的基本经济制度。这一基本经济制度不仅有利于克服社会所受有限生产资料的约束，也为建立商品关系和顺利推进市场化改革奠定了所有制基础。第二，在基本经济制度下，我们按照国有企业特殊的产权结构与市场经济的一般要求，不断完善国有企业的产权制度，努力探索公有制的有效实现形式，使之成为真正的市场主体，并通过与非公有制经济进一步的联合，发展混合所有制经济，形成基本经济制度的新的实现形式。第三，通过产权改革与价格改革，不断完善社会主义市场经济的内在竞争关系。不论是主张产权改革先行，还是主张价格改革先行；不论是主张产权改革重要，还是主张竞争更重要，本书分析表明，竞争关系对于实现公有制本质关系、保证公有制经济的效率与公平至关重要。为了保持这种竞争关系，既需要国有企业以自身特殊的产权结构为基础，塑造商品生产者和交换者的市场主体地位，也需要通过价值形式和等价交换关系对企业的结合劳动进行核算与比较，二者对于在市场经济条件下实现公有制关系的作用是高度统一的。虽然产权和价格改革并非一帆风顺、一蹴而就，但是社会主义市场经济体制既要建立完善的市场竞争机制、价格机制和开放的市场体系，又要建立现代企业制度。市场化改革不能是"跛脚鸭"，必须在企业产权制度改革与市场竞争性价格改革的统一中才能达到最终的目标。第四，建立和完善要素市场的重要性日益突出。伴随着所有制结构的调整，产品市场的建立相对比较容易，而生产资料和劳动力的市场化改革意味着建立"退出"机制，涉及更深层的利益关系，难度大大超过产品市场化改革。我们是从构建产品市场体系入手，在产品市场不断发展的基础上"倒逼"要素市场化改革的。十八届三中全会《中共中央关于全面深化改革若干重大问题的决定》已经明确提出使市场在资源配置中起决定性作用和更好地发挥政府作用。党的十九大报告进一步明确提出经济体制改革必须以完善产权制度和要素市场化配置为重点。构建竞争和开放的要素市场成为当前市场化改革的重点和难点。可以说，要素市场化改革是完善社会主义市场经济体制的关键一步，是实现公有制与市场经济有机结合的重要一环。

（四）结论

经过长期艰难的探索，成功建立社会主义市场经济体制，这是中国改革开放四十多年取得的一项伟大成就，也是中国特色社会主义政治经济学理论体系的重要实践基础。根据马克思主义政治经济学的基本原理和方法，市场经济的性质根本上取决于它所依赖的所有制基础。社会主义基本制度能不能与市场经济相结合之所以是一道经济学的世界性难题，原因就在于社会主义公有制关系与商品关系存在着本质差别。马克思恩格斯以社会所有制、直接的社会劳动和有计划的社会生产为前提，提出了未来社会商品关系必然消亡的设想，但是这种所有制关系及其所需要的生产力基础，在建立于落后国家的社会主义社会中尚不具备。这些社会主义国家仅仅掌握数量有限、质量不均的生产资料，劳动者受生产力水平和劳动能力限制而只能服从于旧的分工，二者构成了生产力的"双重约束"，对公有制关系的实现构成了巨大的挑战。

社会主义国家的传统体制由于"退出"、激励、积累、创新等方面存在的问题，使社会主义公有制关系的实现变得更加复杂、更加困难。从政治经济学角度来看，克服生产力"双重约束"给实现公有制关系带来的困难，通过改革传统体制而不断自我完善，以便更好地实现社会主义公有制的本质利益关系，这是市场化改革的根本目的。公有制经济内部进行劳动核算的必要性、国家所有制条件下的企业的特殊产权结构以及公有制经济内在的竞争关系，使生产力"双重约束"下的公有制经济采取商品生产和交换形式不仅有可能，而且有必要，关键在于把商品经济的等价交换关系转化为公有制经济的按劳分配关系。在这一转化过程中，竞争性要素市场的构建尤其重要。我国市场化改革的实践逻辑与政治经济学分析的理论逻辑是一致的。

三　发展混合所有制经济

十八届三中全会通过的《中共中央关于全面深化改革若干重大问题的决定》（以下简称《决定》）提出要积极发展混合所有制经济，明确指出国有资本、集体资本、非公有资本等交叉持股、相互融合的混合所有制经济是社会主义初级阶段以公有制为主体、多种所有制经济共同发展的基本经济制度的重要实现形式。更多国有经济和其他所有制经济发展成为混合所有制经济，有利于国有资本放大功能、保值增值、提高竞争力，有利于各种所有制资本取长补短、相互促进、共同发展。《决定》把公有制经济和非公有制经济共同界定为社会主义市场经济的重要组成部分和我国经济社会发展的重要基础，并且提出了基本经济制度的重要实现形式的概念。这是对我国社会主义初级阶段基本经济制度及其实现形式做出的重要理论创新，是在所有制这一基本问题上实现的新的理论突破。

随着我国所有制结构在改革开放过程中逐步调整，如何坚持和完善我国的基本经济制度，坚持和巩固公有制主体地位，进一步探索基本经济制度的有效实现形式和公有制的实现形式，始终是摆在我们面前的重大理论和现实课题。为此有必要搞清楚混合所有制经济的内涵以及发展混合所有制经济与完善基本经济制度、发展公有制经济的关系。

（一）社会主义初级阶段基本经济制度是逻辑与现实相结合的产物

公有制为主体、多种所有制经济共同发展的基本经济制度是中国特色社会主义制度的重要支柱。这一基本经济制度的确立是社会主义经济制度的内在逻辑与生产力的现实基础相结合的产物，是立足于我国长期处于社会主义初级阶段这个最大实际做出的选择。

马克思恩格斯关于社会主义的设想包括一系列相互联系的基本原则。社会主义经济制度代替资本主义经济制度的合理性，不在于抽象的"公平"的道德要求，而在于社会生产力的发展为自己开辟道路，要求生产关系克服资本主义生产方式的狭隘性，使之与高度社会化的生产相适应。公有制消除了社会成员对生产资料的权利差异，财产权利不再构成个人收入的源泉，劳动平等成为最基本的经济关系。生产资料和社会总劳动将按照满足社会需要的比例进行有计划的分配。产品以劳动者有效的社会劳动量为基础进行分配。

社会主义公有制既是联合起来的劳动者的"社会所有制"，又是劳动者的"个人所有制"。满足这一要求的生产力基础具备两个重要的性质。第一，在社会主义条件下，劳动还是谋生的手段，对劳动者来说，平等的生产机会和权利是由公有制决定的天然权利。我们把这一原则称为社会主义的制度逻辑。按照这一逻辑的要求，生产资料的数量必须能够充分满足劳动者与客观生产条件相结合的要求，从而才能将平等的所有权落实为平等的劳动权利和发展机会。第二，由于劳动与生产资料总是按照一定的数量和比例关系即技术构成相结合的，生产力的各个组成部分——物质生产力（比如自然条件和物质生产资料的质量）、劳动生产力（比如劳动者的知识和技能）以及集体生产力（比如生产过程的社会化程度和管理水平）——都会影响劳动生产率。我们把这一原则看成社会主义的经济逻辑。按照这一逻辑的要求，社会主义生产必须在技术构成的约束条件下实现最优的资源配置和投入产出效率。

在不发达的生产力基础上建立起来的社会主义经济制度受到现实的双重约束。首先是生产资料数量的约束，社会占有的生产资料在数量上远远不能满足全体成员从事生产的需要。如果按照一定的技术构成，即按照社会主义经济逻辑的要求，社会主义现实经济就会出现一部分劳动者无法就业的情况，从而违背了社会主义的制度逻辑。但是如果接受制度逻辑的要求，满足劳动者充分就业的需要，又会违背生产力的技术约束和社会主义的经济逻辑。现实社会主义公有制经济从建立开始，这一对矛盾就始终存在。在这一现实约束条件下，矛盾的解决办法就是在发展社会主义公有制经济的同时，由非公有制经济的补充和发展为劳动者提供足够的劳动手段。关于这一点，恩格斯在《共产主义原理》中就已经指出："能不能一下子就把私有制废除？不，不能，正像不能一下子就把现有的生产力扩大到为实行财产公有所必要的程度一样。……只有创造了所必需的大量生产资料之后，才能废除私有制"①。

　　社会主义现实约束的第二个方面是劳动还具有旧的分工性质。马克思把社会主义称为共产主义的第一阶段，强调其中还存在"迫使个人奴隶般地服从分工"的因素，劳动者还会受到某种固定的具体劳动形式的长期束缚（如体力劳动或脑力劳动）。劳动的旧的分工性质决定了劳动者在社会主义条件下的利益关系事实上是一种形式、一定数量的劳动同另一种形式的同量劳动相交换。虽然社会主义社会不承认阶级差别，"但是它默认，劳动者的不同等的个人天赋，从而不同等的工作能力，是天然特权。所以就它的内容来讲，它像一切权利一样是一种不平等的权利。……这些弊病，在经过长久阵痛刚刚从资本主义社会产生出来的共产主义社会第一阶段，是不可避免的"。② 在这种条件下，由于劳动者自身的能力和生产率还不允许他有足够的时间从事不同形式的劳动并获得全面发展，体力劳动者与脑力劳动者、一般劳动者与管理劳动者在各自的劳动过程中存在着劳动方式、与生产资料相结合的范围和程度等方面的差别。要消除这些差别就意味着通过生产力的高度发展使生产方式和劳动方式发生根本的改变，消灭旧的社会分工。以为"无须从根本上变革旧的生产方式，特别是无须废除旧的分工，社会就可以占有全部生产资料"是十分荒谬的。未来社会应该使"旧的生产方式必须彻底变革，特别是旧的分工必须消灭。代之而起的应该是这样的生产组织：……生产劳动给每一个人提供全面发展和表现自己全部的即体力的和脑力的能力的机会，这样，生产劳动就不再是奴役人的手段，而成了解放人的手段"。③

　　根据历史唯物主义基本原理，生产关系和所有制的性质归根结底是由生产力的状况决定的，只有把社会关系归结于生产关系，把生产关系

---

①　《马克思恩格斯文集》第1卷，人民出版社，2009，第685页。
②　《马克思恩格斯文集》第3卷，人民出版社，2009，第435页。
③　《马克思恩格斯文集》第9卷，人民出版社，2009，第310~311页。

归结于生产力的水平，才能有可靠的根据把社会形态的发展看作自然历史过程。①

　　首先，从历史发展的长时段来看，与生产力质的发展相适应，生产关系和所有制形式也将发生性质与内容的改变，并导致生产方式和基本经济制度变迁。马克思关于手推磨产生的是封建主的社会、蒸汽磨产生的是工业资本家的社会的论断，就是一个典型例子。其次，生产力结构中整体与局部以及局部间的相互关系也会影响所有制结构。其中，生产力的总和或整体水平决定了所有制结构中最基本的、占主体的所有制形式；整体结构中的局部差别则决定了在基本所有制形式之外还可能存在其他所有制形式，即多种经济成分并存的局面；整体结构中各局部生产力内部的差异和不平衡还可能要求与之对应的不同所有制形式采取不同的实现形式（方敏，1997）。此外，生产力在从量的累积到质的变化的过程中可能存在某些过渡阶段。在过渡时期和社会发展的初始阶段，出于生产力发展连续性的要求，往往需要保留一定数量的旧的所有制形式，利用它们进一步扩大生产力的总和，也会形成多种所有制经济并存的局面。

　　社会主义是共产主义的初级阶段，而中国又处在社会主义初级阶段，就是不发达的阶段。社会主义初级阶段不发达的根本的原因是生产力不发达，整体水平落后，社会化程度还不高，生产力结构中还存在着整体与局部以及局部相互间的显著差异和不平衡。社会主义初级阶段的生产关系和所有制结构必须与现阶段生产力的发展水平和性质相适应，从而才能更好地解放生产力、发展生产力。按照这一原则，社会主义初级阶段的基本经济制度是以公有制为主体、多种所有制经济共同发展的所有制结构为特征的。确立这一基本经济制度的根本目的是为了保证生产力的连续发展，动员一切力量扩大社会主义经济的生产力。

　　经过几十年的社会主义经济建设积累起来的物质资本是公有制经济的物质基础。只有坚持以公有制为主体，才能保证我国基本经济制度的社会主义性质，才能长期的从根本上适应生产社会化程度不断提高的客观要求，才能保证生产目的是满足社会日益增长的物质文化需要，才能

---

① 《列宁选集》第 1 卷，人民出版社，1995，第 8～9 页。

在实现资源配置微观效率的同时实现社会的宏观的效率，才能为实现社会主义性质的收入分配、消除两极分化、最终实现共同富裕提供经济基础。生产力结构的局部差别决定了公有制经济不能单纯采取一种形式，而是存在国有和集体所有两种基本形式。公有经济成分还可以与非公有经济成分融合形成混合所有制经济。国有经济在数量上只可能掌握一部分生产条件，并与生产力结构中最先进、社会化程度最高的部分相适应，比如那些关系国民经济命脉、产业关联效应和规模经济最为明显、宏观性和社会性最为突出的行业和领域。国有经济的整体质量、控制力和主导作用是公有制主体地位的重要体现。

与此同时，社会主义初级阶段存在着客观生产条件和就业手段不足的现实，单纯依靠公有制经济尤其是国有经济远远不能满足劳动者与生产资料相结合的要求，而且生产力结构中还有相当一部分的社会化程度不高，不可能依靠经济关系的改造把它们迅速提高到适合社会化占有的水平。因此，除了公有制经济成分之外，社会主义初级阶段必须保留非公有制经济成分，应该鼓励和引导个体、私营等非公有制经济健康发展。

与生产力的现实基础相适应的国有经济、集体经济、个体和私营经济、外资经济以及混合所有制经济等经济成分和所有制形式都是社会主义初级阶段基本经济制度的实现形式。

（二）混合所有制经济是所有制改革不断延伸的结果

混合所有制经济的出现和发展是基本经济制度与市场经济体制相结合的产物，是所有制改革不断深入、不断延伸的结果。随着各种所有制经济的发展以及资本和产权在市场上的流动和重组，混合所有制经济已经成为我国多种所有制经济共同发展格局下的一种重要形式。

1. 混合所有制经济的内涵与性质

关于混合所有制经济内涵的界定，理论界从不同的角度提出了不同看法。比较有代表性的观点是认为混合所有制经济有广义和狭义之分。广义的混合所有制经济是各种不同的所有制经济相互联系、有机结合形成的一种经济形式，体现了企业与企业之间、地区与地区之间、部门与部门之间以及社会上各种不同所有制主体之间互为条件、互相依存、互为供给、互为需求的经济关系。狭义的混合所有制经济是由不同所有制经济联合组建的一种企业形式，是企业内部各种所有制主体之间生产要素共同占有、利润按生产要素投资额共同分享的一种企业组合形式（王永年，2004）。另一种观点认为，混合所有制经济有宏观、微观之分。宏观的混合所有制经济是指一个国家在特定社会经济制度下各种不同所有制经济之间的有机结合，即宏观的所有制结构。其中占主体地位的所有制形式决定了所有制结构的性质。微观的混合所有制经济是指不同所有制经济在企业范围内的联合。其中占主体地位的所有制经济决定了企业的产权结构以及分配制度（朱光华，2004）。还有的学者根据所有制主体和产权主体的性质，把混合所有制分为以公有制为主体的混合所有制经济，公有制经济控股的混合所有制经济，公有制经济参股的混合所有制经济，劳动者以劳动联合为主体的混合所有制经济，民营经济为主体或民营经济控股、参股的混合所有制经济（周维富，2004）。

混合所有制经济是由不同所有制经济通过交叉持股、相互融合等方式形成的一种所有制形式。从所有制形式和性质的角度来看，由于经过资本和产权的融合，形成了新的财产和产权的联合（如形成了不同于股东所有权的法人财产权），混合所有制关系无论从性质还是实现形式来说，都具有与其构成部分的所有制关系不尽相同的内容，是在原来的所有制形式基础上发展出来的新的所有制形式。当然，混合所有制经济的性质与其构成部分的性质也不是完全无关或者完全独立的。对此可参照马克思关于资本主义股份公司的分析。马克思指出，股份资本是建立在社会生产方式的基础上并以生产资料和劳动力的社会集中为前提的，因此表现为个人财产的旧形式的对立面，这是它不同于其构成部分的资本主义私人资本的地方。但是另一方面，私人资本的这种转化形式"还是局限在资本主义界限之内"，是私人资本"在资本主义生产方式本身范围内的扬弃"，从而"只是在新的形态上"发展了社会资本和私人资本之间的对立①。以上分析提供了认识混合所有制基本性质的重要启示：由于实现了资本在社会一定范围内的联合，混合所有制是比私有制经济社会化程度更高的所有制关系；但是同时，混合所有制就其本意来讲毕竟不是在整个社会范围内的资本联合，因此其社会化程度还达不到社会所有制或国家所有制的高度。这就意味着，混合所有制是介于纯粹的私

---

① 《资本论》第三卷，人民出版社，2004，第495、499页。

人所有和完全的社会所有之间的一种所有制关系。只是在这个意义上可以说混合所有制具有"过渡"的性质。

　　本书认为,混合所有制的严格的内涵只能从所有制关系的形式和性质角度来界定。其他观点都偏离了所有制这一重心。比如,无论是从广义还是从宏观角度定义的混合所有制经济,实际上都指向了所有制结构,而不是所有制关系本身的形式和性质。多种所有制经济并存的状况并不是一个特定的理论概念,因此用混合所有制经济来表示这种状况并无实质意义。再比如,从所谓狭义和微观角度定义的混合所有制经济实际指向的是所有制的实现形式,即不同所有制经济联合形成的产权结构及其治理形式,甚至有人把股份制直接等同于混合所有制,认为推行股份制就是发展混合所有制。这显然混淆了所有制和所有制的具体实现形式。所有制的实现形式或企业的产权形式不能告诉我们混合所有制经济的基本性质。因为从所有制主体和产权主体来看,混合所有制经济存在着各种不同的资本联合的可能,比如国有经济与集体经济的联合、国有经济与私营经济的联合、不同地区或不同部门的国有经济的联合、不同的集体经济的联合、不同的个体经济的联合等。仅仅依靠这种联合的形式本身,我们是无从判断其所有制性质的。即便存在"控股"甚至"绝对控股"的情况,我们也不能简单地认为混合所有制经济的性质就是由"控股"或"绝对控股"的所有制主体的性质决定的。因为在混合所有制经济中不存在单一的经济利益关系,往往是按劳分配和按资(要素)分配并存的情况。

　　此外,还有一个与混合所有制看似相近,但是含义更加宽泛和模糊的"混合经济"概念。在西方流行的经济学著作中,混合经济通常是指在社会经济生活中,公共部门与私人部门、政府干预与市场机制、"看得见的手"与"看不见的手"共同存在并发挥作用的状况。由于淡化了生产关系和所有制的概念,"混合经济"与"混合所有制经济"在内涵上有着本质的区别,二者不能混为一谈(张旭,2004)。

　　本书认为,《决定》提出的混合所有制经济是指国有经济、集体经济和非公有经济等不同经济成分或所有制形式经过股权和资本融合形成的新的所有制形式。它与国有经济、集体经济、非公有经济等一起,构成了我国现阶段所有制结构的组成部分,从而才能够成为公有制为主体、多种所有制经济共同发展的基本经济制度的重要实现形式。

2. 所有制改革与混合所有制经济的发展

我国经济体制改革包含两条主线：一是通过所有制改革，不断完善基本经济制度；二是通过改革经济运行机制，建立和完善社会主义市场经济体制。其中，所有制改革又包含两个方面：一是按照发展生产力、解放生产力的要求，调整所有制结构，打开公有制经济和非公有制经济共同发展的局面；二是积极探索公有制的实现形式，完善公有制与市场经济相结合的有效形式。

所有制关系的实质是由生产资料的归属或客观生产条件的分配形成并决定的人与人的经济利益关系。所有制的实现形式是某种所有制形式与具体经济过程相结合的形式，表现为生产手段或资本的组织形式以及由此形成的产权结构。有效的所有制实现形式取决于两方面因素：一是这种所有制形式的基本性质，二是所有制形式与之相结合的经济活动的性质。前者反映的是生产的社会经济性质，后者反映的是社会化生产的规律。因此，同一种所有制形式，虽然基本性质是一样的，但是因经济活动的性质不同（比如产业特征、市场结构等不同），可以具有不同的实现形式。有效的所有制实现形式应当保证两方面因素相互适应、相互促进，既符合发展生产力的要求，又符合所有制决定的经济利益的要求。

改革开放以来各个时期进行的所有制改革，从调整所有制结构向探索公有制有效实现形式不断延伸、不断深化，推动了我国经济社会制度的发展和变迁。早在 1981 年，《关于建国以来党的若干历史问题的决议》就提出国营经济和集体经济是我国基本的经济形式，一定范围的劳动者个体经济是公有制经济的补充。1984 年，十二届三中全会又提出发展多种经济形式和多种经营方式，特别是个体经济和外商投资经济。十二届六中全会提出要在公有制为主体的前提下发展多种经济成分。1987 年，党的十三大提出私营经济、中外合资合作企业和外商独资企业等非公有制经济是公有制必要的和有益的补充。1992 年，党的十四大进一步提出以公有制包括全民所有制和集体所有制经济为主体，个体经济、私营经济、外资经济为补充，多种经济成分长期共同发展，不同经济成分还可以自愿实行多种形式的联合经营。十四届三中全会做出的《中共中央关于建立社会主义市场经济体制若干问题的决定》提出要坚持以公有制为主体、多种经济成分共同发展的方针，国家要为各种所有制经济平等参与市场竞争创造条件，对各类企业一视同仁。同时还指出，随着产权的流动和重组，财产混合所有的经济单位越来越多，这将会形成新的财产所有结构。1997年，党的十五大确立了公有制为主体、多种所有制经济共同发展是我国社会主义初级阶段的一项基本经济制度，一切符合"三个有利于"的所有制形式都可以而且应该用来为社会主义服务。混合所有制经济中的国有成分和集体成分也属于公有制经济。公有制的实现形式可以而且应当多样化，股份制作为现代企业的一种资本组织形式，可以成为公有制的实现形式，并且是混合所有制经济的重要载体。2001年，党的十六大对于坚持和完善公有制为主体、多种所有制经济共同发展的基本经济制度提出了"两个毫不动摇"，即毫不动摇地巩固和发展公有制经济，毫不动摇地鼓励、支持和引导非公有制经济发展。除极少数必须由国家独资经营的企业外，积极推行股份制，发展混合所有制经济。党的十六届三中全会进一步指出，为了适应经济市场化不断发展的趋势，进一步增强公有制经济的活力，要大力发展国有资本、集体资本和非公有资本等参股的混合所有制经济，实现投资主体多元化，使股份制成为公有制的主要实现形式。党的十七大对其进一步加以发展和完善，指出要"以现代产权制度为基础，发展混合所有制经济"。十八届三中全会通过的《决定》在强调基本经济制度的同时，指出混合所有制经济是基本经济制度的重要实现形式，允许更多国有经济和其他所有制经济发展成为混合所有制经济。

随着所有制改革从调整所有制结构向探索公有制有效实现形式不断延伸，混合所有制经济自然而然地形成并发展起来。一方面，所有制结构的调整打开了各种所有制经济共同发展的局面，为混合所有制经济的形成提供了前提条件；另一方面，随着探索公有制的有效实现形式，特别是国有企业按照现代企业制度的要求进行改革，不同所有制经济主体开始进行产权和资本的相互渗透、相互融合，在此基础上最终形成混合所有制性质的企业。

（三）积极发展混合所有制经济

在新形势下积极发展混合所有制经济对于发展和解放生产力、完善基本经济制度、巩固公有制经济并提高其发展质量都具有积极的作用。

1. 发展混合所有制经济有利于完善基本经济制度

我国作为处于社会主义初级阶段的发展中国家，面临的最大任务就是如何加快生产力的发展，扩大生产力的总和，提高生产力的水平和质量。确立公有制为主体、多种所有制经济共同发展的基本经济制度，根本目的是为了解放生产力、发展生产力。因此，党的十五大提出一切符合"三个有利于"的所有制形式都可以而且应该用来为社会主义服务。发展混合所有制经济打破了"纯粹公有"与"纯粹私有"的二元对立的束缚，是解放生产力、发展生产力的有效手段和必然选择。在生产力水平和各种所有制关系一定的条件下，由不同所有制经济通过产权和资本的联合、融合形成的混合所有制经济相比单一的所有制经济而言，在更大范围内实现了资本的社会化，有利于实现资本的放大功能，扩大生产力的数量和规模，有利于各种所有制资本取长补短、相互促进，提高了生产力的发展质量和社会化程度。

混合所有制经济并不是社会主义初级阶段基本经济制度的唯一实现形式。发展混合所有制经济并不意味着对其他所有制形式的替代或排斥，也不意味着某种所有制经济利用混合所有制形式"吞并"或"吃掉"另一种所有制经济。如果说在改革开放初期不同所有制经济实力悬殊、发展不平衡，因而还存在这种可能的话，客观上经过了三十多年的发展和建设，目前公有制经济与非公有制经济都得到了极大的发展，无论数量、规模还是发展水平都有了明显提高。此时发展混合所有制经济是不同的所有制主体作为平等的市场主体展开的资本联合。党的十六大提出的"两个毫不动摇"——既要毫不动摇地巩固和发展公有制经济，又要毫不动摇地鼓励、支持和引导非公有制经济的发展——既是坚持和完善基本经济制度的重要保证，也是发展混合所有制经济的前提，从而在主观政策意愿上也表明，发展混合所有制经济绝不是顾此失彼。

2. 发展混合所有制经济有利于巩固和发展公有制经济

习近平总书记指出，积极发展混合所有制经济，"是新形势下坚持公有制主体地位，增强国有经济活力、控制力、影响力的一个有效途径和必然选择"。

混合所有制经济通过发挥直接和间接的作用，有利于巩固和发展公有制经济。首先，混合所有制对巩固和发展公有制经济最明显的直接作用在于，由公有制经济与其他所有制经济相互融合形成的混合所有制经济有利于国有资本的放大功能，扩大国有资本的支配范围，增强公有制经济的控制力和影响力。由国家和集体控股的混合所有制经济和私营经济相比，就具有明显的公有性。

其次，混合所有制经济对于巩固和发展公有制经济的直接作用还在于这种形式有利于实现公有制与市场经济的有效结合。一个社会的经济运行机制是实现其经济制度包含的基本利益关系的载体。从制度逻辑的角度来看，存在着社会主义公有制与商品经济的"兼容问题"，但是从经济逻辑的角度来看，生产力的不发达、公有制自身的不完善和多种所有制并存的状况又决定了现阶段社会主义必须大力发展商品经济，必须发挥市场经济在资源配置中的决定性作用。在这种条件下，国有资本与市场机制的联系就可以通过混合所有制形式来实现，从而避开了公有制与商品经济的"兼容问题"。

再次，混合所有制经济对巩固和发展公有制经济的直接作用还表现在其有利于推动国有企业的改革。由于社会主义初级阶段还不能建立起真正的社会所有制，国家所有制是由社会占有生产资料的唯一可能形式。为了实现国有企业利益相关者的"共同治理"，必须寻找公有制的有效实现形式，形成国家、企业、劳动者"激励相容"的产权安排和治理结构。20世纪90年代，随着建立社会主义市场经济体制目标的确立，国有企业改革进入了制度创新阶段，开始建立现代企业制度和法人治理结构。股份制作为混合所有制经济最主要的形式，可以成为公有制的有效实现形式。党的十五大报告就已明确提出，公有制实现形式可以而且应当多样化。一切适应社会化生产规律的经营方式和组织形式都可以大胆利用。股份制是现代企业的一种资本组织形式，有利于所有权与经营权的分离，有利于提高企业和资本的运作效率。十八届三中全会的《决定》进一步明确了国企改革的方向，提出了界定不同国有企业功能、完善现代企业制度、改革垄断行业国有资本的要求。

最后，混合所有制经济对于巩固和发展公有制经济具有多种间接作用。仅以其中最为突出的一点为例：发展混合所有制经济有利于市场竞争，打破垄断，实现资本的流动，从而提高国有资本的配置效率。目前我国的垄断行业绝大多数被国有资本控制，如石油、电力、电信、铁路、民航、银行、邮电等行业。其中既有自然垄断的因素，又有行政垄断以及因此而被强化的市场垄断因素，严重限制了市场的资源配置作用。积极推动混合所有制经济的发展有利于完善市场竞争秩序。在进行明确的分类改革的前提下，处于竞争性行业的国有企业必须以营利为目的，与其他所有制经济展开平等竞争。提供公共品或具有自然垄断性质的国有企业则应当接受政府的有效管制（文宗瑜，2014）。

四　供给侧结构性改革

推进供给侧结构性改革是我们党在十八大以后做出的一项重大创新，从理论上丰富和发展了当代中国马克思主义政治经济学，在实践中也已成为中国特色社会主义进入新时代、经济发展进入新阶段下的经济工作主线。

"供给侧结构性改革"首次被正式提出并进入人们的视野是在2015年11月10日召开的中央财经领导小组工作会议上，习近平总书记在会议上强调，"要在适度扩大总需求的同时，着力加强供给侧结构性改革"。因此要着力提高供给体系质量和效率，增强经济持续增长动力，推动我国社会生产力水平实现整体跃升。在《"十三五"规划纲要》中，供给侧结构性改革成为经济政策的"主线"。十九大报告明确提出，贯彻新发展理念、建设现代化经济体系要以供给侧结构性改革为主线，并就如何深化供给侧结构性改革做了战略部署。

什么是供给侧结构性改革、为什么要采取供给侧结构性改革、如何推进供给侧结构性改革，这些问题近年来引起了理论界的广泛讨论。思考这些问题显然离不开对我国经济发展阶段性特征以及改革的定位的认识判断。从最开始的"三期叠加"判断[①]，到适应把握和引领经济发展新常态，再到党的十九大明确提出中国特色社会主义进入新时代，虽然每一个判断的具体表述有所不同，供给侧结构性改革的定位和指向也从"稳定经济增长的治本良药"，上升为建设现代化经济体系的改革的主线，但是这些重大判断的理论依据、时代背景、实践基础没有变。随着

---

① "三期叠加"是指增长速度换挡期、结构调整阵痛期、前期刺激政策消化期的重叠。

我们对经济发展阶段性特征和规律的认识更加准确、更加深入，理论上对供给侧结构性改革的认识和理解必然也会不断深化。比如，在刚刚提出供给侧结构性改革的时候，有的学者仍然延续需求管理的惯性思维，把供给侧结构性改革简单视为需求紧缩政策；有的学者以为这是在搞否定市场在资源配置中起决定性作用的新"计划经济"[1]；有的学者把供给侧结构性改革定位为"新供给经济学"或中国特色的"供给管理"，但是这仍然属于宏观调控和宏观经济管理的范畴（苏剑，2016；贾根良，2015）；有的学者提出"就理论的发展逻辑来看，'供给侧改革'理论的背后是供给学派"（冯志峰，2016）；等等。

随着中国特色社会主义进入新时代、经济发展进入新阶段，中国特色社会主义政治经济学理论体系必须不断发展和完善，对新时代提出的各种新命题做出既符合马克思主义基本原理和方法，又符合中国经济发展阶段性特征和规律的新解释。供给侧结构性改革作为新时代中国特色社会主义经济建设中的一项重大改革举措，在中国特色社会主义政治经济学理论体系当中占有重要地位，必须得到明确的理论解释和论证，其中最基本的问题包括：政治经济学能否为供给侧结构性改革提供基本的出发点和理论基础；能否说明供给侧结构性改革的根本性质；能否超越现有理论与政策，在理论上和政策上具有创新性。

本书从马克思主义政治经济学基本原理和方法出发，着重回答了有关供给侧结构性改革的三个基本问题。第一，政治经济学如何看待供给与需求。第二，政治经济学如何理解结构性矛盾和结构问题。第三，政治经济学如何区分实体经济与虚拟经济。搞清楚这些问题，对于我们理解供给侧结构性改革的根本目的、性质和任务，分清它和西方宏观经济管理理论与政策的区别，是非常重要和必要的。

（一）政治经济学视角下的供给与需求

供给侧结构性改革中的"供给侧"往往被视为"需求侧"的对立面。二者之间的这种对称性质似乎让我们无法确定哪一个更重要，从而也就难以在政策上找到偏向哪一侧的依据。为此，我们首先得从政治经济学的角度搞清楚供给与需求之间这种看似简单的关系。

---

[1] 参见《7问供给侧结构性改革权威人士解读》，《人民日报》2016年1月4日第二版。

　　供给与需求是市场经济的基本范畴，代表了交换的双方。市场交换关系的成立既离不开供给方，也离不开需求方，这是一个简单的事实。然而，如果我们从理论上分析供求关系就会发现其中包含的复杂性。一方面，供给和需求都是在一定的价格水平下形成的。所谓供给是指在一定时期的一定价格水平下生产者向市场提供的现实的商品和服务。所谓需求是指在一定时期的一定价格水平下消费者对商品和服务提出的有购买力的需要。如果缺少了价格参数，供给和需求就无从谈起。另一方面，按照西方经济学的价格理论，商品和服务的市场价格由供求决定，即供求一致时形成的市场均衡价格。因此，在供求分析和价格形成之间成了理论上的循环论证，要打破这个循环只有借助均衡概念，使得供给与价格同时决定，从而保证理论可以"求解出"均衡价格。

　　但是这种解决办法留有"后遗症"，进而造成了微观经济学与宏观经济学的分野：当我们分析微观层面的供求关系时，重点在于说明价格形成机制和价格水平的决定作用，即通过供求关系及其变化解释价格水平，但是当我们分析宏观层面的供求关系时，问题就颠倒过来了，重点在于说明市场价格机制能否使市场出清，即总供给和总需求保持一致。如果只是从微观层面和个体的交换行为考虑，供给与需求不存在任何矛盾，给定经济主体所接收的市场价格信号，理性的买卖双方只会在某个"合意的"价格水平上才会达成一致，这个合意的价格水平由买卖双方的供求所决定。然而，如果从总量和宏观的角度看，对个体来说是合意的市场价格却未必能保证总供给和总需求一致。总供求不一致的时候，或者表现为就业低于充分就业水平以及总产出低于潜在总产出水平，或者表现为市场价格水平的普遍上涨即通货膨胀。

　　为实现市场总供求平衡而进行的政府干预就是宏观经济管理。不论是供给侧的管理还是需求侧的管理都是从总量或宏观的角度来考虑问题。要不要进行干预和管理，取决于是否认为市场能自发地实现总供求平衡。被称为古典和新古典经济学教条之一的"萨伊定律"代表了市场自由主义的传统，认为"供给会自动创造需求"，市场可以自动实现供求平衡。而主张政府干预的凯恩斯主义通过否定"萨伊定律"，为现代宏观经济学开辟了新的道路。凯恩斯在《就业、利息与货币通论》中写道："在《鲁滨孙漂流记》的交易不存在的故事中，个人的收入完全来自他的生产活动。他所消费掉的……只能是他自己生产活动的产物。古典学派把故事中的经济当成现实世界，……古典学派错误的原因可能即在于此。"（凯恩斯，1999）通过引入边际消费倾向递减、资本边际效率递减和持币偏好等概念，凯恩斯论证了资本主义的现实经济可能存在有效需求不足问题，使得生产无法达到潜在总供给的水平并存在非自愿失业。为了避免由此带来的生产过剩和经济萧条，政府采取提高有效需求的干预措施是必要的。

由此可见，西方经济学围绕供求与价格展开的微观与宏观分析，是从相反角度考察问题的结果，同时也为自由主义和干预主义的政策分歧埋下了伏笔。

马克思早就指出，政治经济学不能只是在供求与价格之间的表面联系上兜圈子，并批判了"价格由供求决定而同时供求又由价格决定这种混乱观点"。因为我们可以看到，"供求关系一方面只是说明市场价格同市场价值的偏离，另一方面是说明抵消这种偏离的趋势，也就是抵消供求关系的作用的趋势。……例如，如果需求减少，因而市场价格降低，结果，资本就会被抽走，这样，供给就减少。……如果供求决定市场价格，那么另一方面，市场价格，而在进一步分析下，也就是市场价值，又决定供求"。① 这段话表明，一方面，供求是决定市场价格及其波动（偏离价值）的原因，但另一方面价格的波动反过来又是使供求趋于一致的原因。所以，"在供求关系借以发生作用的基础得到说明以前，供求关系绝对不能说明什么问题"。在马克思看来，供求与价格之间的这种相互作用其实只是价值规律的具体作用形式。这就为分析供求与价格问题找到了一个共同的基础——价值。同时，在市场经济中，价值的生产和价值的分配只有通过交换才能取得联系，也就是在市场上表现为供求与价格的关系。

政治经济学之所以能够为解释供求与价格关系提供更深层的理论基础，根本原因在于其不同于西方经济学的方法论，也就是马克思关于生产、分配、交换和消费之间关系的基本原理。在为计划完成的《政治经济学批判》（即后来的《资本论》）所写的导言中，马克思指出生产、分

---

① 《马克思恩格斯文集》第7卷，人民出版社，2009年，第212页。

配、交换、消费"构成一个总体的各个环节，……一定的生产决定一定的消费、分配、交换和这些不同要素相互间的一定关系。当然，生产就其单方面形式来说也决定于其他要素。例如，当市场扩大，即交换范围扩大时，生产的规模就增大，生产也就分得更细。随着分配的变动，例如，随着资本的积聚，随着城乡人口的不同的分配等等，生产也就发生变动。最后，消费的需要决定着生产。不同要素之间存在着相互作用。每一个有机整体都是这样"。① 具体到生产与消费之间的关系，二者既对立又统一，生产决定了消费的对象和消费的方式，消费则为生产提供了动力和目的。同时，生产和消费之间的关系只有通过交换并以供给与需求的对立形式才能实现辩证统一。

　　上述原理既包含了政治经济学的生产首要性原理，又指出了生产等四个环节在社会再生产过程中相互作用、有机统一的根本性质。它构成了政治经济学理解市场供求关系的理论基础，是以中国特色社会主义政治经济学理解供给侧结构性改革的基本出发点。从生产的首要性原理出发，供给侧结构性改革是与社会主义解放和发展生产力的根本任务相一致的。习近平总书记在省部级主要领导干部学习贯彻党的十八届五中全会精神专题研讨班上的讲话指出："从国际经验看，一个国家发展从根本上要靠供给侧推动。"推进供给侧结构性改革必须从生产端入手，使我国供给能力更好地满足人民日益增长的美好生活需要，从而实现社会主义生产的目的。同时，政治经济学原理还强调生产与消费等环节之间的有机联系是社会再生产与经济发展顺利进行的必要条件。正如习近平总书记明确指出的，"我们讲的供给侧结构性改革，既强调供给又关注需求"，"放弃需求侧谈供给侧或放弃供给侧谈需求侧都是片面的，二者不是非此即彼、一去一存的替代关系"。供给侧结构性改革是要"增强供给结构与需求变化的适应性和灵活性"，"实现由低水平供需平衡向高水平供需平衡跃升"，在经济发展中实现供需间的动态平衡。生产首要性原理和四个环节有机统一的基本原理为供给侧结构性改革提供了马克思主义的理论基础，划清了供给侧结构性改革与西方经济学供给学派的界限，从根本上保证了我们的基本经济政策不会像西方经济学那样在自由主义

---

① 《马克思恩格斯文集》第 8 卷，人民出版社，2009 年，第 23 页。

和干预主义之间来回摇摆。

（二）政治经济学视角下的总量与结构

供给侧结构性改革要解决的突出问题是我国经济发展中存在的结构性矛盾。结构性问题或结构性矛盾在西方传统市场经济理论中是一个被长期忽略的问题。西方传统市场经济理论认为，由市场竞争机制和市场价格机制构成的市场经济机制能够进行最优的资源配置，自动实现供求结构相匹配。只有在竞争机制和价格机制的自发作用受到限制的情况下（比如垄断、外部性），"市场失灵"的这些部门或领域才会出现有效供给不足的问题。换句话说，解决供求结构性问题的根本方法在于消除市场自发作用的制约因素。

凯恩斯主义政策被视为造成20世纪70年代西方国家陷入经济"滞涨"的重要原因。在这一历史背景下，供给学派、货币主义、理性预期理论掀起了一场反对凯恩斯主义学说、复兴自由主义传统的"经济学革命"。这些经济理论无一不是强调减少政府对市场的干预，要求政府尽量削减开支，限制货币发行量，试图把政府财政政策与货币政策对市场的影响降至最低。

另一方面，西方发展经济学中的"结构主义"其实也是基于发展中国家的"市场失灵"而出现的。在结构主义的发展经济学家看来，亟待实现经济起飞的发展中国家必须具备与现代工业化生产方式相适应的市场需求和市场规模，还需要共享能够带来规模收益递增效应的基础设施投资。但是，由于这种投资具有不可分、不可贸易和正的外部性等特征，因此无法通过市场机制自发实现。落后国家要摆脱贫困陷阱只能依靠政府制订并实施产业发展规划，并在国民经济各个部门进行大规模投资。"新结构经济学"则强调经济发展是一个自然的和连续的动态过程，每个遵循比较优势的国家在相应的发展阶段上都应该把市场机制作为实现资源有效配置的基础机制。但是在产业升级等结构调整所产生的外部性面前，政府也应该发挥积极的作用（林毅夫，2012）。由上可见，新、旧结构主义经济发展理论都是以发展中国家与发达市场经济国家存在要素禀赋和产业结构的差异为基础的。虽然政府干预的导向不同（比如是否遵循比较优势），但是干预本身都是基于外部性导致的"市场失灵"或协调问题。它们和传统市场经济理论相比，回答的主要是发展中国家要不要政府干预以及政府如何干预的问题。

然而，从马克思主义政治经济学的视角看，结构性矛盾不只是发展中国家的特殊问题，也不是只有"市场失灵"才会导致结构性问题。结构性矛盾是社会再生产内在的基本矛盾。马克思的社会再生产理论给我们分析总量与结构问题提供了基本的原理和分析框架。

为了分析社会再生产顺利实现的条件，马克思把社会总产品分为生产资料和消费资料两大部类（分别用 1 和 2 表示）。按照其各自的价值构成，两大部类的生产结构如下：

$$\text{I} \quad c_1 + v_1 + m_1 = w_1$$
$$\text{II} \quad c_2 + v_2 + m_2 = w_2$$

马克思把实现社会再生产所需条件归结为实物补偿和价值补偿两个方面，同时分析了它们各自在总量与结构两方面的平衡条件。由总量平衡关系出发，生产资料的总供给全部出自部类 I，消费资料的总供给全部出自部类 II，两大部类的供求平衡就必须满足以下总量条件：

$$c_1 + c_2 = c_1 + v_1 + m_1$$
$$v_1 + m_1 + v_2 + m_2 = c_2 + v_2 + m_2$$

如果社会进行的是简单再生产，上述条件又转化为两大部类进行市场交换的结构条件：

$$c_2 = v_1 + m_1$$

扩大再生产的情况稍微复杂一些，但是问题的性质没有改变。为了进行扩大再生产，资本获得的利润（剩余价值）m 被分为四个部分：资本家原有的消费 S_c 和新增的消费 $S_{\Delta c}$，用于劳动的新增投资 S_{av} 和用于资本的新增投资 S_{ac}。此时，再生产的初始条件变为以下结构：

$$\text{I} \quad c_1 + v_1 + S_{c1} + S_{\Delta c1} + S_{av1} + S_{ac1} = w_1$$
$$\text{II} \quad c_2 + v_2 + S_{c2} + S_{\Delta c2} + S_{av2} + S_{ac2} = w_2$$

要实现扩大再生产，消费资料的总供求平衡必须满足以下总量条件：

$$c_2 + S_{ac2} = v_1 + S_{c1} + S_{\Delta c1} + S_{av1}$$

因为同时也还需要满足简单再生产实现条件（ $c_2 = v_1 + S_{c1}$ ）。因此，上述条件又转化为两大部类市场交换的结构条件：

$$S_{ac2} = S_{\Delta c1} + S_{av1}$$

可见，社会再生产顺利进行既要满足总量平衡条件，又要满足结构平衡条件。从总量看，产品形态（实物或使用价值）的生产资料和消费资料必须要满足各自的供求平衡条件，同时又要满足两大部类市场交换要求的结构平衡条件。同理，价值补偿也意味着同时满足总量平衡与结构平衡的要求。以简单再生产实现条件为例。$c_2 = v_1 + S_{c1}$ 意味着，部类 I 对消费资料产品形态的需求刚好对应着部类 II 对生产资料产品形态的需求。双方要实现交换，部类 I 向市场提供的生产资料的价值量必须刚好等于部类 II 向市场提供的消费资料的价值量。

显然，在私人生产和分散决策的情况下，要同时满足总量与结构的平衡条件不是件容易的事情。相反，平衡是偶然的，不平衡是经常发生的，不同部门的使用价值和价值很可能出现比例失调问题。然而，即便市场机制能够消除比例失调，它也不能消除由社会的生产目的和生产性质对总量与结构产生的根本影响。

马克思指出，由于"抽象掉了一定的社会结构和社会关系，因而也抽象掉了由它们所产生的各种矛盾"，所以"像李嘉图这样的一些经济学家，把生产和资本的自行增殖直接看成一回事，因而他们既不关心消费的限制，也不关心流通本身由于在一切点上都必须表现对等价值而存在着的限制，而只注意生产力的发展和产业人口的增长，只注意供给而不管需求"[①]。然而，在资本主义生产的制度结构中已经蕴含着结构性危机的可能，这是因为"资本的目的不是满足需要，而是生产利润，因为资本达到这个目的所用的方法，是按照生产的规模来决定生产量，而不是相反，所以，在立足于资本主义基础的有限的消费范围内和不断地力图突破自己固有的这种限制的生产之间，必然会不断发生不一致。而且，资本是由商品构成的，因而资本的生产过剩包含商品的生产过剩"[②]。之所以会不断发生不一致，原因在于，在生产和消费、总供给和总需求之间，"前者只受社会生产力的限制，后者受不同生产部门的比例关系和社

[①]　《马克思恩格斯文集》第 8 卷，人民出版社，2009，第 91、93 页。
[②]　《马克思恩格斯文集》第 7 卷，人民出版社，2009，第 285 页。

会消费力的限制。但是社会消费力既不是取决于绝对的生产力，也不是取决于绝对的消费力，而是取决于以对抗性的分配关系为基础的消费力；这种分配关系，使社会上大多数人的消费缩小到只能在相当狭小的界限以内变动的最低限度。其次，这个消费力还受到追求积累的欲望，扩大资本和扩大剩余价值生产规模的欲望的限制"①。

　　把生产的制度结构引入社会再生产分析，是马克思主义政治经济学和西方经济学的一个重要区别，导致二者对于资本主义生产是否具有相对过剩性质、是否存在结构性危机的可能给出了截然不同的答案。西方经济理论囿于资本主义生产的私人性质，在经济出现结构性矛盾甚至危机的情况下，只能采取宏观管理政策来实现或维持短期的总量平衡，并且相信市场会自动纠正结构偏差。但是 20 世纪 70 年代的"滞涨"和2008 年国际金融危机的爆发都已经充分表明，不论是在需求侧进行刺激还是在供给侧进行松绑，总量政策解决不了结构性问题，充其量只是在一定时期内掩盖了结构性矛盾。国际金融危机以来，已经有不少国家看到了结构性改革的必要性，国际货币基金组织等国际机构也多次呼吁各国落实结构性改革。

　　从政治经济学的角度看，推进供给侧结构性改革是我国经济发展的一项长期任务，而不是一项短期的调控措施。首先，由于我国的市场经济体制还不够完善，发展不平衡不协调不可持续的问题比较突出，结构性矛盾和结构性问题将长期存在。比如，我国产品结构和产业结构在国际分工体系中主要还处于生产价值链的中低端水平。在参与国际分工的条件下，我国经济发展要从外围进入世界资本主义体系的中心、从价值链的中低端爬升到高端，必然会受到世界资本主义积累体系发展规律的影响（阿瑞基，2001）。如果不采取必要的改革措施，这必将是一个长期的自然发展过程。供给侧结构性改革的一个重要方面就是抓住新一轮世界科技革命和产业变革孕育期的机遇，转变发展方式、优化经济结构、转换增长动力，推动经济发展实现质量、效率和动力变革。在多元化的所有制结构和市场经济体制条件下，我国的供给主体是以追求营利目标的生产性企业为主，如果完全依靠市场机制实现生产与消费、供给与需

---

①　《马克思恩格斯文集》第 7 卷，人民出版社，2009，第 272～273 页。

求的联系，市场出现比例失调和供求结构性矛盾是难以避免的。这就使供给侧结构性改革成为一项长期必要的工作，使市场在资源配置中起决定性作用的同时，必须更好地发挥政府作用。

（三）政治经济学视角下的实体经济与虚拟经济

2017年中央经济工作会议提出，我国经济运行面临的突出矛盾和问题，虽然有周期性、总量性因素，但根源是重大结构性失衡。概括起来，主要表现为"三大失衡"。一是实体经济结构性供需失衡，二是金融和实体经济失衡，三是房地产和实体经济失衡。其中后两大失衡指的就是经济脱实向虚，即大量资金脱离实体经济，在金融系统或房地产市场自我循环，以获取超额回报。在这种情况下，如果只是简单采取扩大需求的办法，不仅不能解决结构性失衡，反而会加剧产能过剩、抬高杠杆率和企业成本，加剧这种失衡。基于这个考虑，我们强调要从供给侧、结构性改革上想办法、定政策。深化供给侧结构性改革要从生产端发力，把经济发展的着力点放在实体经济上。

发展实体经济已经成为当今世界各国的一个共同趋势。自从2008年美国房地产次贷危机引发国际金融危机以来，发达国家纷纷推行"再工业化"和"再制造业化"战略，就是试图纠正过去虚拟经济脱离实体经济过度发展的错误。但是到底什么是实体经济，什么是虚拟经济，二者之间存在什么样的关系，理论上一直存在争议。

有的人把金融部门和房地产市场与虚拟经济部门直接画等号；有的人看到越来越多的线上交易替代了在传统实体店面进行的线下交易，就把互联网经济称作虚拟经济。这些看法都是错误的，我们不能把实体和虚拟的划分混同于对国民经济不同部门和产业的划分，更不能根据经济活动的发生空间来划分实体经济和虚拟经济。二者的根本区别不在于产业形态和交易形态。由于不同产业形态在国民经济活动内部是相互联系的，不同交易形态都是从属于市场交易需要的，如果从产业和交易形态上区分实体和虚拟，就会人为地割裂国民经济不同产业部门之间的内在联系，也不利于市场交易通过新业态的发展创新而取得繁荣。

从政治经济学角度看，实体经济与虚拟经济的区别是非常明确和清楚的。虚拟经济是从"虚拟资本"的概念发展出来的，而"虚拟资本"是马克思在分析"资本主义生产的总过程"时提出来的一个重要理论范畴。虚拟资本与现实资本相对立，二者的根本区别在于它们具有完全不同的运行方式和运动规律，具体表现为实体经济中的交易对象和虚拟经济中的交易对象有着完全不同的价值决定方式和价格运动方式。

按照马克思主义政治经济学的基本原理，现实资本或实体经济是以劳动过程与价值增殖过程相统一的资本主义生产过程来取得收益的。现实资本在这个生产过程中需要采取或经历货币资本、生产资本和商品资本的不同形态。对个别资本循环来说，这三种资本形态在时间上是先后关系，但是对社会总资本来说，三种资本形态在空间上是并存关系。这样一来，商品资本和货币资本就具备了与生产资本以及资本主义生产过程相独立的可能。从现实表现来看，资本主义生产过程似乎每时每刻都在源源不断的"析出"商品资本和货币资本。这些商品资本和货币资本在有别于生产过程（生产资本的运动场所和空间）的场所和空间里完成各自的独立运动。

商品资本和货币资本的相对独立运动为虚拟资本的出现提供了可能，而商业资本和信用制度则把这种可能性变为现实。但是，无论商品资本和货币资本是否脱离资本主义生产过程，对资本所有者来说它们仍然只是实现价值增殖的手段。一旦商品资本和货币资本只是被看作收入的来源，而不论其现实形态如何、与生产过程和生产资本的关系如何，它们在资本所有者的观念里就变成了收入的资本化化身。"人们把虚拟资本的形成叫做资本化。人们把每一个有规则的会反复取得的收入按平均利息率来计算，把它算作是按这个利息率贷出的资本会提供的收益，这样就把这个收入资本化了……对这个所有权证书的买者来说，这 100 磅年收入实际代表他所投资本的 5% 的利息。因此，和资本的现实增殖过程的一切联系就彻底消灭干净了。资本是一个自行增殖的自动机的观念就牢固地树立起来了。"①

在所有权证书的形态上，虚拟资本取得了最纯粹的形式。马克思以国债为例，指出国家以负债取得的资本本身已经由国家花掉了、耗费了。但是对债权人来说，所有权证书就代表着未来的利息收入，这笔收入的资本化把所有权证书本身变成了"幻想的虚拟的资本"，并且发展出独

---

① 《马克思恩格斯文集》第 7 卷，人民出版社，2009，第 528 ~ 529 页。

立于现实资本的特殊运动——所有权证书的交易。马克思指出："这些所有权证书——不仅是国债券，而且是股票——的价值的独立运动，加深了这样一种假象，好像除了它们能够有权索取的资本或权益之外，它们还形成现实资本。这就是说，它们已经成为商品，而这些商品的价格有独特的运动和决定方法。……这种证券的市场价值部分地有投机的性质，因为它不是由现实的收入决定的，而是由预期得到的、预先计算的收入决定的。……它的价值始终只是资本化的收益。"①

　　政治经济学关于虚拟资本的基本原理，为我们区别实体经济和虚拟经济提供了理论基础。实体经济是现实资本的运动及其结果，包括货币资本、生产资本和商品资本等不同形态，因此我们不能简单地把货币资本运动的场所即金融部门划归虚拟经济。金融活动到底是实体经济还是虚拟经济，取决于金融活动中的货币资本是现实资本还是虚拟资本，取决于货币资本是否从属于"货币资本—生产资本—商品资本"的资本循环过程并从中实现自己的收益。同理，商品或商品资本是否属于虚拟经济和虚拟资本，取决于商品或商品资本是否从属于资本循环过程并据此实现收益。企业以发行债券或股票的形式获得货币资本并投入生产，这笔资本就被当作现实资本使用了。但是代表这笔货币资本的所有权证书在有价证券市场上交易，比起这笔货币资本的现实使用来说是相对独立的，也就是和现实资本相区别的。这种纯粹的所有权交易不管反复进行多少次，仍然是纯粹的虚拟资本。从证券交易和所有权转让中获得的收益是和这笔现实资本的价值增殖无关的，那么这个市场就属于虚拟经济的范围。房地产商品的生产和消费属于实体经济，因为住房对消费者来说是单纯的商品，对房地产企业来说属于资本循环过程中的商品资本，即现实资本。但是如果房地产商品所有者将其所有权在市场上进行交易并将收益当作资本化的收入时，房地产商品就成为"炒房者"的虚拟资本。

　　从以上区别可以发现，我们不能简单地根据商品或资本运行所在的部门和场所来划分现实资本和虚拟资本。在金融部门，既存在属于实体经济和现实资本的货币资本运动，也存在属于虚拟经济和虚拟资本的金

_____
①　《马克思恩格斯文集》第7卷，人民出版社，2009，第529～530页。

融活动。在房地产市场，既存在属于实体经济和现实资本的商品资本运动，也存在属于虚拟经济和虚拟资本的市场交易。对同一个部门和市场来说，区分其中实体经济和虚拟经济的成分有一个简单的标准，即资本收益的来源和性质。现实资本和虚拟资本的收入来源具有完全不同的性质。前者来源于商品和货币参与资本循环，是一个价值增殖过程。后者来源于商品和货币纯粹的所有权（证书），是一个价值转移或价值分配过程，所以虚拟资本"在危机中的贬值，会作为货币财产集中的一个有力的手段来发生作用"，并且"只要这种证券的贬值或增值同它们所代表的现实资本的价值变动无关，一国的财富在这种贬值或增值以后，和在此以前是一样的"。①

由此可见，供给侧结构性改革要发展实体经济，并不是意味着只发展制造业而不发展金融业或房地产业，金融与房地产经济中属于实体经济的部分也要发展。党的十九大报告明确提出要着力加快建设实体经济、科技创新、现代金融、人力资源协同发展的产业体系，明确提出要"坚持房子是用来住的，不是用来炒的定位"，这从政治经济学关于实体经济和虚拟经济的理论角度来看是十分正确的。

（四）供给侧改革与供给侧革命

中国改革开放以来的经济改革，本质上是一场"供给侧革命"。改革开放释放的"改革红利"本质上是改革对经济发展产生的"供给侧效应"。

首先，中国经济改革的性质决定了改革必然是也只能是"供给侧改革"。按照马克思主义政治经济学和中国特色社会主义政治经济学的指导思想和方法，经济改革的历史性质和根本任务是对旧的不合理的生产关系进行调整，建立和完善符合中国实际并能最大限度解放和发展生产力的新生产关系。这就意味着，一方面必须从生产关系与生产力的矛盾出发阐释改革的历史必然性，把改革的根本动因归结为解放和发展社会生产力的客观要求；另一方面，由于改革的起点是传统体制下的短缺经济、生产低效率和人们较为落后的生活水平，因此改革必然以经济建设为中心，着力解决扩大生产、增加供给、减少贫困等实际问题，改革必然以

---

① 《马克思恩格斯文集》第 7 卷，人民出版社，2009，第 531 页。

提高生产和生活水平为根本尺度，以"三个有利于"作为检验改革绩效的根本标准。因此，改革的动力、目标和归宿都是为了解放和发展生产力，这使中国的经济改革具有鲜明的"供给侧改革"性质。以其中最重要的所有制改革为例。我国长期处于社会主义的初级阶段，即不发达阶段。不发达的根本原因是生产力的整体水平和社会化程度还不高，并且存在着结构性的差异和发展不平衡的问题。受现实生产力的约束，社会主义初级阶段的所有制结构必须与之相适应。社会主义初级阶段的基本经济制度只能是以公有制为主体、多种所有制经济共同发展的所有制结构为基础，动员一切社会资源和力量不断发展社会主义生产力。从20世纪80年代的"补充论"（非公有制经济是公有制经济的必要的和有益的补充），到90年代提出"多种经济成分长期共同发展"，再到1997年党的十五大把公有制为主体、多种所有制经济共同发展确立为我国的基本经济制度，中国的所有制结构发生了重大变化，经济发展的"供给侧"出现了多元化的生产主体。与此同时，随着社会主义市场经济体制的建立和不断完善，各种经济成分的相互关系也发生了根本变化，虽然各自的所有制性质不同，但是不同所有制经济具有平等的市场地位，是平等竞争的生产和交换主体。按照社会主义市场经济的根本要求，公有制经济的实现形式也发生了相应的变化。党的十四届三中全会《关于建立社会主义市场经济体制若干问题的决定》提出公有制的实现形式可以而且应当多样化，股份制作为现代企业的一种资本组织形式，可以成为公有制的实现形式。十六届三中全会提出要大力发展国有资本、集体资本和非公有资本等参股的混合所有制经济。十八届三中全会《关于全面深化改革若干重大问题的决定》更加明确地提出，混合所有制经济是基本经济制度的重要实现形式，允许更多国有经济和其他所有制经济发展成为混合所有制经济。大量研究表明，所有制改革产生了巨大的"供给侧效应"，公有和非公有经济的总量不断增加，经济效率也伴随着各种所有制经济之间的竞争而不断提高。

其次，中国特色的改革道路和改革方式具有鲜明的"供给侧改革"性质。中国不同于那些全盘接受西方新自由主义经济理论和"华盛顿共识"的转轨国家，其改革的独特性不仅体现在改革在性质上始终坚持社会主义基本经济制度，也体现在改革在方式上采取辩证统一的方式对改革的速度、逻辑关系和顺序等问题进行选择，从而最大限度地保证和发挥了"供给侧"对经济发展的决定作用。其中最突出的一点就是以增量改革带动存量改革。"增量"这个概念本身就意味着经济的"供给侧"发生了新的有利的变化。以具有中国特色的"价格双轨制"和乡镇企业为例。计划价格与市场价格并存的"价格双轨制"因其具有改革不彻底性和价格歧视性而受到西方正统经济理论的质疑，同时受到质疑的还有它对市场公平竞争功能的破坏和为"寻租"提供了空间。然而，"价格双轨制"作为一种增量改革形式，在推动经济改革的进程中发挥了重要的历史作用。第一，在采取双轨制的条件下，传统计划体系并没有成为改革的直接对象，相反双轨制要求国有工业部门继续接受计划内的"配额约束"和价格约束，只有超出计划以外的投入或产出才采取自由价格。这一方面最大限度地保障了国有部门的生产及其平稳过渡，避免"供给侧"出现断崖式的下滑，同时计划外的价格又从边际上给国有部门提供了微观激励。第二，"价格双轨制"使中国比东欧和俄罗斯更好地控制住了通货膨胀的压力，为经济改革初期阶段提供了有利的宏观环境（张军，1997）。再看乡镇企业。乡镇企业出现的根本原因在于传统计划经济体制和国有企业制度和对生产力发展形成了严重束缚，导致短缺严重，难以满足国民经济发展的要求和人们物质生活的需要。改革初期，传统体制和传统部门释放的活力尚不充分，改革的"供给侧效应"尚不显著，这就需要在新的领域寻求新的体制突破，更大程度地解放生产力。乡镇企业的发展顺应了这一历史要求。虽然乡镇企业地处农村，受制于土地的集体所有制和户籍制度下的城乡二元经济结构，其投资者、经营者和生产者主要是农民，因而乡镇企业早期的产权关系不够清晰，治理结构还带有一定的宗法性质，但是这并不影响它以一种增量改革的形式发挥"供给侧效应"。得益于传统计划经济体制的放松和市场力量的推动，乡镇企业凭借其产品与国有部门的互补性和满足市场需要的竞争力获得了迅速发展。如今，虽然"乡镇企业"作为一个范畴已经成了历史，但它曾经作为中国改革历史进程中的"三元结构"的"一极"，对中国改革和经济发展的历史贡献和创新意义都是巨大的（刘伟、方敏，2015）。

最后，中国经济持续快速增长主要得益于改革开放产生的"供给侧效应"。中国改革开放以来，从 1978 年到 2014 年的 36 年间，GDP 年均增长 9.7% 左右，占全球比重从 1.8% 上升至 13% 以上，跃升至世界第二位。人均 GDP 年均增长 8.5% 左右，从改革初期的贫困状态进入目前的中等收入水平。同时，中国的经济结构也发生了质的变化。农业产值占比由 28% 以上降至 9% 左右，吸收就业比重从 70.5% 下降至 30% 左右，到达中上等收入国家的平均水平。第二产业就业比重由 17.4% 上升至 29.9%。第三产业产值占比由 23.9% 上升至 50% 左右，吸收就业比重由 12.1% 上升至 35%。从 2014 年起，中国第三产业比重开始超越第二产业。产业结构的演进表明中国经济增长既有量的提升，也有质的改善。大量的实证研究表明，中国经济增长主要得益于各项改革措施释放的"改革红利"及其产生的"供给侧效应"。改革开启了生产要素不断增加和生产效率不断提高的良性循环。中国在改革开放初期处于典型的二元经济发展阶段，由家庭联产承包责任制带来的制度变迁使农业获得了迅速增长，生产效率不断提高，这也为农业释放剩余劳动力创造了条件。非农产业吸收劳动力的过程意味着剩余劳动力从边际劳动生产力较低的农业转向边际劳动生产力较高的非农部门，这为二元结构的经济发展提供了一种特殊的增长来源——资源重新配置的效率。与此同时，所有制改革带来的乡镇企业的崛起在吸收剩余劳动力的过程中发挥了先导作用。乡镇企业的就业人数从 1980 年的 3000 万人左右，增加到 1985 年的近 7000 万人，1990 年再增加到 9000 万人以上，1995 年更是高达近 1.3 亿人。有关研究表明，在乡镇企业迅速发展的第一个阶段，包括城镇集体企业在内的整个集体部门的资本份额和固定资产投资总额并没有显著增加。1985～1988 年其固定资产投资占全国固定资产投资的比重仅从 1981～1984 年的 12.5% 上升到 13.7%，1989～1991 年又回落到 12.4%。因此，乡镇企业的"起飞"主要受益于资源配置效率而不是投资（当然，随着国内生产总值的增长，固定资产投资也会增加）。到 20 世纪 90 年代中期，乡镇企业回落到常规发展的轨道上，但与此同时外国直接投资又达到了新的高峰，从 1993 年开始，直到 2001 年，始终以每年超过 400 亿美元的速度增长。外国直接投资的增加有助于维持中国的高投资率，但其更重要的作用是提高了发展质量和生产效率。2003 年中国的资本形成总额按当年汇率折算约为 6300 亿美元，而当年的外国直接投资是 535 亿美元，不到资本形成总额的 10%。外国直接投资真正的贡献是通过引进更高质量的机器设备、先进的生产技术和管理方法以及进入海外市场的途径，提高了中国制造业部门的全要素生产率（帕金斯，2005）。对外开放战略产生的"供给侧效应"充分发挥了中国作为落后的发展中国家独有的后发优势和比较优势。进入 21 世纪，中国加入世界贸易组织，更深入地参与了国际分工。

以上对中国经济改革历程的简单考察表明，持续高速增长缔造的"中国奇迹"根本上是由于改革开放对经济发展产生的"供给侧效应"。中国的经济改革无论是历史定位和根本动因，还是实施方式和推进顺序，都具有鲜明的中国特色。一方面，所有制改革、企业产权制度改革、市场价格机制改革等重大改革，深刻改变了供给侧的主体结构及其微观激励机制和约束机制，使经济发展从资源配置效率和全要素生产率的不断提升中获益。另一方面，增量改革方式和对外开放战略不仅保持了改革的平稳过渡和供给侧的稳定增长，还最大限度地发挥了中国作为发展中国家的比较优势和后发优势。中国的经济增长当然也可以从"需求拉动"的角度来解读。但是从因果关系上来说，投资需求、消费需求和出口需求的增长恰恰是"供给侧效应"起作用的结果，即首先是"供给侧改革"带来了经济总量和居民收入的增长，进而才有力地推动了投资、消费和出口的增长。同时，需求管理在政府宏观调控中的运用主要是为了应对经济运行受到的外部冲击（比如 20 世纪 90 年代的亚洲金融危机和 2008 年以来的全球金融危机），减少经济波动。但是需求管理或"需求侧改革"无法从根本上提升资源配置效率和全要素生产率，无法像"供给侧改革"那样为经济长期增长创造基础条件。相反，当经济的供给侧出现问题时，单纯依靠需求侧的刺激性措施维持经济增速而不改善供给侧的条件，反而会恶化经济长期增长的基础。因此，对于经济保持长期增长来说，推进供给侧结构性改革、不断提高效率才是根本出路。

（五）厘清政府与市场关系，推进供给侧结构性改革

2008 年国际金融危机发生以来，世界各主要经济体纷纷采用量化宽松等刺激需求的宏观经济政策，中国为抵御经济下滑的风险也推出了以需求侧为主的经济刺激计划。但是近年来越加明显的增速下滑趋势、通缩趋势和泡沫化趋势表明，需求侧的刺激性政策已经难以为经济发展提供足够的动力。究其原因，中国在经过了多年的增长之后，经济发展中的矛盾已经发生了根本变化，其表现就是我国经济发展已经步入"新常态"：一是从高速增长转为中高速增长；二是经济结构不断优化升级，第三产业消费需求逐步成为新的经济重心；三是从要素驱动、投资驱动转向创新驱动。

　　"经济新常态"是由我国现阶段经济发展存在的基本矛盾决定的，矛盾的主要方面是供给侧的条件和结构出现的新变化。随着经济不断发展，中国作为二元经济结构的发展中国家无法避免因剩余劳动力的减少而来到所谓"刘易斯拐点"。根本上来说，这是由于劳动力在农业和非农业部门的边际生产力差距不断缩小造成的，人口结构的变化只不过是加快了这个过程而已。经济发展在"刘易斯拐点"上就意味着劳动力开始出现短缺，要想进一步增加劳动投入就必须提高劳动者的工资水平。处在这一转变阶段上的国家由于传统增长因素和动力源的式微，经济增长可能减速。如果不能正确地应对这种减速，就存在落入"中等收入陷阱"的风险（蔡昉，2013）。新常态下为保持经济增长的根本动力就只能从改变供给侧的条件和结构入手，推进新一轮的制度创新，释放新的"改革红利"。从增长的根本因素和长期动力来说，一方面，随着二元经济发展时期的结束，要维持投资回报率水平的关键在于劳动生产率的提高。另一方面，不论是制度创新还是技术创新，增长本质上是熊彼特式的"创造性毁灭"的过程，是重新配置资源带来的效率提升。然而，这也导致在新常态下推进改革不得不面临长痛和短痛的艰难选择：供给侧结构性改革的长期效应将为经济增长创造有利条件，但是其短期效应有可能表现为更加严重的有效需求不足，这是因为劳动生产率的提高在短时期内可能无法阻止和弥补资本报酬递减，从而造成投资回报率下降并减少投资，同时"创造性毁灭"在淘汰落后产业和企业的同时，也会带来摩擦性失业和结构性失业，从而进一步降低消费需求。

　　本书认为，供给侧结构性改革是我国经济发展主动适应新常态、引领新常态的重大战略布局，绝不是权宜之策，必须以"壮士断腕"的决心，坚定不移地推进供给侧改革。其中关键是处理好政府与市场的关系，防止政府尤其是地方政府采取需求侧刺激性措施的错误政策导向。

　　政府尤其是地方政府在中国经济改革与发展的过程中扮演了重要的

角色。中央政府不仅具有强大的资源动员力量，同时也在宏观上掌控全局。地方政府则直接介入了大量的微观经济领域。财政分权、政府考核制度和干部晋升制度等制度安排，为各级地方政府促进地方经济发展提供了强大的激励，激发了地方政府为 GDP 及其增长速度而展开激烈的竞争。这一方面促进了经济增长，但另一方面又造成地方政府具有强烈的内在的投资冲动。在新常态下，这种投资冲动的惯性与"稳增长"的任务相结合，很容易导致地方政府继续采取需求侧的刺激性政策和投资主导型的区域发展战略，从而进一步推高地方债务，保护了落后产业、过剩产能和"僵尸企业"，会阻碍供给侧结构性改革的推进。要防止出现这种情况，必须进一步厘清政府与市场在经济发展中的作用和关系。

关于政府与市场的分工，经济学的主流观点是市场决定资源的配置，市场是资源配置的基础手段。但是市场并非运行在"制度真空"中，为市场运行提供稳定的、公正的、透明的制度环境是政府天然的职能，比如公正的法律体系、产权的界定与保护、契约的监督与维护等。此外，缓冲经济转型中的社会矛盾、维护社会公平也是政府的重要职能。经济发展步入新常态，必须在清晰界定政府与市场的边界的基础上，同时发挥市场与政府的优势。

首先，供给侧结构性改革与市场在资源配置中起决定性作用是一致的。以要素市场化改革为例，目前，我国供给侧结构性的问题的一个突出表现就是产能过剩与产能不足并存，而产能过剩领域大多集中在高耗能、高污染行业，产能不足则集中在消费领域与服务行业。这一结构反映了资源配置的扭曲，即本该吸引更多要素的行业没有吸引到足够的要素，而不该吸引过多要素的行业流入了过多的资源。要消除这种扭曲，就必须逐步完善和深化劳动力、土地和资金等生产要素的市场化改革，让市场通过正确的价格信号把资源配置到边际产出更高的领域，释放被误配的生产要素的生产力。分散决策的效率明显优于缺乏重要信息与灵活性的政府集中决策。要素市场化改革对于促进企业技术进步和创新也具有决定性作用。当劳动力成本升高时，工资信号激励企业节约劳动力而转向其他更便宜的要素。如果企业可以轻松地获得利润，它就很少会注重研发以及员工的在职培训。而在超额利润的市场信号引导下，企业获取利润难度逐渐升高，为维持利润，企业自然会加大研发投入。但是这一机制发挥作用的前提是各种要素尤其是人力资本、企业家才能必须市场化。

其次，政府在推进供给侧结构性改革中具有关键责任，其中最重要的是通过体制改革和制度建设进一步释放"改革红利"。体制改革的目的是减少对市场微观经济个体及其行为的约束，制度建设的目的是改善影响整个经济交换、分配和消费的制度环境。前者包括逐步有序放开户籍制度对劳动力要素流动的限制，逐步放开计划生育政策，维持适龄劳动人口比例的稳定，推进"营改增"，减少重复征税，降低企业税负，逐步把利率市场化推进到存款利率领域，通过市场化的利率体现资金的稀缺程度，引导经济从投资驱动转向消费驱动。后者包括政府要为整体经济运行提供一套完善的、公正的法律体系，明确产权的界定，保护产权人的权益，监督维护契约的执行等。现代经济的交易形式和交易内容越来越复杂，涉及的地域、时间与人员的范围越来越广，政府作为第三方对契约执行的监督有着天然优势。

最后，要辩证地处理好供给侧结构性改革与适度扩大需求的矛盾。一方面，政府要避免采取有违供给侧结构性改革要求的需求刺激政策；另一方面，政府要支持和鼓励创新创业的投资需求，支持新能源、新技术、新产业的发展。扩大有效需求的另一个重点领域是改善收入分配，扩大消费需求。在经济高速增长和城乡居民收入提高的同时，我国基尼系数也在增大，根据国家统计局的数据，2012年我国居民收入的基尼系数为0.474。造成目前的收入分配格局的原因中，既有市场因素，也有体制因素。解决收入分配问题必须进行体制和机制方面的深层次改革。政府还应该进一步完善劳动力市场和社会保障体系的制度建设，为受到供给侧结构性改革影响的劳动力提供必要的社会保护。

第八章 推动新时代经济发展

一 坚持党对经济工作的领导

经济是政治的基础，政治是经济的集中表现。社会主义生产资料公有制为经济与政治的有机统一提供了经济基础。社会主义国家自觉地通过发展经济来实现社会主义的生产目的，离不开党对经济工作的集中统一领导。党必须加强自身政治建设，为发挥党总揽全局、协调各方的领导核心作用奠定坚实基础，克服在发展多种所有制经济和社会主义市场经济条件下存在的拜物教因素的影响以及"重经济轻政治"的错误倾向。

（一）深刻把握经济与政治的辩证法

历史唯物主义关于经济基础决定上层建筑、上层建筑反作用于经济基础的基本原理，清楚地揭示了经济与政治之间的辩证关系，用一句话概括就是：经济是政治的基础，政治是经济的集中表现，没有离开政治的经济，也没有离开经济的政治。

经济活动是人类社会发展的基础。经济活动是生产、分配、交换、消费等环节相互联系、相互作用的统一。马克思明确指出，其中生产是首要的、起决定作用的环节，"一定的生产决定一定的消费、分配、交换和这些不同要素相互间的一定关系。"[①] 无论作为个体还是社会，人们对物质产品的需要和满足只能依靠物质生产活动才能实现，离开了物质生产和劳动过程，人类社会一天也不能生存，更谈不上发展。正如恩格斯所说："人们首先必须吃、喝、住、穿，然后才能从事政治、科学、艺术、宗教等等；所以，直接的物质的生活资料的生产，从而一个民族或一个时代的一定的经济发展阶段，便构成基础，人们的国家设施、法的

---

① 《马克思恩格斯文集》第 8 卷，人民出版社，2009 年，第 23 页。

观点、艺术以至宗教观念，就是从这个基础上发展起来的，因而，也必须由这个基础来解释。"①

人们在经济活动中结成一定的社会关系，这些生产关系的总和构成一个社会的经济基础。所谓经济或经济活动，实质上就是人们在现存的生产关系基础上进行利益交换与分配的活动。随着生产资料私有制的产生和阶级社会的形成，社会共同利益丧失了自己的经济基础，政治或政治活动成为阶级和不同利益组织利用国家和法等权力手段维护自身利益、反对其他阶级和利益组织的手段。"国家绝不是从外部强加于社会的一种力量。……国家是社会在一定发展阶段上的产物，国家是承认：这个社会陷入了不可解决的自我矛盾，分裂为不可调和的对立面而又无力摆脱这些对立面。而为了使这些对立面，这些经济利益相互冲突的阶级，不致在无谓的斗争中把自己和社会消灭，就需要有一种表面上凌驾于社会之上的力量，这种力量应当缓和冲突，把冲突保持在'秩序'的范围以内；这种从社会中产生但又自居于社会之上并且日益同社会相异化的力量，就是国家。"

拿资本主义来说，"土地占有制和资产阶级之间的斗争，正如资产阶级和无产阶级之间的斗争一样，首先是为了经济利益而进行的，政治权力不过是用来实现经济利益的手段。……在这里，国家、政治制度是从属的东西，而市民社会、经济关系的领域是决定性的因素。"不仅如此，"如果说国家和公法是由经济关系决定的，那么不言而喻，私法也是这样，因为私法本质上只是确认单个人之间的现存的、在一定情况下是正常的经济关系。"在"西方世界的兴起"的故事中，国家扮演了资本主义生产方式的"助产婆"。马克思在论及资本的原始积累时指出："工业资本家不是通过像租地农场主那样的渐进方式产生的。……这种方法的蜗牛爬行的进度，无论如何也不能适应15世纪末各种大发现所造成的新的世界市场的贸易需要。"于是，国家就开始发挥作用。"在英国，这些因素在17世纪末系统地综合为殖民制度、国债制度、现代税收制度和保护关税制度。这些方法一部分是以最残酷的暴力为基础的，例如殖民制度就是这样。但所有这些方法都利用国家权力，也就是利用集中的、有

---

① 《马克思恩格斯文集》第3卷，人民出版社，2009年，第601页。

组织的社会暴力，来大力促进从封建生产方式向资本主义生产方式的转化过程，缩短过渡时间。暴力是每一个孕育着新社会的旧社会的助产婆。暴力本身就是一种经济力。"历史学家布罗代尔也提出："不管国家自己是否愿意，它是 16 世纪最大的企业家。"

国家一经产生，对社会来说就看似一种独立的力量，于是"在职业政治家那里，在公法理论家和私法法学家那里，同经济事实的联系就完全消失了。……现在法律形式就是一切，而经济内容则什么也不是。"然而，这只是一种被形式和表象掩盖起来的假象。特别是当同一阶级内部的矛盾也采取了政治的解决形式和手段，当资本主义社会的政治过程披上现代民主的外衣的时候，经济对政治的决定性作用以及政治对经济的反作用就被进一步掩盖起来，经济与政治的辩证统一关系就被割裂开来，经济与政治似乎成了两个彼此独立、互不相干的领域。研究生产关系的政治经济学被去掉"政治"二字，变成了进行超历史的"纯粹经济分析"的经济学。对此，我们必须看到，在资本主义生产方式下，资本的经济逻辑就是资本主义国家与政治必须遵循的根本逻辑。无论在资本主义早期的自由竞争阶段，还是在其当下的垄断资本阶段，无论在其繁荣时期，还是在其危急时刻，资本主义国家始终是维持资本积累的社会结构的重要组成部分，其作用不仅仅局限于弥补一般的市场失灵，更重要的是弥补"资本失灵"，不断维持或修复资本的利润空间。经济史学家沃勒斯坦说得好："遍及全球的反国家心态就是（资本主义）危机的一个主要症状，……只要有众多的国家存在，资本主义就需要强化国家结构，不是像虚夸不实之词所说的那样，要削弱它。"

（二）坚持党对经济工作的集中统一领导

社会主义生产资料公有制为经济与政治实现有机统一提供了经济基础。社会主义国家经济与政治有机统一的集中表现是党对经济工作的集中统一领导。

社会主义制度的建立，不是为了少数人的利益，而是为了大多数人的利益，是广大人民在马克思主义政党的领导下自觉建立起来的。然而，中国和大多数社会主义国家都不是从资本主义社会内部自然孕育出来的，而是在生产力极不发达的条件下建立起来的，落后的生产力基础和马克思恩格斯设想的社会所有制的要求相比还有很大的差距。在这种条件下，我们不得不以国家所有制的形式来来实现社会对生产资料的占有，因为这是保证全体社会成员平等占有生产资料的唯一可能的形式。这就使得社会主义的国家首先是经济基础的组成部分，而不单纯只是上层建筑的组成部分，从而具备了经济与政治有机统一的条件和基础。作为公有制主体的代表，社会主义国家必须通过行使生产资料的所有权和管理权，不断发展和解放社会生产力，满足人民日益增长的美好生活需要。

社会主义国家形式，和人类历史上存在的其他国家形式相比，第一次有可能在经济与政治有机统一的基础上，自觉地通过发展经济来实现社会主义的生产目的。社会主义经济如何实现合目的性与合规律性的发展？这离不开党对经济工作的集中统一领导。党是最高政治领导力量。我们党的性质和宗旨决定了，无论是在社会主义革命时期还是建设时期，要实现社会主义合目的性合规律性的经济发展，就必须依靠党的领导，发挥广大人民的积极性和创造性。

"一个中心，两个基本点"是我们党在社会主义初级阶段的基本路线，这不仅体现了生产力与生产关系辩证统一的要求，也体现了社会主义经济与政治有机统一的要求。以经济建设为中心，就是为了发展社会生产力；坚持四项基本原则，就是坚持社会主义制度性质不变；坚持改革开放，就是要使生产关系和上层建筑更好地适应生产力发展要求。以经济建设为中心，意味着党的领导首先是对经济工作的领导，离开这个中心就会犯错误。比如，在"以阶级斗争为纲"的年代，就出现了脱离经济发展客观规律的错误，违背了社会主义经济与政治有机统一的内在要求，片面强调政治而忽视经济建设，使生产力的发展受到严重阻碍。改革开放以来，我们党把工作重新转移到经济建设上来，不断完善社会主义初级阶段的基本经济制度，建立了充满活力的社会主义市场经济体制，创造了经济发展的"中国奇迹"。特别是党的十八大以来，我国经济发展取得历史性成就，为其他领域改革发展奠定了重要基础，成功的关键就在于我们始终坚持加强党对经济工作的集中统一领导，坚持社会主义经济与政治的有机统一，坚持社会主义制度与市场经济的有机结合。

习近平总书记在党的十九大报告中明确指出："中国特色社会主义制度最本质的特征是中国共产党领导，中国特色社会主义制度的最大优势是中国共产党领导，党是最高政治力量。"坚持党的领导，发挥党总揽全局、协调各方的领导核心作用，是我国社会主义市场经济体制的一个重要特征。改革开放四十多年来，我国经济社会发展之所以能够取得巨大成就，一条根本经验就是始终坚持党的基本路线不动摇，坚定不移坚持党的领导。在全面深化改革过程中，我们要坚持和发展我们的政治优势，以我们的政治优势来引领和推进改革，调动各方面积极性，推动社会主义市场经济体制不断完善、社会主义市场经济更好发展。

（三）加强党的政治建设的必要性

毛泽东同志说过，"政治工作是一切经济工作的生命线"。习近平总书记指出："旗帜鲜明讲政治是我们党作为马克思主义政党的根本要求，是共产党人最鲜明的本质特征。"党要领导好经济工作，必须首先加强自身政治建设，为发挥党总揽全局、协调各方的领导核心作用奠定坚实基础。

中国特色社会主义进入新时代，当今世界面临百年未有之大变局，能不能驾驭好世界第二大经济体，能不能保持经济社会持续健康发展，从根本上取决于党在经济社会发展中的领导核心作用发挥得好不好。党的十八大以来，习近平总书记立足于时代背景，紧密结合我国经济社会发展的新常态和世界经济互联互通日益增加的客观情势，坚持从政治的高度看待我国经济安全问题。他指出，当前影响我国经济安全的因素不断增多，特别是各种威胁和挑战联动效应日益明显，强调决不能低估当前和今后一个时期所面临的风险和挑战，必须保持清醒头脑、强化底线思维，有效防范、管理、处理风险，有力应对、处置、化解挑战。党的十九大报告在"五位一体"总体布局基础上，提出"伟大斗争，伟大工程，伟大事业，伟大梦想，紧密联系、相互贯通、相互作用，其中起决定性作用的是党的建设新的伟大工程"。

党要领导好经济工作，一方面必须深刻把握经济发展的客观规律，创新党领导经济社会发展的观念、体制、方式方法，提高党把握方向、谋划全局、提出战略、制定政策、推进改革的能力，在实践中不断提高驾驭经济发展的能力，为发展航船定好向、掌好舵；另一方面必须以党的政治建设为统领，坚定理想信念宗旨，坚持以马克思主义为指导，全面贯彻执行党的基本路线，坚持以人民为中心的发展思想，坚持社会主义市场经济改革方向，坚持底线思维，调动全党的积极性、主动性、创造性。

在发展多种所有制经济和社会主义市场经济条件下，加强党的政治建设更加具有紧迫性和复杂性。发展多种所有制经济和市场经济，人们之间的利益交换与分配广泛采取了商品、货币和各种要素报酬的形式，因此不可避免地会受到商品拜物教、货币拜物教和资本拜物教的影响。在领导经济工作的过程中，如何避免党员干部的思想行动受这些因素的不良影响，如何防止领导权力与市场、货币、资本结合在一起"寻租"，这是党的政治建设面临的重大挑战和长期任务，解决问题的根本出路在于以政治建设为统领，加强党的各项制度建设，构建"亲""清"新型政商关系。

加强党的政治建设还有助于克服经济建设中出现的"重经济轻政治"的错误倾向。我们党提出坚持以经济建设为中心、坚持发挥市场在资源配置中起决定性作用，有人错误地理解为讲政治就会妨碍经济建设，讲党的领导就会破坏市场在资源配置中起决定性作用。这种认识和过去"以阶级斗争为纲"的错误一样，都割裂了社会主义条件下经济与政治的有机统一关系，不管是"重经济轻政治"，还是"重政治轻经济"，都是极其片面的、危险的认识。在中国特色社会主义经济发展中，必须把坚持以经济建设为中心、坚持党对经济工作的集中统一领导、加强党的政治建设紧密结合起来，坚持发展中国特色社会主义制度，实现国民经济持续健康发展，维护广大人民群众的根本利益。

二 推动新时代的技术进步

党的十九大报告提出，中国特色社会主义进入新时代、经济发展进入新阶段。我国发展的这一新的历史方位是依据党的十八大以来我国经济、政治、社会、文化等各个领域发生的历史性变革，尤其是依据我国社会主要矛盾转化而做出的重大政治判断。经济发展进入新常态，由高速增长阶段转向高质量发展阶段，正处在转变发展方式、优化经济结构、转换增长动力的攻关期。

基于增长速度和经济结构的变化，要素投入机制对我国产业发展的驱动作用不断减弱，技术进步对三次产业整体的驱动作用日渐增强，只有依靠足够的人力资本投资和技术进步才能克服困境并维持经济增长（蔡海霞，2014；刘伟，2015）。新时代经济发展的动力必须从要素驱动、投资驱动转向创新驱动；这已经成为共识。然而，无论是技术进步还是创新本身也需要新的驱动力（金碚，2015），如何更好地推动技术进步，是新时代和发展新阶段保持经济持续健康发展的重要理论和实践命题。

从经济理论的角度来看，技术进步是推动现代经济增长的核心力量。在马克思主义的历史唯物主义理论和政治经济学分析当中，技术进步扮演了推动生产力发展和生产关系变革的物质力量的重要角色。《共产党宣言》指出："资产阶级在它的不到一百年的阶级统治中所创造的生产力，比过去一切世代创造的全部生产力还要多，还要大。自然力的征服，机器的采用，化学在工业和农业中的应用，轮船的行驶，铁路的通行，电报的使用，整个整个大陆的开垦，河川的通航，仿佛用法术从地下呼唤出来的大量人口——过去哪一个世纪料想到在社会劳动里蕴藏有这样的生产力呢？"① 马克思在《资本论》等著作中还深刻分析了技术进步在资本主义生产方式下如何实现，如何为资本主义生产目的服务，如何受到资本主义生产关系的限制和制约。在西方经济理论中，继熊彼特提出"创造性毁灭"概念以及创新理论之后，索洛、卢卡斯、罗默等人又提出了新古典增长模型和内生增长理论，把关注点集中在技术进步对经济增长的作用上，但是没有考察生产方式和生产关系对技术进步的影响。

（一）技术进步的不确定性、不平衡性和有偏性

按照历史唯物主义理论，技术进步体现的是劳动的主、客观因素之间物质结合关系的变革。从质的方面看，技术进步意味着社会劳动生产力的提高，从量的方面看，技术进步意味着劳动主、客观因素的结合比例以及投入产出比例的变化，即劳动生产率的提高。马克思指出："劳动生产力是由多种情况决定的，其中包括：个人的平均熟练程度，科学的发展水平和它在工艺上应用的程度，生产过程的社会结合，生产资料的规模和效能，以及自然条件。"② 由此可见，决定劳动生产率及其实现效果的因素可以来自物质生产力、人的劳动能力以及劳动的社会结合等各

---

① 《马克思恩格斯文集》第 2 卷，人民出版社，2009，第 36 页。
② 《马克思恩格斯文集》第 5 卷，人民出版社，2009，第 53 页。

个方面。无论哪一个方面、哪一个因素发生变化，都可以在劳动的技术形式及其结果中表现出来。因此，实现技术进步具有多元化的基础，自然条件、物质资本和人力资本（这里是指人的劳动能力）的改善和提高都能带来不同程度的技术进步。特别是科学发展本身具有无限的开放性和不确定性，因而技术进步从本质上讲也具有开放性和不确定性。技术进步和生产力发展的这一基本性质构成了人类社会不断发展的物质基础。

　　虽然以技术进步为代表的生产力发展从根本和长远来看具有开放性、不确定性和无限可能性，但是在特定的历史发展阶段和生产方式条件下，从特定产业的技术发展历程来看，技术进步一旦出现，往往都会呈现一定的"路径依赖"性质。从生产力发展的基本规律来讲，技术进步必然是一个逐步累积的、由量变到质变的过程。从生产关系对生产力发展的影响来看，技术进步受制于特定生产方式的生产目的及其实现方式。马克思在《资本论》中指出："如果只是把机器看作使产品便宜的手段，使用机器的界限就在于：生产机器所费的劳动要少于使用机器所代替的劳动。可是对资本来说，这个界限表现得更为狭窄。因为资本支付的不是所使用的劳动，而是所使用的劳动力的价值，所以，对资本来说，只有在机器的价值和它所代替的劳动力的价值之间存在差额的情况下，机器才会被使用。……并通过竞争的强制规律对他发生影响。"[1] 在这种情况下，如果出现某种能够为个别资本带来超额剩余价值从而提供市场竞争先发优势的技术进步，而其他个别资本还没有找到替代性技术，对其他个别资本来说，利用后发优势，通过追随、模仿相同或类似的技术路线通常是节约生产费用的最优选择。在这一过程中，具有先发优势的技术就可以通过规模效应、学习效应、协作效应及预期效应等机制达到自我加强的目的，形成特定的技术进步路线。除非出现新的技术进步，通过相同的过程建立起具有垄断性质的竞争优势，代替旧的技术，完成资本主义的"创造性毁灭"过程。

　　由于技术进步在其生命周期内所具有的路径依赖性质，从社会范围内来看，技术进步可能存在横向的不平衡性，这种不平衡性本身就是生产力发展水平不平衡的具体表现。比如，从我国的区域经济结构来看，

---

① 《马克思恩格斯文集》第5卷，人民出版社，2009，第451页。

东中西部地区技术进步模式存在较大差异。研究表明，东中部分别通过进口渠道与 FDI 渠道获得国外知识溢出，西部则无法通过国际知识溢出提升技术水平（蔡伟毅、陈学识，2010）。不同省份的技术进步增长率也存在差异，北上广技术增长率最高，苏浙鲁闽次之，其他地区又次之，技术扩散方向是由发达地区向落后地区扩散（舒元、才国伟，2007）。再比如，从产业结构来看，不同产业的技术进步特点与该产业的自身属性高度相关，劳动密集型产业技术进步具有渐进性，而资本密集型产业的技术进步往往具有跳跃性（代谦、李唐，2009），同时行业间的全要素生产率增长具有缓慢发散的趋势（陈勇、唐朱昌，2006）。此外，能耗与排放强度越高的行业技术进步空间越大（何小钢、张耀辉，2012）。

　　长期来看，节约活劳动是技术进步的必然趋势。但是在短期内，技术进步受各种因素影响，可能呈现出某种偏向性，包括劳动偏向型、资本偏向型和中性等不同类型（Hicks，1932）。比如，美国 1899 ~ 1960 年技术进步总体是资本偏向型，这也符合工业化初期的技术进步的普遍特征（David & Klundert，1965）。与此类似，中国改革开放以来加速进行的工业化进程，使得技术进步也呈现出资本偏向型的特征（戴天仕、徐现祥，2010；陆雪琴、章上峰，2013），并且这种偏向性同时存在于劳动密集型部门和资本密集型部门（黄先海、徐圣，2009）。这种有偏的技术进步对长期经济发展可能存在不利影响。比如，虽然社会上同时也存在偏向技能劳动的技术进步（王林辉、蔡啸、高庆昆，2014），但是由于资本偏向的技术进步更为普遍，而劳动的生产效率上升速度较慢，不足以抵消资本生产效率的下降速度，因此工业的全要素增长率较低，并且自 1990 年以后就呈下降趋势（钟世川，2014）。

（二）影响技术进步的经济因素和制度因素

　　技术进步体现了生产力发展水平的提升，因此影响技术进步的因素就是影响生产力发展的因素。一方面，从社会再生产的有机过程来看，技术进步所代表的生产的发展会受到交换、分配、消费等其他环节的作用和影响。另一方面，生产力的发展从总体上又会受到生产关系的作用和影响。以上两方面构成了影响技术进步的经济因素和制度因素。

　　马克思在《〈政治经济学批判〉导言》中指出，生产与分配、交换、消费构成一个总体的各个环节，"一定的生产决定一定的消费、分配、交

换和这些不同要素相互间的一定关系。当然，生产就其单方面形式来说
也决定于其他要素。例如，当市场扩大，即交换范围扩大时，生产的规
模就增大，生产也就分得更细。随着分配的变动，例如，随着资本的积
聚，随着城乡人口的不同的分配等等，生产也就发生变动。最后，消费
的需要决定着生产。不同要素之间存在着相互作用。每一个有机整体都
是这样"。①

影响生产和技术进步的社会再生产其他环节具体表现为一系列经济
因素，包括：要素禀赋、人口结构、消费需求、行业发展状况、市场化
水平、金融发展水平、国际经济交往水平等。现代经济学在这些方面提
供了大量的实证研究。比如，要素禀赋积累的相对速度会引致企业技术
研发偏向丰裕要素，而人力资本投资（王林辉、蔡啸、高庆昆，2014）、
研发投入与科教支出（林勇、张宗益，2009）则通过改变要素禀赋间接
作用于技术进步。人口结构通过影响要素禀赋（例如老龄化同时减少了
劳动力并降低了储蓄）进而也会影响技术进步的偏向（邓明，2014）。
消费需求则是企业技术进步的动力源泉及方向（金晓彤、黄蕊，2017）。
企业特征（规模、所有制结构、公司治理及财务风险状况）通过影响研
发活动作用于技术进步，企业科研管理因紧密联系市场对技术进步具有
促进作用（肖文、林高榜，2014）。行业开放度及规模与技术进步正相
关而国有比例及行业集中度与技术进步负相关（陈勇、李小平，2007），
同时中国工业行业资本深化的技术选择是技术变化（最优生产前沿的改
变）的格兰杰原因（陈勇、唐朱昌，2006）。市场化率提高可通过减少
寻租、优化研发配置、促进竞争等途径推动技术进步，市场化率提升
1%引起技术进步提升 0.02%（周兴、张鹏，2014）。金融信贷水平提高
可改善全社会技术效率（林勇、张宗益，2009）。国际经济往来对技术
的影响体现在经济体既可经进口及 FDI 渠道获得国外知识溢出（蔡伟毅、
陈学识，2016），也可通过外向型 FDI（在技术丰裕国家合资设厂）获取
先进技术（赵伟、古广东、何元庆，2006）。进口规模扩大 1 单位，TFP
提高 0.023 单位（林勇、张宗益，2009）。与此同时，外贸虽促进技术进
步，却不足以使技术进口国实现反超（苏志庆、陈银娥，2014）。

---

① 《马克思恩格斯文集》第 8 卷，人民出版社，2009，第 23 页。

　　唯物史观告诉我们，生产力的发展会受到生产关系的作用和影响。在《资本论》第一卷第四篇中，马克思分析了资本主义生产的技术形式从简单协作发展为分工和工场手工业，再发展为机器和大工业，资本家利用新发明、新机器、新方法等技术进步手段，不断改变生产的技术形式，不断提高社会劳动生产力，最大限度地节约不变资本和可变资本，在竞争中获取超额剩余价值，从而实现整个资本的相对剩余价值。然而，这种为个别资本获取剩余价值或利润最大化的技术进步，在不断提高资本有机构成的条件下，不仅导致相对过剩人口的出现，同时还会给社会全体资本带来一般利润率下降的结果，从而形成资本主义生产方式对技术进步的历史局限作用。按照这一分析提供的基本原理，生产关系既从个别资本的角度，同时也从社会总资本的角度，对资本主义的技术形式和生产力发展水平产生影响。在现实中，影响和作用于技术进步的生产关系就具体表现为各种制度因素，包括企业层面和政府层面的制度安排。

　　根据现有的研究，企业层面的所有制结构、公司治理结构、折旧制度、政治关联度都会影响企业的技术进步。企业所有制结构主要影响技术进步途径的选择，比如国有比重高的企业更偏好通过技术引进和购买来提升技术水平（肖文、林高榜，2014；戴静、张建华，2013）。公司治理结构则可协调技术创新过程中的利益冲突（辛书达，2013），并为技术创新提供制度保障及动力（王丽芳，2014）。折旧制度对企业研发也有影响（林勇、张宗益，2009），有计划地提高折旧率可加速现有工业技术的提升（仲良，1993）。企业政治关联对技术进步表现出两面性（既通过降低竞争、引发过度投资及寻租、承担增长与就业"政治包袱"等机制阻碍创新，又通过帮企业获取创新资源、降低创新风险、提高融资能力促进创新），但实证表明总体上政治关联阻碍了企业创新（袁建国、后青松、程晨，2015）。政府层面的技术创新政策、对外开放政策、收入分配政策、补贴政策、知识产权保护制度、环境规制政策也是技术进步的重要影响因素。技术创新政策影响或改变一国范围内技术创新的速度、方向和规模（黄悦胜，2002）。对外开放政策促进技术进步（赵伟、古广东、何元庆，2006；林勇、张宗益，2009；蔡伟毅、陈学识，2010）而贸易保护政策阻碍技术进步（苏志庆、陈银娥，2014）。收入分配政策影响劳动与资本的相对收入份额，劳动份额下降减少消费而延缓技术进步，资本份额上升刺激生产而促进技术进步（杨巨，2012），即对技术进步而言劳资收入比存在一个最优区间。政府补贴政策总体上因重长期轻短期而降低企业技术创新效率（肖文、林高榜，2014），但对战略性新兴产业而言政府补贴政策则有明显的技术进步效应（陆国庆、王舟、张春宇，2014）。完善的知识产权保护制度加速了中国出口技术提升，研发力度越大、技术水平越高的行业提升作用越显著（柴江艺，许和连，2012）。环境规制强度的适度提高，短期内因增加企业"遵循成本"而阻碍技术进步；长期内则因"创新补偿"效应而提高生产技术进步率（张成、陆旸、郭路、于同申，2011）。另外税收政策、产业政策都不同程度影响技术进步，而财政政策发挥了重要指导作用（林勇、张宗益，2009）。

（三）推动新时代的技术进步

中国特色社会主义进入新时代、经济发展进入新阶段这一重大判断，一个重要的依据就是从目前世界范围来看，一场新的科技革命和产业革命正在孕育。中国经过四十多年的改革开放，生产力整体水平得到了极大的提升，从技术进步的角度来看，已经从过去的跟跑进入到跟跑、并跑、领跑的新阶段，并且有望实现"弯道超车"，从后发优势转向先发优势。在这样一个转折期和窗口期，加快推动我国技术进步既面临着挑战，同时又面临着巨大的发展机遇。

我国经济发展进入新常态，技术进步也面临着新常态下的挑战。从增长理论来看，技术进步的新常态是指超越索洛增长阶段后，技术进步逐步内生化并且速度趋缓的长期态势。有研究表明，1978～2008年，资本体现式技术进步的年平均增长率约为11.5个百分点，占全部技术进步的72%左右，即中国改革开放以来技术进步的形式相当大的部分是以资本体现式技术进步的形式存在的，要素高投入的同时也受益于要素所内含的技术进步（孙克，2011）。但是如果按照全要素生产率测算，中国1985～2003年总体的年均技术进步率仅为2.3%，其中存在两个技术进步的波峰：1990～1993年年均进步率9.7%，1999～2003年年均进步率13.7%（陈勇、唐朱昌，2006）。但是必须看到，在高速增长阶段，我国技术进步很大程度上依赖于开放条件下的干中学、低成本竞争与模仿－套利机制（中国经济增长与宏观稳定课题组，2006）。但是从1990年代后期开始，这套机制推动技术进步的作用已经弱化（林勇、张宗益，2009），当前中国整体技术水平已收敛至世界前沿附近，模仿型技术进步的空间已经进一步收窄（魏枫，2015），如果不能进一步实现技术效率的提升（要素配置向最优生产前沿移动）和技术变化（最优生产前沿的移动），我国整体的技术进步率在未来将会出现进一步放缓的趋势。

在这种条件下，如何推动新时代的技术进步？根据本书的分析，重点是在政府和企业两个层面进行制度创新和制度建设。

首先，从社会全局和政府战略的高度，加快建设创新型国家，实施创新驱动发展战略。十九大报告提出："创新是引领发展的第一动力，是建设现代化经济体系的战略支撑。"实施创新驱动发展战略，要加强国家创新体系建设，充分发挥社会主义的制度优势，立足世界科技前沿，在服务于国家目标和战略需求的重大领域，通过国家实验室、科研机构等创新单元，整合创新资源，进行具有基础性、原创性、前瞻性、颠覆性的研究。

其次，要继续深化科技体制改革，加大政府对教育科研的投资，同时按照市场驱动与政府激励相容的要求，建立以企业为主体、市场为导向、产学研深度融合的技术创新体系，促进科技成果转化为现实生产力，并通过机制和体制改革，发挥人的积极性，形成一支规模大、结构优、素质高的创新人才队伍。体制改革的关键是处理好市场与政府关系，既要强化企业在创新中的主体地位，又要科学规划技术要素资源的产业转移次序（金晓彤、黄蕊，2017），既要推进市场化尤其是要素市场化改革以促进技术要素的自由流动（邓明，2014；陈勇、唐朱昌，2006），又要从政府的长远目标入手，利用科技扶持政策纠正市场短期偏好的影响（肖文、林高榜，2014）。政府主要通过规范竞争以及税收、信贷政策激励企业从事研发，对于竞争性产业的技术进步，改革的重点是扩大行业开放，消除行政壁垒。

最后，在加强自主创新的同时，应继续维持技术引进并强化对引进技术的消化吸收。国家应坚持对外开放，继续通过进口和 FDI 等渠道吸收国际先进技术，鼓励有实力的企业通过在技术丰裕国家合资设厂学习先进技术，破除地方保护主义及市场分割，企业和地方应结合自身实际采取不同的技术引进政策。

三　完善新时代的分配关系

坚持以人民为中心的发展思想，不断促进人的全面发展、全体人民共同富裕，是习近平新时代中国特色社会主义思想的重要组成部分。按照十九大报告提出的战略安排和目标，到2035年我国基本实现社会主义现代化，人民生活更为宽裕，中等收入群体比例明显提高，城乡区域发展差距和居民生活水平差距显著缩小，基本公共服务均等化基本实现，全体人民共同富裕迈出坚实步伐。到21世纪中叶，我国建成富强民主文明和谐美丽的社会主义现代化强国，全体人民共同富裕基本实现。分配问题可以说是检验社会主义现代化国家建设目标是否实现的一条重要标准。

近年来，人们对我国分配问题的关注主要集中在收入差距方面，尤其是衡量居民收入差距的基尼系数长期保持在国际公认的0.4的警戒线水平以上，表明我国的收入差距问题十分突出。根据国家统计局公布的数据，2004~2008年我国的基尼系数是逐渐上升的，并在2008年到达最高值0.491。虽然2009年以后我国的基尼系数开始下降，但是2016年的基尼系数仍然维持在0.465的较高水平。此外，无论宏观还是微观的分配结构中还存在许多不合理的突出问题，比如劳动者报酬以及居民收入比重占GDP的份额双双偏低，城乡、区域、行业间存在比较明显的收入差距，居民财产占有差距具有扩大的趋势等。这些问题似乎表明中国经济发展也存在"库兹涅茨曲线"效应，随着经济发展水平进一步提高，收入差距会自动缩小，分配问题会自然而然随着经济的发展而解决。但事实上，不论从发展中国家还是发达国家的历史来看，分配问题都不是一个简单的发展问题，在很大程度上其实是一个制度问题。例如，一些落入"中等收入陷阱"的拉美国家，由于没有采取相应的制度变革，形成良好的有效的制度保障，收入差距和财富积累的"马太效应"使既得利益集团在经济和政治上日益强大，经济发展的包容性程度不断减弱，最终导致社会矛盾激化甚至社会分裂。再比如，发达国家的基尼系数普遍较低，一般稳定在0.3左右，但其实是再分配起到了巨大作用。例如，根据某些学者的计算，美国的初次分配基尼系数为0.49，再分配后的基尼系数为 0.38，降低了 22%。英国的初次分配基尼系数为 0.46，再分配后的基尼系数为 0.35，降低了 24%。德国的初次分配基尼系数为 0.5，再分配后仅为 0.3。法国的初次分配基尼系数为 0.48，再分配后为 0.29。日本的初次分配基尼系数为 0.46，再分配后为 0.33（张车伟、程杰，2016）。由此可见，再分配机制是市场经济国家缩小收入差距不可或缺的制度安排。

我国自改革开放以来，一直把调整分配关系、改革收入分配体制作为经济体制改革的一项重要内容。一方面，分配关系和分配体制的变革是我国所有制改革与市场化改革的必然结果；另一方面，调整分配关系对于充分利用各种资源和要素投入社会生产、调动各方人员的积极性从而不断提高发展水平、提升经济效率具有积极的作用。随着经济的持续增长和改革的不断深入，分配领域必然会出现深刻的变革。为了实现建设社会主义现代化国家的宏伟目标，除了保持经济持续健康发展，我们必须在坚持基本分配制度的基础上，不断完善分配调控体制机制和政策体系，为实现共享发展和共同富裕目标提供制度保障。这是中国特色社会主义进入新时代必须破解的一道重大理论和现实命题。

（一）政治经济学关于分配的基本理论

马克思在《〈政治经济学批判〉导言》中明确指出，社会的生产与再生产是由生产、分配、交换和消费四个环节构成的有机整体，"分配关系和分配方式只是表现为生产要素的背面。个人以雇佣劳动的形式参与生产，就以工资的形式参与产品、生产成果的分配。分配的结构完全决定于生产的结构。分配本身是生产的产物，不仅就对象说是如此，而且就形式说也是如此。就对象说，能分配的只是生产的成果，就形式说，参与生产的一定方式决定分配的特殊形式，决定参与分配的形式。"但是，这只是就产品的分配而言。生产资料所有制关系本身也是一种特殊的分配关系，"它是（1）生产工具的分配，（2）社会成员在各类生产之间的分配（个人从属于一定的生产关系）——这是同一关系的进一步规定。这种分配包含在生产过程本身中并且决定生产的结构，产品的分配显然只是这种分配的结果"。① 由此可见，所有制关系决定了生产的结

---

① 《马克思恩格斯文集》第 8 卷，人民出版社，2009 年，第 19~20 页。

构，进而决定产品的分配结构。

所有制关系的历史性质决定了产品分配关系的历史性质，也是决定一个社会基本分配制度的根本前提和基础。马克思在《资本论》第三卷第七篇"各种收入及其源泉"中指出，对资本主义生产方式的科学分析证明，资本主义的分配关系和收入形式，本质上和资本主义生产关系是"同一的，是生产关系的反面"[1]，工资以雇佣劳动为前提，利润以资本为前提，资本主义地租以土地所有权和农业实行资本主义经营方式为前提。资本主义的所有制关系决定了资本、劳动和土地等生产要素以私人所有权的形式参与产品分配，并取得各种收入的形式。马克思由此批判了政治经济学在分配问题上的两种错误理论。一种是看到了分配关系的历史性质和特殊性质，但是却认为生产关系具有超历史的性质，从而把生产当作一般，把分配当作特殊。这种所谓生产与分配的二分法错误在古典政治经济学时代以约翰·穆勒为代表，在当代西方经济理论中则表现为实证与规范的二分法，分配问题被认为属于规范经济学的范畴，失去了它和所有制以及生产之间的内在联系。还有一种错误认为分配关系是一种"自然的关系，是从一切社会生产的性质，从人类生产本身的各种规律中产生出来的关系。"[2] 这种错误在古典政治经济学时代以庸俗经济学的"三位一体的公式"为代表，在当代西方经济理论中则表现为生产力分配理论或要素分配理论。

社会主义社会的分配关系当然也是以所有制关系为基础的。马克思在《哥达纲领批判》中对共产主义社会第一阶段即社会主义社会的产品分配关系做出了著名的论断："在一个集体的、以生产资料公有为基础的社会中，……每一个生产者，在作了各项扣除以后，从社会领回的，正好是他给予社会的。他给予社会的，就是他个人的劳动量。"马克思指出这种按劳分配关系的基本性质"是调节商品交换（就它是等价的交换而言）的同一原则。内容和形式都改变了，因为在改变了的情况下，除了自己的劳动，谁都不能提供其他任何东西，另一方面，除了个人的消费资料，没有任何东西可以转为个人的财产。至于消费资料在各个生产者

---

① 《马克思恩格斯文集》第7卷，人民出版社，2009年，第994页。
② 《马克思恩格斯文集》第7卷，人民出版社，2009，第993页。

中间的分配，那么这里通行的是商品等价物的交换中通行的同一原则，即一种形式的一定量劳动同另一种形式的同量劳动相交换。"① 马克思批判庸俗社会主义"仿效资产阶级经济学家（一部分民主派又仿效庸俗社会主义）把分配看成并解释成一种不依赖于生产方式的东西，从而把社会主义描写为主要是围绕着分配兜圈子。既然真实的关系早已弄清楚了，为什么又要开倒车呢?"② 脱离了生产方式和所有制关系，"公平的分配""平等的权利"只是些空话。况且，社会主义公有制下的按劳分配关系"对不同等的劳动者来说是不平等权利。它不承认任何阶级差别，因为每个人都像其他人一样只是劳动者，但是它默认，劳动者的不同等的个人天赋，从而不同等的工作能力，是天然特权。所以就它的内容来讲，它像一切权利一样是一种不平等的权利。……但是这些弊病，在经过长久阵痛刚刚从资本主义社会产生出来的共产主义社会第一阶段，是不可避免的"。③

马克思提出的有关分配问题的基本原理，为中国特色社会主义政治经济学分析现实分配关系、解决重大分配问题提供了重要的方法论原则。

（二）社会主义初级阶段分配制度的理论逻辑与历史逻辑

社会主义初级阶段实行以按劳分配为主体、多种分配方式并存的基本分配制度，是政治经济学理论逻辑与中国特色社会主义历史发展逻辑相统一的产物。从政治经济学的理论逻辑来说，分配关系的基本性质是由生产关系，特别是所有制关系决定的，有什么样的所有制关系，就有什么样的基本分配关系。另一方面，分配制度和分配关系是随着我国经济改革，尤其是所有制改革与市场化改革的推进逐渐形成的，是随着中国特色社会主义历史发展逻辑的展开而逐步实现的。大体来看，改革开放以来我国分配理论与分配关系的调整经历了以下几个时期：一是改革开放初期开始着力于恢复按劳分配原则；二是从20世纪20年代中后期开始到21世纪初，分配制度和分配关系随着所有制结构的多元化和社会主义市场经济体制的建立而发生深刻变化；三是进入21世纪以来，围绕

---

①《马克思恩格斯文集》第3卷，人民出版社，2009，第433~434页
②《马克思恩格斯文集》第3卷，人民出版社，2009，第436页。
③《马克思恩格斯文集》第3卷，人民出版社，2009，第435页。

宏观分配格局和居民收入差距加大等问题，开始着力于深化分配制度改革。每一个时期的分配问题都产生于不同的时代背景和经济基础，分配理论和分配政策的重心也随之而不同。

1. 第一个时期

改革开放早期关于分配问题的讨论是围绕着重新确立按劳分配原则展开的。改革开放前，经过社会主义改造的我国所有制结构主要包括国有经济和集体经济两种公有制形式，在分配关系上实行按劳分配。但是在"文化大革命"期间，物质利益原则和按劳分配原则被戴上了"资产阶级法权"的帽子而遭到严重破坏，实际分配关系具有平均主义和"大锅饭"的性质，难以调动广大人民的生产积极性。拨乱反正以后，人们逐步认识到恢复和坚持按劳分配原则的重要性。1977 年 8 月，中共十一大报告提出："对于广大人民群众，在思想教育上大力提倡共产主义劳动态度，在经济政策上则要坚持实行各尽所能、按劳分配的社会主义原则。"五届全国人大政府工作报告中提出："在整个社会主义历史阶段，必须坚持不劳动者不得食、各尽所能、按劳分配的原则。执行这个原则，要坚持无产阶级政治挂帅，加强思想政治工作，教育人们树立共产主义劳动态度，全心全意地为人民服务。在分配上，既要避免高低悬殊，也要反对平均主义。实行多劳多得，少劳少得。"与此同时，国家计委经济研究所、社科院经济研究所等单位在经济学界发起了关于按劳分配理论的讨论，对按劳分配的思想认识逐渐明确，包括：按劳分配是社会主义的分配原则，体现了国家、集体和个人三方利益相结合，是促进社会主义生产发展的重要因素；按劳分配具有多种形式，如工资、奖金、津贴等。1978 年 5 月 5 日，在邓小平的指导下，国务院政治研究室撰写了《贯彻执行按劳分配的社会主义原则》一文，以"特约评论员"的名义在《人民日报》发表，按劳分配原则得以正名。国务院于 1978 年 5 月 7 日发出了《关于实行奖励和计件工资制度的通知》，恢复和确立了分配制度中的按劳分配原则①。随后，1982 年党的十二大提出："在经济和社会中坚持按劳分配制度和其他各项社会主义制度"。1984 年党的十二届

---

① 参见中国共产党新闻网"史海回眸"栏目文章"为按劳分配正名"。访问网址：http://cpc. people. com. cn/GB/85037/8209350. html。

三中全会通过的《中共中央关于关于经济体制改革的决定》，不仅明确提出我国实行有计划的商品经济，而且要求坚决破除平均主义思想，贯彻按劳分配原则，指出"由于一部分人先富起来产生的差别，是全体社会成员在共同富裕道路上有先有后、有快有慢的差别，而绝不是那种极少数人变成剥削者，大多数人陷于贫穷的两极分化。鼓励一部分人先富起来的政策，是符合社会主义发展规律的，是整个社会走向富裕的必由之路"。

2. 第二个时期

1987年党的十三大正式确立了社会主义初级阶段理论，指出我国的社会主义社会还处在初级阶段，必须从这个实际出发，而不能超越这个阶段。关于所有制问题，党的十三大报告提出："以公有制为主体发展多种所有制经济，以至允许私营经济的存在和发展，都是由社会主义初级阶段生产力的实际状况所决定的。只有这样做，才能促进生产力的发展。"关于分配问题，报告指出："社会主义初级阶段的分配方式不可能是单一的。我们必须坚持的原则是，以按劳分配为主体，其他分配方式为补充"，"我们的分配政策，既要有利于善于经营的企业和诚实劳动的个人先富起来，合理拉开收入差距，又要防止贫富悬殊，坚持共同富裕的方向，在促进效率提高的前提下体现社会公平"，"当前分配中的主要倾向，仍然是吃大锅饭，搞平均主义，互相攀比，必须继续在思想上和实际工作中加以克服。凡是有条件的，都应当在严格质量管理和定额管理的前提下，积极推行计件工资制和定额工资制。"

从这一时期开始，影响我国分配制度和分配关系的基本因素发生了两个重大变化。一是社会主义初级阶段的所有制结构和所有制形式出现了多元化。公有制经济采取了多种形式的经济责任制（农村集体经济中的家庭联产承包责任制和国有企业的承包制），个体经济、乡镇经济以及中外合资经营、中外合作经营、外商独资企业等私营经济逐渐兴起。二是商品经济关系得到了大力的发展。不仅是不同所有制经济之间，而且在公有制经济内部也开始建立起商品经济关系，十三大报告提出国有企业要"实行所有权与经营权分离，把经营权真正交给企业，理顺企业所有者、经营者和生产者的关系，切实保护企业的合法权益，使企业真正做到自主经营，自负盈亏，是建立有计划商品经济体制的内在要求"。经济成分和分配方式的变化引起了分配关系的相应改变，主要体现为居民和企业在国民收入中所占的份额有所上升，尤其是居民最终所得份额1986 年比 1978 年增加了 11.7 个百分点（中国经济体制改革研究所宏观经济研究室，1987）。这种变化对政治经济学理论提出了一个重大挑战：公有制如何与商品经济关系实现"兼容"？在商品经济中，如何实现按劳分配？

关于前一个问题，已有学者在其他文章中进行了分析（刘伟，2017；刘伟、方敏，2015）。后一个问题实际上是前一个问题的自然延伸。公有制与商品经济的矛盾是同一所有制与不同商品所有权之间的矛盾，而商品经济与按劳分配的矛盾则是商品等价交换原则与等劳互换原则之间的矛盾。早在 1959 年第 12 期《红旗》杂志就发表了胡钧的《关于全民所有制内部商品价值形式问题》，文章指出等价交换的劳动基础与按劳分配的劳动基础在质和量两方面都存在着根本区别，等价交换带来的分配结果包含了生产资料对劳动生产率的作用，即私人生产者获得的"超额利润"，但是在公有制条件下，这部分所有权收益对劳动者来说是不存在的。与此同时，文章指出："利用价值形式将是很长时间的事情。劳动差别的多样性复杂性，使得直接用劳动时间计算，即使建立了全面的全民所有制以后，在一定的技术水平下也是一件很困难的事情。但是严格计算劳动时间，又是发展生产和产品分配所绝对必需的。因此价值形式就是一种唯一较好的形式，也是一种已经普遍利用而为人们所熟悉的形式。……价值形式什么时候不再被利用，也是一个自然过程。"（胡钧，1998）在公有制采取商品经济形式的条件下，按劳分配无法直接实现，只能经过两个性质不同的过程，把商品等价交换关系转化为等量劳动互换关系。首先，在社会范围内实行经济关系；这一基础上，国家再以所有者的身份从国有企业的等价交换收益中扣除因企业使用不同质量的生产资料而导致个别企业劳动生产率不同，从而在企业间形成一定的级差收益，这种收益实际上就是企业在等价交换中获得的资本所有权收益，只有扣除了这一部分收益，才能在公有制内部实现单纯的按劳分配（胡钧、侯孝国，1989）。

按照这一思路，再结合马克思关于社会主义分配中的社会扣除理论，实现公有制在商品经济条件下的按劳分配，必然包含着多个具有一定再分配性质的扣除环节。第一个扣除是国家所有者对企业通过商品等价交换获得的资本所有权收益（生产资料的级差收益）。第二个扣除用于补偿和追加生产资料以及应付自然灾害等后备所需。第三个扣除用于共同需要（如学校）、非生产性的管理费用以及为丧失劳动能力的人等提供救济和保障。对于第二种生产性的扣除，马克思指出这"在经济上是必要的，至于扣除多少，应当根据现有的物资和力量来决定，部分地应当根据概率计算来确定"。① 但是对于第一种扣除，我们显然无法从马克思那里直接找到答案。我们只能通过政治经济学的方法和原理来解决这个问题。首先，从这种级差收益的来源看，它是在采用相同劳动的情况下，因生产资料的质量差别而造成的企业个别劳动生产率差别。因此，只要能保证生产过程使用的是相同质量和数量的劳动，级差收益就是一目了然的结果。这一条件可以通过劳动力的市场竞争机制和企业内部的劳动管理机制来实现。其次，马克思分析资本主义经济时指出，竞争具有把个别利润不断地转化为社会平均利润的趋势。在社会主义商品经济中，公有制企业之间的竞争同样具有抹除个别企业超额利润的作用。综合起来看，要实现由等价交换向按劳分配转化的第一个扣除，必须在公有制企业之间和劳动者之间构建竞争性的市场机制。由此，我们从政治经济学理论逻辑的角度就找到了社会主义初级阶段的公有制、按劳分配与市场经济存在的内在必然联系。

　　1992 年党的十四大明确提出，"经济体制改革的目标，是在公有制和按劳分配为主体、其他经济成分和分配方式为补充的基础上，建立和完善社会主义市场经济体制"。1993 年中央通过的《关于建立社会主义市场经济体制若干问题的决定》提出，"建立以按劳分配为主体，效率优先、兼顾公平的收入分配制度，鼓励一部分地区一部分人先富起来，走共同富裕的道路。"1997 年党的十五大提出，"公有制为主体、多种所有制经济共同发展，是我国社会主义初级阶段的一项基本经济制度"，"公有制的实现形式可以而且应当多样化"。在分配问题上，"坚持按劳分配为主体、多种分配方式并存的制度。把按劳分配和按生产要素分配结合起来，坚持效率优先、兼顾公平"。同时，"要正确处理国家、企

---

① 《马克思恩格斯文集》第 3 卷，人民出版社，2009，第 433 页。

业、个人之间和中央与地方之间的分配关系，逐步提高财政收入占国民生产总值的比重和中央财政收入占全国财政收入的比重"。

在基本经济制度与社会主义市场经济体制相结合、按劳分配与按生产要素分配相结合的条件下，我国分配关系发生了新的变化。宏观分配方面，居民收入份额基本稳定，企业所得份额有所减少，政府所得份额有所上升。1998年居民所得份额为66.7%，企业所得份额为11.4%，政府所得份额上升为21.9%（国家计委综合司课题组，1999）。微观分配方面，居民收入差距持续扩大。全国农村居民家庭平均收入的基尼系数从1988年的0.344上升为1995年的0.424，城镇居民家庭平均收入的基尼系数从1988年的0.236上升为1995年的0.328，全国整体水平则从1988年的0.367上升为1995年的0.439（王海港，2007）。而经济体制转型和企业改制过程中存在的制度漏洞，产生了大量的非法收入和灰色收入，导致收入分配不平等进一步扩大。

3. 第三个时期

进入21世纪，我国经济保持了持续高速增长，但与此同时，城乡、地区、行业和个人的收入差距不断扩大，收入分配不平等问题变得越来越突出。2002年党的十六大提出了全面建设小康社会的奋斗目标，为解决分配方面存在的问题，提出深化分配制度改革，具体内容包括"调整和规范国家、企业和个人的分配关系。确立劳动、资本、技术和管理等生产要素按贡献参与分配的原则，完善按劳分配为主体、多种分配方式并存的分配制度。"按照效率优先、兼顾公平的要求，"既要反对平均主义，又要防止收入悬殊。初次分配注重效率，发挥市场的作用，鼓励一部分人通过诚实劳动、合法经营先富起来。再分配注重公平，加强政府对收入分配的调节职能，调节差距过大的收入。规范分配秩序，合理调节少数垄断性行业的过高收入，取缔非法收入。以共同富裕为目标，扩大中等收入者比重，提高低收入者收入水平。"同时，十六大还提出"建立健全同经济发展水平相适应的社会保障体系"。2003年通过的《关于完善社会主义市场经济体制若干问题的决定》提出，"以共同富裕为目标，扩大中等收入者比例，提高低收入者水平，调节过高收入，取缔非法收入。加强对垄断行业收入分配的监管"。缩小收入差距成为构建和谐社会的重要环节。2007年党的十七大从维护社会公平正义出发，进一步提出"初次分配和再分配都要处理好效率和公平的关系，再分配更加注重公平"，确定了提低、扩中、调高的改革措施，制定了改革的政策方向，即一方面逐步提高居民收入在国民收入分配中的比例，另一方面提高劳动报酬在初次分配中的比例。2012 年党的十八大报告进一步强调，"公平正义是中国特色社会主义的内在要求。要在全体人民共同奋斗、经济社会发展的基础上，加紧建设对保障社会公平正义具有重大作用的制度，逐步建立以权利公平、机会公平、规则公平为主要内容的社会公平保障体系，努力营造公平的社会环境，保证人民平等参与、平等发展权利。""要坚持社会主义基本经济制度和分配制度，调整国民收入分配格局，加大再分配调节力度，着力解决收入分配差距较大问题，使发展成果更多更公平惠及全体人民，朝着共同富裕方向稳步前进。"

关于这一时期我国收入分配情况及其变化趋势，已有大量的理论与实证研究。我们结合三次大规模的全国经济普查（2004 年、2008 年和 2013 年）和国家统计部门公布的相关数据，对我国 21 世纪以来收入分配格局的变化特点进行了分析。研究发现：①所有制和产权制度的变化直接导致分配领域中国民收入初次分配格局发生变化。参加国民收入初次分配的各个方面（非金融企业部门、金融机构部门、政府部门和住户部门，统计上称为机构部门）按照他们在生产过程中的要素投入作为取得要素收入的重要根据，劳动者取得劳动报酬；企业获得营业盈余和固定资产折旧；政府获得生产税净额及其他财产收入（如各级政府批租土地所取得的收入和地方政府贷款平台所取得的利息收入等）；各种财产（实物资产和金融资产）的拥有者获得财产收入（红利、利息、地租等）等。2004~2013 年，财产收入和财产支出占国民总收入（各个机构部门初次分配总收入之和）的比重由 10% 左右提升到 18% 左右。劳动者报酬在国民总收入中的比重变化不大，不过在传统公有制下取得的劳动报酬占总劳动报酬的比重有所减小，由非公经济支付并主要通过市场定价的劳动报酬占全部劳动报酬的比重至少在 85% 以上。②国民收入初次分配后，再经过经常转移收支（主要包括各个机构部门对政府支付的收入税和财产税、政府和其他机构部门之间的社会保障收支等），形成了各个机构部门的可支配收入。2004-2013 年间，我国非金融企业部门可支配收入占国民可支配收入的比重由 20.9% 下降到 17.2%，金融机构部门的比重由 0.9% 上升到 2.6%，政府部门的比重由 20.9% 下降到 18.9%，住户（居民）部门的比重由 57.8% 上升到 61.3%。③从国民可支配收入的构成变化上看，居民部门可支配收入的增长率并不低于企业和政府部门，但在可支配收入的使用上一直保持着高储蓄的趋势，居民部门的储蓄率（总储蓄占可支配收入的比重）由 2004 年的 31.6% 上升为 2013 年的 38.5%，其中大约有一半左右用于居民部门本身的投资（如个体经营的投资和居民家庭购买的住宅等），另外一半则成为净金融投资，通过银行等金融机构转移成为非金融企业部门的投资。非金融企业部门的情况则是相反，其可支配收入的增长率相对较低，但是资本形成增长得比较快，2013 年非金融企业部门的可支配收入总额为 10 万亿元，但资本形成总额则达到了 17.3 万亿元，其中有 7.3 万亿元（42%）来自对其他部门（主要是居民部门）的融资，由此产生的大量利息支出，企业生产活动对金融机构的依赖增加了金融机构的收入，也增大了企业（尤其是国有企业）在生产成本中的融资费用（国有企业更容易获得商业银行的支持），同时也加大了国民经济活动中的风险。④从居民部门内部的收入分配看，近年来，我国城乡居民收入分配差异经过了一个逐步扩大，又重新缩小的过程，基尼系数在 2008 年前后到达高点后开始逐步下降。从城镇居民内部的收入分配差异看，2013～2014 年基尼系数在 0.35 左右，其实是在警戒线水平以下。但城乡合并计算的基尼系数仍然偏高（2013～2014 年在 0.47 左右，2015 年下降到 0.462）。⑤劳动者报酬在我国居民可支配收入中占绝大比重（80% 以上）。通过对按国民经济行业分类的从业人员的人均劳动者报酬的分析表明，近些年来我国城乡居民收入以及城镇居民内部收入差异的扩大的主要影响因素是行业因素，首先是农业和非农行业之间的就业人员的平均劳动报酬存在着很大的差异；其次是在非农行业内部，传统行业与新兴行业之间存在着差异。从产业结构的高度看，一个地区的平均劳动者报酬的水平与其产业结构的高度之间存在着明显的联系。产业结构的高度越高，平均劳动者报酬的水平也就越高，收入分配差异也就越小。所以收入分配差异实际上是和一个地区的工业化和城市化密切联系的，要改善一个地区的平均劳动报酬以及居民可支配收入，就必须提升当地的产业结构，先要加强非农产业的发展和增加非农就业。

(三) 新时代的分配关系及其完善

党的十九大明确提出中国特色社会主义进入新时代，经济发展进入新阶段，我国社会主要矛盾以及转化为人民日益增长的美好生活需要与不平衡不充分的发展之间的矛盾。不断完善分配关系是这一新的历史方位的必然要求，分配的不平等问题本身在很大程度上就是由于发展的不平衡不充分造成的。解决收入分配的不平等问题，根本上就是要解决发展的不平衡不充分问题。

经过近 40 年的改革开放和经济发展，我国收入分配差异继续扩大的主要原因已经从企业内部的职工收入差异转化为不同行业、不同部门、不同地区之间的不平衡发展导致的劳动报酬的差异。①从行业来看，由于生产要素投入的结构不同（如高科技企业需要资金、技术、人才的投入）和准入制度（如一些领域只允许内资或国资进入）等，不同行业在总生产成本中用于支付劳动成本或者在总收益中用于劳动报酬的规模也不同。②从地区来看，由于我国各个地区的经济发展程度不同，二元化结构的程度也不同，所以人均收入的水平也不同。一个地区的城镇化水平越低、人均 GDP 也越低，由此决定的人均可支配收入也就越低，由城乡收入差异造成的全体居民的收入差异也就越大（基尼系数也就越高）。③从产业结构的高度看，越是传统和低端的产业或行业劳动者的平均报酬越低，越是新兴的和高端的产业或行业劳动者的平均报酬也就越高，因此一个地区的产业结构高度越高，它的收入分配差异也就越小，反之就越大（刘伟、张辉、黄泽华，2008）。

在决胜全面建成小康社会，开启全面建设社会主义现代化国家新征程上，不断扩大中等收入群体，不断改善行业间、地区间、不同的收入群体间的居民收入分配差距，是迈向全体人民共同富裕的必经之路。

第一，必须坚持和完善以公有制为主体、多种所有制经济共同发展的基本经济制度。必须毫不动摇巩固和发展公有制经济，坚持公有制主题地位，发挥国有经济主导作用，不断增强国有经济活力、控制力、影响力。这是按劳分配为主体的制度保证。必须毫不动摇鼓励、支持、引导非公有制经济发展，激发非公有制经济活力和创造力。这是让全体人民共享发展机会的必然要求。

第二，深化供给侧结构性改革。根据马克思主义政治经济学的基本原理，生产环节（供给侧）对分配、交换、消费具有决定性作用，是社会再生产顺利进行的基础。各种生产要素在生产过程中的投入所产生的收入分配结构和分配关系，又影响着社会的需求总量和需求结构。从保证社会再生产和经济增长水平的角度看，只强调需求拉动而不注重供给侧和分配领域的根本改革，经济增长必然会出现总量与结构的失衡。以供给侧结构性改革为主线，推动经济发展质量变革、效率变革、动力变革，一方面是解决我国发展的不平衡不充分的结构性矛盾，另一方面也是通过改变要素是投入结构、提升要素是生产效率角度改善要素的收入分配结构，使之成为有效连接供给侧和需求侧的纽带与桥梁。

第三，坚持走中国特色新型工业化、信息化、城镇化和农业现代化道路，加快建设实体经济、科技创新、现代金融、人力资源协同发展的产业体系，实施创新驱动战略、乡村振兴战略和区域协调发展战略，不断改善行业、地区、城乡、实体经济与虚拟经济等部门之间的分配关系。从我国目前的居民收入分配格局看，导致我国基尼系数较高的重要原因是农业和非农行业劳动者报酬之间存在着显著差异，改变这种现象的根本途径要通过我国的工业化、城镇化和现代化进程来改变我国就业结构，降低农业劳动力在全部劳动力的比重。此外，在现阶段尤其应该重视提高非金融企业部门可支配收入的比重、减少金融杠杆和降低居民部门的储蓄率，降低经济增长中的系统性风险。

第四，加快完善社会主义市场经济体制，完善产权制度和要素市场化配置。社会主义市场经济体制直接关系到国民收入的初次分配，不论是从按要素分配的角度，还是从实现公有制经济从商品等价交换关系向按劳分配关系转化的角度，产权有效激励、要素自由流动、企业优胜劣汰的市场竞争机制作用都是十分必要的。要坚持和发展现代产权制度，承认各种生产要素在生产活动中的积极作用及合理回报。社会主义市场经济体制应该为竞争性的国有企业、非公有制经济创造更加公平的发展条件、更加有序的市场环境，尤其是在行业准入、金融服务等方面，要消除对民营经济和个体经济的政策性歧视，为他们提供更大的发展空间。

第五，不断提高保障和改善民生水平，使全体人民共享发展成果。要扩大中等收入群体，就要减少低收入和高收入人群所占的比重，这主要是通过社会再分配机制和政府的再分配政策来实现的。对于低收入人群，国家一方面要保持甚至加大对于困难群体的经常转移支出，另一方面要重视改善低收入的农村劳动力的收入，包括支持农业发展提高农业劳动力的收入、继续对外转移农业劳动力、对贫困地区和贫困家庭实施精准扶贫和精准脱贫。政府在提供社会基本公共品方面要发挥主导作用，进一步完善教育、医疗等公共服务体系，并按照兜底线、织密网、建机制的要求，全面建成覆盖全民、城乡统筹、权责清晰、保障适度、可持续的多层次社会保障体系。

四　"房住不炒"与住房保障制度建设

住房保障制度是政府为保障公民的居住权而采取的制度安排。我国政府在 1998 年房地产市场化改革伊始就提出大力发展保障房。但是保障房建设在"九五""十五""十一五"时期发展缓慢。而全国各地尤其是大中城市的商品房市场价格却持续高涨。在此背景下，建立和完善住房保障体系的任务始终是政府经济工作的一项重要议题，"十二五"期间更是提出了开工建设保障性住房和棚户区改造住房 1000 万套的目标，预计到 2015 年末，城镇住房保障覆盖率达到 25%。在我国保障房建设的加速发展阶段，建立与新型城镇化发展战略相适应的住房保障制度对于实现经济社会和谐发展具有重要的意义。

政府为保障公民的居住权，实现"居者有其屋"的社会目标，既可以采取直接的保障方式——提供福利住房或住房保障，也可以采取间接的保障方式——对住房市场进行适度的干预。我国实行城镇住房制度改革之后，居民主要通过市场机制实现居住权。这又取决于住房的市场供给和居民的收入分配状况。缺乏"市场交换能力"的居民会被挤出市场，构成对住房保障的需求。因此，住房保障制度的定位十分明确，就是政府为了弥补居住权保障目标与间接保障方式（市场）之间的缺口而采取的直接保障方式。这一定位有助于厘清现行住房政策体系存在的若干误区。比如，无论是直接保障还是间接保障，政府都应以供给管理而不是需求管理为根本。

（一）我国住房保障制度的基本框架与政策目标

1. 我国住房保障体系的建立

我国从 1978 年开始对计划经济时期实行的福利性住房分配制度进行

改革。1994年《国务院关于深化城镇住房制度改革的决定》首次提出了商品房与经济适用房的区分，明确要求"建立以中低收入家庭为对象、具有社会保障性质的经济适用住房供应体系和以高收入家庭为对象的商品房供应体系"。1998年《国务院关于进一步深化城镇住房制度改革加快住房建设的通知》开始计划建立"多层次的城镇住房供应体系"，强调"只售不租"的经济适用房在该体系中占主要地位，并首次出现了"为最低收入家庭提供廉租房"的提法①。2003年《国务院关于促进房地产市场持续健康发展的通知》要求增加各类住房的供应，提出使更多家庭能够"购买或承租普通商品房"②。

2007年出台的《国务院关于解决城市低收入家庭住房困难的若干意见》对于完善我国的住房保障体系具有重要的指导意义。政府将住房保障建设的重点转向建立健全廉租房制度和改造棚户区和旧住宅区，致力于解决城市低收入家庭的住房问题（在此之前，经济适用房的对象是中低收入的家庭）。住房保障体系覆盖的人群范围更广，并且在不同层次上有所衔接。

2008年下半年，为应对国际金融危机的冲击，我国政府出台了稳增长、扩内需的若干措施，其中第一条措施就是加快建设保障性安居工程。2010年《国务院关于坚决遏制部分城市房价过快上涨的通知》提出要大力发展公租房和限价房。2011年作为我国"十二五"规划的开局之年，政府提出了开工建设保障性住房、棚户区改造住房共1000万套的目标，并且要重点发展公租房，使其逐渐成为保障性住房的主体③。

通过对有关政策的梳理可以看出，我国住房制度和保障体系建设在近20年的发展遵循两条主线：一是基本住房制度实行了市场化和去福利化的改革，二是不断扩大保障性住房的类别和覆盖范围，不断调整其重点和主体。目前我国的住房保障体系可以说已经基本确立，其构成大致包括三个方面：①全国强制性的住房公积金制度；②由全国性规范成文法规约束的三类保障性住房：公共租赁房、经济适用房和廉租房，其中

---

① 参见《国务院关于进一步深化城镇住房制度改革加快住房建设的通知》第二条、第四条、第七条、第十四至十九条。
② 参见《国务院关于促进房地产市场持续健康发展的通知》第三条、第四至七条。
③ 参见《国务院办公厅关于保障性安居工程建设和管理的指导意见》第二部分第一条。

经济适用房和廉租房曾经先后作为住房保障体系的核心，但是目前已有部分地区停止发展①，建设重点目前已经转向公共租赁住房；③不受全国性规范成文法规的约束而在各地实行的限价商品住房、棚户区改造住房，以及危旧房改造、旧住宅区整治、农民工集体宿舍、住房二级市场、房屋租赁市场等其他住房保障方式。

其中，公积金制度的"覆盖面狭窄，难以发挥普遍住房保障制度的功能"。限价商品房、棚户区改造房则存在较大的地区差异。因此本书侧重讨论由全国性规范成文法规约束的公共租赁房、经济适用房和廉租房等三类保障性住房的情况。

2. 住房保障的政策目标与实现手段

如果说住房制度市场化改革是以效率为首要目标，建立住房保障制度则是以社会公平（包括普遍服务）为核心目标。从社会的角度来说，解决民众的居住权问题是社会和政府的一项基本职责。据估计，"在发达国家，有6%~7%的人群是需要社会和政府不要钱或者基本不要钱给房子住的人，我国保障的群体恐怕在15%~20%左右"。因为我们还处在市场化进程的初期，一方面解决社会居住权问题的基本方式已经由福利分配转变为依靠市场；另一方面，土地要素的市场化程度、城乡及城市内部的收入分配差距等经济社会因素，对于通过市场机制实现社会目标的效率和公平又构成了严重的制约。我国在住房保障制度建设中存在的基本矛盾就是如何在市场化条件下实现"居者有其屋"的社会目标。根据国内外经验，在"大规模启动保障房建设的初期阶段，应及时明确保障房制度的基本框架，从而尽可能降低未来保障房制度运行、试错与校正的成本"。

有人提出"中国的房地产政策不仅要迫使房地产开发商建造城市民众能够有支付能力的住房，而且得造出城市化进程中大量的进城农民能够有能力购买的住房"，这并非解决问题的正确思路，在市场机制已经成为配置资源的决定性手段的现实条件下显然也是不可行的。首先，要求企业以社会利益最大化为目标会损害市场效率。其次，由市场手段解决

---

① 比如广东省在2012年就提出暂停新建经济适用房，转而建立以公共租赁住房为主要保障方式的新型住房保障制度。参见2012年2月28日出台的《印发广东省住房保障制度改革创新方案的通知》。

居住权问题实际上可以转化为市场经济的收入分配问题。按照阿马蒂亚·森提出的"权利方法"（entitlement approach），如果居民的收入和住房采取的是市场化分配方式，必然有一部分居民因为缺乏"市场交换能力"从而缺乏对住房的支付能力。还有的人试图寄希望于政府使用调控手段不断的降低房价，或者通过转移支付，向低收入者提供补贴，以便能让低收入者在市场上买得起房。但是，在不改变收入分配的情况下，降低房价实际上一方面会刺激需求，另一方面则会抑制供给，从而使住房市场价格回升。总之，在不改变市场收入分配格局的条件下，"只要富人比穷人更富，收入转移就不会停止"。试图通过转移支付来帮助低收入者到市场上去购买住房，可能陷入"转移收入－价格上升－再转移－再上升"的循环，成为马尔萨斯所设想。这种平均主义的分配原则最终会使市场经济的效率损失殆尽。

由此可见，在实行市场经济体制的条件下，解决低收入者的住房问题只能通过政府和社会力量，建立与市场并行的住房保障体系。从供给方面来看，市场与企业是以效率为目标的，而"供给导向的公共住房政策最为学者诟病的缺点就是可能产生大量的挤出效应"。但是，这是实现社会公平目标必须付出的代价。二者职能的混淆既会造成市场效率的扭曲，又会造成社会公平的缺失，使两方面的目标都难以实现，从而背离了政府建立住房保障制度的初衷。

（二）住房保障体系的人群覆盖问题

政府构建住房保障体系的基本目的是为了解决城镇中低收入家庭、新就业职工或外来务工人员的住房困难问题，必须通过一定的收入划分标准来确定住房保障的对象、范围和层次。如果按照收入水平和住房困难情况来看，保障范围应包括救济、援助和支持的对象。比如，按照政府有关各类保障性住房的管理办法规定，公共租赁住房主要面向城镇中等偏下收入住房困难家庭、新就业无房职工和在城镇稳定就业的外来务工人员，廉租住房主要针对城市低收入住房困难家庭。

在我国的住房保障体系中，住房公积金制度、棚户区改造、危旧房改造、旧住宅区整治、农民工集体宿舍等内容关于保障对象有着相对明确的界定，而公共租赁住房、廉租房、经济适用房、限价商品房等保障方式的对象则相对不确定。比如，公共租赁住房、廉租房、经济适用房尽管都有全国性的政策法规予以规范和管理，但是在具体申请资格等管理细则的制定以及执行等方面，地方政府享有很大的自主权。而限价商品房至今还没有全国性的政策法规加以约束和规范，各地制定的管理办法也有很大的差别。

下面就结合住房保障制度相对比较规范和成熟的北京市的具体情况，考察现行住房保障体系的人群覆盖情况。[①]

按照北京市的有关规定，公共租赁住房、廉租住房、经济适用住房和限价商品住房都要求以家庭为单位申请，并主要以收入的划分作为界定保障对象的标准。以 3 口之家为例，家庭人均月收入 960 元以下的可申请廉租住房，家庭人均月收入 1258 元以下的可申请经济适用住房，家庭人均月收入 2444 元以下的可申请限价商品住房，家庭人均月收入 2788 元以下的可申请公共租赁住房。从中可以看到，廉租房基本上是面向社会当中收入和居住条件最困难的人群。与此同时，除公共租赁住房之外的其他三类保障性住房面向的是拥有北京市城镇户籍的人群，只有公共租赁住房向非北京市城镇户籍的人群开放，但同时要求申请者具有一定年限的在北京市稳定工作的经历。由此不难发现，有一部分对住房保障有需求的人群是处于四类保障性住房覆盖范围之外的，例如不具有在北京市稳定工作经历的非北京市城镇户籍者。另外，2011 年占北京市常住人口 36.77% 的常住外来人口没有资格申请廉租住房、经济适用住房和限价商品住房。

显然，较其他类型的保障性住房申请资格更为宽松的公共租赁住房将承担起保障覆盖的主要功能。仍以 2011 年北京市的情况为例。按家庭的收入将其由低到高划分为五档。全市户籍户数为 503.1 万户，其中具有城镇户籍的户数为 388.1 万户，平均每户家庭有 2.7 人，其中低收入户平均每户家庭 3.1 人，中低收入户 2.9 人，中等收入户 2.6 人。每户

---

① 有关政策规定参见《北京市限价商品住房管理办法（试行）》《北京市公共租赁住房申请、审核及配租管理办法》《北京市廉租住房申请、审核及配租管理办法》《关于调整本市廉租住房家庭收入准入标准有关问题的通知》《关于印发北京市廉租住房、经济适用住房家庭收入、住房、资产准入标准的通知》《北京市经济适用住房购买资格申请审核及配售管理办法》《北京市公共租赁住房申请、审核及配租管理办法》等相关文件的规定。有关人口和收入的数据出自北京市统计局、国家统计局北京调查总队公布的统计数据和统计年鉴。

家庭的就业人数为：低收入户 1.3 人，中低收入户 1.4 人，中等收入户
1.2 人。家庭每人每年总收入为：低收入户 17252 元，中低收入户 26538
元，中等收入户 32712 元。由此可以得出 2011 年北京市的家庭年收入，
低收入户为 53481 元，中低收入户为 76960 元，中等收入户为 85051 元。
按照北京市公共租赁住房的申请资格标准，3 口及以下家庭年收入 10 万
元（含）以下、4 口及以上家庭年收入 13 万元（含）以下，只要具有北
京市城镇户籍或者在北京市有一定年限的稳定工作经历，则全市收入最
低的 60% 的人群（即位于低收入、中低收入和中等收入这三档之中的全
部家庭）都处于公共租赁住房的覆盖范围之内，也即大约有 232.86 万户
的户籍家庭满足公共租赁住房保障的申请资格。

　　然而，保障性住房的供给和需求之间存在巨大的缺口。按《北京市
"十二五"时期住房保障规划》提供的信息，全市在"十一五"时期累
计开工建设、收购各类保障性住房 48.5 万套，其中廉租住房 2.3 万套；
经济适用住房 12.9 万套；限价商品住房 16.7 万套；公共租赁住房 2.6
万套；其他首都功能核心区保护性改造、城乡接合部整治、城市和国有
工矿棚户区改造等各类定向安置住房 14 万套。该规划提出"十二五"时
期住房保障要完成 100 万套建设收购任务。① 由此可见，政府在短时期内
尚不具备为符合申请条件的群体提供普遍保障的能力。

　　（三）住房保障政策的实施问题

　　1. 经济适用房的政策实施问题

　　经济适用房在政策实施和执行过程中出现的问题主要是由经济适用
房的商品属性与社会保障属性之间的冲突引起的。

　　首先，（地方）政府作为经济适用房的供给主体存在着激励不足的
问题。由于经济适用房用地是由地方政府划拨的，而土地收入是地方的
主要收入，将一部分商业用地划为经济适用住房建设用地显然不符合地
方政府的自身利益。建设部的数据显示，1999 年我国经济适用房竣工面
积占商品住宅竣工面积的 62.33%。此后全国经济适用房开发建设逐年
下降，2003 年经济适用房投资占房地产开发投资的比重降至 6.1%，

---

　　① 参见北京市住房和城乡建设委员会、北京市发展和改革委员会 2012 年 1 月印发的《北
　　京市"十二五"时期住房保障规划》。

2004 年进一步降至 4.6%。

其次，由于经济适用房的成本扣除了土地出让金，降低了住房的租售价，这就为购房者攫取土地收益提供了强有力的激励，比如通过与有关部门工作人员以及经济适用房开发商串谋以取得购买资格，加上在对保障对象进行界定的过程中缺乏准确甄别个人资产和信用等重要信息的手段，从而造成经济适用房政策在实施中出现了"宝马车主购买经济适用房"等保障群体偏差的问题。这给政府规范和管理经济适用房带来了巨大的交易成本，"一方面降低了政府的补贴值，另一方面也降低住房市场的运作效率"。换句话说就是既损失了效率，又有失公平。另外，经济适用房超标准建设问题也十分突出。政府在《经济适用住房管理办法》中明确规定经济适用住房应以中小户型为主，但是在实践中，经济适用住房建筑面积往往存在户型超标和建筑总规模扩大的情况。根本原因在于政府规定的利润率过低，开发商试图通过扩大建设规模和户型面积来提高利润。

最后，由于经济适用住房的保障对象比较模糊，一些事业单位或政府机关通过集资修建经济适用住房将其作为提供给职工的一种变相的福利。

2. 廉租房、公租房的政策实施问题

在各类保障性住房当中，廉租房的社会保障属性突出，其保障对象是社会中的低收入人群。我国从 1998 年首次提出建设廉租房至今，已基本在全国各地建立了廉租房制度。虽然居住权理应处于优先保障层面，但是"廉租房相关法律法规级次过低是目前廉租房严重供不应求的根源性因素。"这也导致了作为廉租房供给主体的地方政府存在责任弱化、资金不足和激励不足的问题。

因此，廉租房的供给难以保障和增加。此外，廉租房的覆盖范围小，对家庭收入和户籍的限制较多，使相当一部分有住房保障需求的人群（比如在城镇居住的农村户籍贫困家庭和外来务工人员）无法享受廉租房的保障。

公共租赁住房包括出租型的经济适用房，政府通过改造、收购等方式储备的公租房，政府利用政策引导企业和用工单位建造的公租房。如前所述，公租房与其他保障性住房一个显著区别在于它对非本地户籍的外来人士开放。其租金标准一般都略高于廉租房，主要面向的是城市中等以下收入的住房困难家庭，比如新就业职工和外来务工人员等。

由于公共租赁住房的申请范围较宽，保障房数量远远不能满足需求。公租房在政策实施过程中，对保障对象申请资格的审核通常是根据家庭收入、家庭人均居住面积等指标进行综合打分计算，并对部分人群提供优先保障，其余人群则只能以摇号抽签等方式进入保障体系。保障对象在居住期间的收入如果发生变化，管理部门则需要定期对享受住房保障的家庭进行审核、监督，面对数量庞大的保障人群，这项工作是相当困难并且管理成本高昂。以上两点因素造成公租房的分配效率总体上还比较低。此外，根据 2010 年审计署公布的 19 个省市 2007～2008 年廉租住房建设情况，厦门等 6 个城市不同程度存在廉租房保障对象退出困难、清退不符合条件的住户缺乏强制力等问题。退出机制存在的问题容易形成"既得利益和福利固化情形，使得相当一部分住房保障资源未能滚动使用在最需要的低收入人群身上，导致保障制度成效降低"。

（四）政策建议

住房保障制度是政府从社会公平和公共利益的角度，帮助民众实现基本居住权而采取的措施。通过直接投资或补贴建设公共住房，以缓解和缩减住房短缺的缺口，政府更多的是扮演一个供给者的角色，而不是一个市场的调控者和需求的管理者的角色。我国的住房保障制度建设仍然滞后于经济发展，保障手段的供给与社会需求之间还存在较大的缺口，各类保障性住房在政策实施过程中还存在一些突出的问题。

从不同类型保障性住房的人群覆盖功能及其实施情况来看，我国的住房保障体系应当逐步取消经济适用房、限价商品房等具有商品属性的保障方式，而应当以公共租赁住房为保障体系的主体。由政府提供的保障性住房和作为私人财产的商品房在产权性质上是完全不同的。保障对象享有的产权不应超出最基本的"居住权"，即保障性住房的使用权。而现行的制度安排实际上让保障对象获得了双重补贴，即"明补"（市场价格补贴）和"暗补"（部分或全部土地使用权的市场增值收益）。后者的不确定性增加了政府与保障对象之间的交易成本以及保障对象为攫取全部收益而产生的道德危害（如转让合同中的价格欺诈现象）。保障房租售价格与商品房价格的落差构成保障房管理分配环节的寻租空间。

保障对象（有时与开发商或政府人员串谋）利用户籍制度和个人收入核算缺陷进行的寻租，降低了政府的补贴额和保障房的运作效率。

　　为了避免住房保障领域里的寻租现象，必须建立完善的个人信用制度。只有在明确收入划分标准，完善资格审查等管理制度的基础上，保障房的分配才具备公平的条件。此外，由于土地财政对地方财政的重要性，通过划拨土地建设保障房的方式与地方政府追求自身利益最大化是激励不相容的。一方面，用货币补贴替代实物配售的方式更为合理；另一方面，住房保障体系建设也需要有效的金融支持。

参考文献

《列宁选集》第 1 卷，人民出版社，1995。

《列宁选集》第 2 卷，人民出版社，1995。

《马克思恩格斯文集》第 10 卷，人民出版社，2009。

《马克思恩格斯文集》第 1 卷，人民出版社，2009。

《马克思恩格斯全集》第 26 卷（第二册），人民出版社，1973。

《马克思恩格斯文集》第 2 卷，人民出版社，2009。

《马克思恩格斯文集》第 3 卷，人民出版社，2009。

《马克思恩格斯文集》第 4 卷，人民出版社，2009。

《马克思恩格斯文集》第 5 卷，人民出版社，2009。

《马克思恩格斯文集》第 6 卷，人民出版社，2009。

《马克思恩格斯文集》第 7 卷，人民出版社，2009。

《马克思恩格斯文集》第 8 卷，人民出版社，2009。

《马克思恩格斯文集》第 9 卷，人民出版社，2009。

《马克思恩格斯选集》第 1 卷，人民出版社，1995。

《马克思恩格斯选集》第 2 卷，人民出版社，1995。

《马克思恩格斯选集》第 3 卷，人民出版社，1995。

《斯大林选集》，人民出版社，1979。

《资本论》第一卷，人民出版社，1975。

《资本论》第二卷，人民出版社，1975。

《资本论》第三卷，人民出版社，1975。

J. N. 凯恩斯：《政治经济学的范围与方法》，华夏出版社，2001。

阿玛蒂亚·森：《伦理学与经济学》，商务印书馆，2000。

阿玛蒂亚·森：《贫困与饥荒》，商务印书馆，2004。

阿玛蒂亚·森：《集体选择与社会福利》，上海科学技术出版社，2004。

阿瑞基：《漫长的 20 世纪》，江苏人民出版社，2001。

埃格特森：《新制度经济学》，商务印书馆，1996。

埃克伦德、赫伯特：《经济理论和方法史》，中国人民大学出版社，2001。

埃斯特林等：《市场社会主义》，经济日报出版社，1993。

安·波普：《反腐策略：来自透明国际的报告》，上海译文出版社，2000。

安德森：《西方马克思主义探讨》，人民出版社，1981。

奥尔森：《集体行动的逻辑》，上海人民出版社，1995。

奥斯特罗姆等：《制度分析与发展的反思》，商务印书馆，1992。

巴甫洛维奇：《南斯拉夫自治经济制度的产生与发展》，北京大学出版社，1985。

巴兰、斯威齐：《垄断资本——论美国的经济和社会秩序》，商务印书馆，1977。

巴泽尔：《产权的经济分析》，上海三联书店，1997。

薄一波：《若干重大决策与事件的回顾》，中共中央党校出版社，1993。

庇古：《福利经济学》，华夏出版社，2007。

波兰尼：《大转型：我们时代的政治与经济起源》，浙江人民出版社，2007。

波普：《猜想与反驳》，上海译文出版社，1986。

波普：《开放社会及其敌人》，中国社会科学出版社，1999。

伯恩施坦：《社会主义的前提和社会民主党的任务》，三联书店，1965。

伯恩施坦：《伯恩施坦文选》，人民出版社，2008。

博兰：《批判的经济学方法论》，经济科学出版社，2000。

博曼：《社会科学的新哲学》，上海人民出版社，2006。

布劳格：《经济学方法论》，北京大学出版社，1990。

布劳格：《经济理论的回顾》，中国人民大学出版社，2009。

布鲁斯、拉斯基：《从马克思到市场：社会主义对经济体制的求索》，上海三联书店，1998。

布鲁斯：《社会主义的所有制与政治体制》，华夏出版社，1989。

布罗代尔：《资本主义论丛》，中央编译出版社，1997。

布罗姆利：《经济利益与经济制度——公共政策的理论基础》，上海三联书店，1996。

蔡昉：《理解中国经济发展的过去、现在和将来》，《经济研究》2013年第11期。

蔡海霞：《能源约束、技术进步与中国经济增长可持续性》，《资源科学》2014 年第 5 期。

蔡伟毅、陈学识：《国际知识溢出与中国技术进步》，《数量经济技术经济研究》2010 年第 6 期。

陈勇、李小平：《中国工业行业的技术进步与工业经济转型——对工业行业技术进步的 DEA 法衡量及转型特征分析》，《管理世界》2007 年第 6 期。

陈勇、唐朱昌：《中国工业的技术选择与技术进步：1985—2003》，《经济研究》2006 年第 9 期。

陈其人：《卢森堡资本积累理论研究》，东方出版中心，2009。

陈恕祥：《论一般利润率下降规律》，武汉大学出版社，1995。

陈昕主编《公有制经济运行的理论分析》，上海三联书店，1991。

陈昕主编《社会主义经济的制度结构》，上海三联书店，1993。

陈昕主编《社会主义经济中的公共选择问题》，上海三联书店，1994。

陈宗胜等：《中国经济体制市场化进程研究》，上海人民出版社，1999。

程恩富、胡乐民：《经济学方法论》，上海财经大学出版社，2002。

戴静、张建华：《金融错配、所有制结构与技术进步——来自中国工业部门的证据》，《中国科技论坛》2013 年第 3 期。

代谦、李唐：《比较优势与落后国家的二元技术进步：以近代中国产业发展为例》，《经济研究》2009 年第 3 期。

戴天仕、徐现祥：《中国的技术进步方向》，《世界经济》2010 年第 11 期。

德姆塞茨：《竞争的经济、法律和政治维度》，上海三联书店，1992。

德赛：《马克思的复仇》，中国人民大学出版社，2006。

邓明：《人口年龄结构与中国省际技术进步方向》，《经济研究》2014 年第 3 期。

董宇坤：《略论经济全球化与资本主义经济》，《经济问题》2009 年第 11 期。

杜凯华：《关于格罗斯曼资本主义经济危机理论的探析》，《河南农业》2010 年第 7 期。

多尔蒂：《谁害怕亚当·斯密》，南京大学出版社，2009。

樊纲、张曙光：《公有制宏观经济理论大纲》，上海三联书店，1994。

樊纲：《两种改革成本与两种改革方式》，《经济研究》1993 年第 1 期。

樊纲：《渐进改革的政治经济学分析》，上海远东出版社。1996。

樊纲：《现代三大经济理论体系的比较与综合》，格致出版社，2015。

方敏、刘付上：《总量政策与结构政策并举的可行性分析》，《管理现代化》1998 年第 3 期。

方敏：《社会主义初级阶段的所有制结构与公有制的实现形式》，《教学与研究》1997 年第 12 期。

方敏：《马克思经济学套用范式分析框架的局限》，《经济科学》2006 年第 2 期。

冯金华：《价格比率不等于劳动比率吗？——破解所谓〈资本论〉第三卷与第一卷的一个"矛盾"》，《清华政治经济学报》2013 年第 7 期。

冯志峰：《供给侧结构性改革的理论逻辑与实践路径》，《经济问题》2016 年第 2 期。

逢锦聚：《社会主义劳动与劳动价值论研究》，南开大学出版社，2002。

弗兰尼茨基：《马克思主义史》（第二卷），人民出版社，1988。

弗里德曼：《弗里德曼文萃》，北京经济学院出版社，1991。

高峰：《资本积累理论与当代资本主义——理论和实证的分析》，南开大学出版社，1991。

格林菲尔德：《资本主义精神——民族主义与经济增长》，上海人民出版社，2004。

格罗：《"使用价值"在马克思经济分析中的积极作用》，《政治经济学评论》2011 年第 4 期。

顾海良：《马克思主义经济思想史论》，经济科学出版社，2015。

顾准：《试论社会主义制度下的商品生产和价值规律》，载《顾准文集》，贵州人民出版社，1994。

郭丽丽：《艾伦·布坎南对马克思剥削概念的新阐释》，《广东工业大学学报》2010 年第 4 期。

郭吴新：《战后西欧的国家垄断资本主义的发展状况及其特点》，《世界经济》1982 年第 2 期。

国家计委综合司课题组：《90 年代我国宏观收入分配的实证研究》，

《经济研究》1999 年第 11 期。

任浚:《哈里·哈丁:中国,好走的路已经走完》,《上海经济研究》1995 年第 4 期。

哈考特、科尔:《琼·罗宾逊》,华夏出版社,2011。

哈耶克:《个人主义与经济秩序》,北京经济学院出版社,1989。

哈耶克:《通往奴役之路》,中国社会科学出版社,1997。

哈耶克:《自由秩序原理》,三联书店,1997。

海闻主编《转轨中的俄罗斯经济》,企业管理出版社,1996。

汉兹:《开放的经济学方法论》,武汉大学出版社,2009。

豪斯曼:《经济学的哲学》,上海人民出版社,2007。

何立胜、王萌:《马克思与罗默的剥削理论范式比较研究》,《当代世界与社会主义》(双月刊)2005 年第 1 期。

何小钢、张耀辉:《技术进步、节能减排与发展方式转型——基于中国工业 36 个行业的实证考察》,《数量经济技术经济研究》2012 年第 3 期。

何蓉:《德国历史学派与 19 世纪经济学方法论之争的启示》,《社会》2005 年第 3 期。

胡莹:《"消费不足论"还是"生产过剩论"——评马克思主义经济危机理论早期的一个争论》,《当代经济研究》2015 年第 7 期。

胡钧、侯孝国:《对公有制和商品经济兼容问题的思索》,《中国社会科学》1989 年第 6 期。

胡钧:《胡钧经济论文集》,辽宁人民出版社,1998。

胡钧:《社会主义经济的结构、运行和管理》,山东人民出版社,1990。

胡钧:《马克思主义政治经济学与现代西方经济学》,光明日报出版社,2009。

胡钧:《社会主义市场经济的理论与实践》,经济日报出版社,2018。

胡明、方敏:《价值判断之争及启示》,《江苏社会科学》2009 年第 5 期。

胡明:《历史学派与德国特殊发展道路》,《德国研究》2008 年第 3 期。

胡汝银:《低效率经济学》,上海三联书店,1994。

黄先海、徐圣:《中国劳动收入比重下降成因分析——基于劳动节约型技术进步的视角》,《经济研究》2009 年第 7 期。

黄有光：《社会福祉与经济政策》，北京大学出版社，2005。

黄悦胜：《中国中小企业技术创新政策与创新模式研究》，中南大学，2002。

霍华德、金：《马克思主义经济学史》，中央编译出版社，2003。

霍奇森：《资本主义的本质：制度、演化和未来》，格致出版社，2019。

霍奇逊：《现代制度主义经济学宣言》，北京大学出版社，1993。

霍奇逊：《演化与制度》，中国人民大学出版社，2007。

霍奇逊：《经济学是如何忘记历史的：社会科学中的历史特性问题》，中国人民大学出版社，2008。

贾根良、黄阳华：《德国历史学派再认识与中国经济学的自主创新》，《南开大学学报》（哲学社会科学版）2006 年第 4 期。

贾根良：《演化经济学：现代流派与创造性综合》，《学术月刊》2002年第 12 期。

贾康等：《'十三五'时期的供给侧改革》，《国家行政学院学报》2015 年第 6 期。

贾晓峰：《客观地认识资本主义经济计划》，《安徽财贸学院学报》，1989 年第 4 期

简练：《货币循环模型》，北京大学硕士学位论文，2008。

江小涓：《市场化进程中的低效率竞争——以棉纺织业为例》，《经济研究》1998 年第 3 期。

姜凌：《当代资本主义经济论》，人民出版社，2006

杰伊：《法兰克福学派史》，广东人民出版社，1996。

金碚：《中国经济发展新常态研究》，《中国工业经济》2015 年第 1 期。

金晓彤、黄蕊：《技术进步与消费需求的互动机制研究——基于供给侧改革视域下的要素配置分析》，《经济学家》2017 年第 2 期。

靳毅民：《劳动价值论的新认识》，经济科学出版社，2007。

凯恩斯：《就业、利息和货币通论》，商务印书馆，1999。

康芒斯：《制度经济学》，商务印书馆，1962。

考茨基：《爱尔福特纲领解说》，三联书店，1963。

考德威尔：《哈耶克传》，商务印书馆，2007。

柯亨：《马克思与诺齐克之间——G. A. 柯亨文选》，江苏人民出版

社，2007。

柯亨：《自我所有、自由和平等》，东方出版社，2008。

科恩：《卡尔·马克思的历史理论———一种辩护》，高等教育出版社，2008。

科尔奈：《短缺经济学》，经济科学出版社，1986。

科尔奈：《突进和和谐的增长：对经济增长理论和政策的思考》，经济科学出版社，1988。

科亨：《卡尔马克思的历史理论：一个辩护》，重庆出版社，1989。

科斯、阿尔钦等：《财产权利与制度变迁－产权学派与新制度学派译文集》，上海三联书店、上海人民出版社，1994。

科斯等：《财产权利与制度变迁———产权学派与新制度学派译文集》，上海三联书店，1994。

克拉克：《经济危机理论：马克思的视角》，北京师范大学出版社，2011。

克勒斯：《马克斯·韦伯的生平、著作及影响》，法律出版社，2000。

库恩：《科学革命的结构》，北京大学出版社，2003。

拉卡托斯：《科学研究纲领方法论》，上海译文出版社。1986。

莱博维奇：《超越资本论———马克思的工人阶级政治经济学》，经济科学出版社，2007。

兰格：《社会主义经济理论》，中国社会科学出版社，1981。

雷斯曼，《保守资本主义》，社会科学文献出版社，2003。

李琮：《当代资本主义论》，社会科学文献出版社，2007

李稻葵：《转型经济中的模糊产权理论》，《经济研究》1995 年第 4 期。

李嘉图：《政治经济学及赋税原理》，商务印书馆，1976。

里克曼：《理性的探险》，商务印书馆，1996。

林岗、张宇：《国有企业产权结构研究》，中国人民大学经济学系工作论文，1997。

林岗、张宇：《马克思主义经济学的现代阐释》，《政治经济学评论》2003 年第 3 辑。

林岗、张宇主编《马克思主义与制度分析》，经济科学出版社，2001。

林岗：《并存与竞争中的协调发展———公有制为主体的多种经济成分并存》，陕西人民出版社，1991。

林青松、杜鹰主编《中国工业改革与效率——国有企业与非国有企业比较研究》，云南人民出版社，1997。

林毅夫、蔡昉、李周：《充分信息与国有企业改革》，上海三联书店，1997。

林毅夫、蔡昉、李周：《中国的奇迹：发展战略与经济改革》，上海三联书店，1994。

林毅夫：《新结构经济学：反思经济发展与政策的理论框架》，北京大学出版社，2012。

林勇、张宗益：《中国经济转型期技术进步影响因素及其阶段性特征检验》，《数量经济技术经济研究》2009年第7期。

刘明远：《马克思主义经济危机和周期理论的结构与变迁》，中国人民大学出版社，2009。

刘穷志、谢金玉、马少波：《日本的"经理革命"及启示》，《现代日本经济》1996年第5期。

刘芍佳、李骥：《超产权论与企业绩效》，《经济研究》1998年第8期。

刘伟、方敏：《中国经济改革历史进程的政治经济学分析》，《政治经济学评论》2015年第2期

刘伟、李风圣：《产权通论》，北京出版社，1998。

刘伟、张辉、黄泽华：《中国产业结构高度与工业化进程和地区差异的考察》，《经济学动态》2008年第11期。

刘伟：《中国经济改革对政治经济学根本难题的突破》，《中国社会科学》2017年第5期。

刘小玄、刘芍佳：《双重目标的企业行为模型——兼论我国宏观经济运行的微观基础》，《经济研究》1998年第11期。

柳欣、王璐：《经济思想史》，人民出版社，2009。

陆国庆、王舟、张春宇：《中国战略性新兴产业政府创新补贴的绩效研究》，《经济研究》2014年第7期。

陆雪琴、章上峰：《技术进步偏向定义及其测度》，《数量经济技术经济研究》2013年第8期。

卢卡奇：《历史与阶级意识——关于马克思主义辩证法的研究》，商务印书馆，1992。

卢森堡：《资本积累论》，三联书店，1959。

卢森堡：《资本积累——一个反批判》，载《帝国主义与资本积累》，黑龙江人民出版社，1982。

卢森堡：《马克思主义的停滞和进步》，载《卢森堡文选》，人民出版社，1984。

鲁克俭：《当代西方剥削理论评析》，《教学与研究》2003年第5期。

罗宾斯：《经济科学的性质和意义》，商务印书馆，2000。

罗宾逊：《不完全竞争经济学》，商务印书馆，1961。

罗宾逊：《论马克思主义经济学》，商务印书馆，1962。

罗宾逊：《经济哲学》，商务印书馆，2011。

罗默：《在自由中丧失》，经济科学出版社，2003。

罗默：《马克思主义经济理论的分析基础》，上海人民出版社，2007。

科斯：《论经济学和经济学家》，上海三联书店，2010。

罗元铮、林振淦：《资本积累的历史趋势与当代资本主义》，《河南师范大学学报》1983年第3期。

洛克：《政府论》，商务印书馆，1964。

吕守军：《抓住中间层次剖析当代资本主义：法国调节学派理论体系的演进》，《中国社会科学》2015年第6期。

马太：《比较法律经济学》，北京大学出版社，2005。

马歇尔：《经济学原理》，商务印书馆，1964。

马艳、科茨、麦克唐纳：《资本积累的社会结构理论的创新与发展：与吕守军先生商榷》，《中国社会科学》2016年第6期。

迈尔：《社会民主主义导论》，中央编译出版社，1996。

麦金农：《经济市场化的次序》，上海三联书店，1997。

曼德尔：《晚期资本主义》，黑龙江人民出版社，1983。

米尔达尔：《反潮流：经济学批评论文集》，商务印书馆，1992。

米克：《劳动价值学说研究》，商务印书馆，1962。

穆勒：《政治经济学原理》，商务印书馆，1991。

纽伯格等：《比较经济体制——从决策角度进行的比较》，商务印书馆，1985。

诺夫：《可行的社会主义经济》，中国社会科学出版社，1988。

诺齐克：《无政府、国家和乌托邦》，中国社会科学出版社，2008。

诺斯：《经济史中的结构与变迁》，上海三联书店，1991。

诺斯：《制度、制度变迁与经济绩效》，上海三联书店，1994。

帕金斯：《从历史和国际的视角看中国的经济增长》，《经济学季刊》2005 年第 4 期。

庞巴维克：《马克思主义体系的崩溃》，黎明书局，1934。

普特南：《事实与价值二分法的崩溃》，东方出版社，2006。

柴江艺、许和连：《行业异质性、适度知识产权保护与出口技术进步》，《中国工业经济》2012 年第 2 期。

奇尔科特：《比较政治学理论：新范式的探索》，社会科学文献出版社，1998。

秦辉：《市场的昨天与今天》，广东教育出版社，1998。

青木昌彦、钱颖一主编《转轨经济中的公司治理结构》，中国经济出版社，1992。

青木昌彦等：《政府在东亚经济发展中的作用》，中国经济出版社，1998。

萨伊：《政治经济学概论》，商务印书馆，1997。

商德文主编《马克思主义经济思想史》，北京大学出版社，1992。

盛洪：《生产性努力的增长——论近现代经济发展的一个原因》，载《中国经济论坛》编委会编《改革、开放与增长》，上海三联书店，1991。

盛洪：《寻求改革的稳定形式》，《经济研究》1991 年第 1 期。

盛洪：《市场化的条件、限度和形式》，《经济研究》1992 年第 11 期。

盛洪：《收入分配相关和交易费用相关及其他》，载盛洪主编《中国的过渡经济学》，上海三联书店，1994。

盛洪主编《中国的过渡经济学》，上海三联书店，1994。

施建生：《伟大的经济学家熊彼特》，中信出版社，2012。

施瓦茨编《资本主义的精妙剖析》，山东人民出版社，1992。

世界银行：《从计划到市场》，中国财政经济出版，1996。

世界银行：《官办企业问题研究》，中国财政经济出版社，1997。

斯蒂格利茨：《社会主义向何处去》，吉林人民出版社，1998。

斯拉法：《用商品生产商品》，商务印书馆，1961。

亚当·斯密：《国民财富的性质和原因的研究》，商务印书馆，1972。

斯威德伯格：《经济社会学原理》，中国人民大学出版社，2005。

斯威德伯格：《马克斯·韦伯与经济社会学思想》，商务印书馆，2007。

斯威齐：《资本主义发展论》，商务印书馆，1997。

宋承先：《中国经验：反"休克疗法"的激进改革》，《上海经济研究》1995 年第 3 期。

苏剑：《新供给经济学：宏观经济学的一个发展方向》，《中国高校社会科学》2016 年第 3 期。

苏志庆、陈银娥：《知识贸易、技术进步与经济增长》，《经济研究》2014 年第 8 期。

孙克：《中国资本体现式技术进步估计》，《经济科学》2011 年第 3 期。

孙伟平：《事实与价值》，中国社会科学出版社，2000。

孙冶方：《孙冶方选集》，山西人民出版社，1984。

塔塔里诺娃：《英国史纲：1640 年 – 1815 年》，三联书店，1962。

汤在新主编《近代西方经济学史》，上海人民出版社，1990。

汤在新主编《〈资本论〉续篇探索——关于马克思计划写的六册经济学著作》，中国金融出版社，1995。

汪海波主编《中国经济效益问题研究》，经济管理出版社，1991。

王峰明、牛变秀：《"剥削"与"非剥削"——立足于马克思，〈资本论〉及其〈手稿〉的辨析》，《马克思主义研究》2008 年第 6 期。

王海港：《中国居民的收入分配和收入流动性研究》，中山大学出版社，2007。

王辉：《渐进革命：震荡世界的中国改革之路》，中国计划出版社，1998。

王珏主编《中国社会主义政治经济学四十年》，中国经济出版社，1991。

王丽芳：《公司治理对企业技术创新的作用机理及实证研究》，东华大学，2014。

王林辉、蔡啸、高庆昆：《中国技术进步技能偏向性水平：1979—2010》，《经济学动态》2014 年第 4 期。

王明华、孙建中：《论剥削范畴》，《求是学刊》2000 年第 9 期。

王绍西：《探讨资本主义计划化》，《暨南大学经济》

王永年：《广义混合所有制概念辨析》，《江淮论坛》，2004 年第 6 期。

魏枫：《新常态的技术进步视角解读》，《经济学家》2015 年第 8 期。

威尔伯主编《发达与不发达问题的政治经济学》，中国社会科学出版社，1984。

威廉姆森等：《企业制度与市场组织——交易费用经济学文选》，上海三联书店，1996。

马克斯·韦伯：《民族国家与经济政策》，三联书店，1997。

马克斯·韦伯：《社会科学方法论》，中央党校出版社，1998。

马克斯·韦伯：《罗雪尔与克尼斯历史经济学的逻辑问题》，上海世纪出版社，2009。

韦定广、孙勇：《经济全球化与资本主义基本矛盾的新变化》，《社会主义研究》2003 年第 4 期。

克劳福：《社会市场经济》，重庆出版社，1995。

卫兴华、洪银兴主编《中国共产党经济思想史论（1921－1992）》，江苏人民出版社，1994。

温特劳布：《一般均衡理论》，中载《现代国外经济学论文选》（第十四辑），商务印书馆，1992。

文宗瑜：《从垄断到所有制的混合——论基本制度层面上的中国国资改革》，《学术前沿》2014 年第 4 期。

吴敬琏等：《渐进与激进》，经济科学出版社，1996。

吴敬琏：《当代中国经济改革：战略与实施》，上海远东出版社，1999。

吴易风：《马克思的产权理论与国有企业改革》，《中国社会科学》1993 年第 1 期。

吴易风：《论政治经济学或经济学的研究对象》，《中国社会科学》1997 年第 2 期。

吴易风：《吴易风文集》，中国人民大学出版社，2015。

希法亭：《金融资本》，商务印书馆，2007。

锡克：《经济－利益－政治》，中国社会科学出版社，1984。

锡克：《一种未来的经济体制》，中国社会科学出版社，1989。

夏英祝：《关于资本主义计划经济的若干思考》，《学术界》1993 年第 2 期

肖耿：《产权与中国的经济改革》，中国社会科学出版社，1997。

肖文、林高榜：《政府支持、研发管理与技术创新效率——基于中国

工业行业的实证分析》，《管理世界》2014 年第 4 期。

谢德源：《当代资本主义是国家垄断资本主义》

谢克：《马克思的价值论和"转形问题"》，载施瓦茨编《资本主义的精妙剖析》，山东人民出版社，1992。

谢千里、罗斯基：《中国工业改革：创新、竞争与产权内在模型》，载林青松、杜鹰主编《中国工业改革与效率》，云南人民出版社，1997。

辛书达：《公司治理结构对企业技术创新的影响研究》，中国海洋大学，2013。

熊彼特：《经济发展理论》，商务印书馆，1990。

熊彼特：《经济分析史》，商务印书馆，1994。

熊彼特：《资本主义、社会主义与民主主义》，商务印书馆，1999。

休谟：《人性论》，商务印书馆，1980。

晏智杰编《西方经济学说史教程》，北京大学出版社，2002。

杨健生：《经济危机理论的演变》，中国经济出版社，2008。

杨巨：《初次收入分配与技术进步——基于马克思主义经济学的视角》，《经济评论》2012 年第 3 期。

杨瑞龙、周业安：《论利益相关者合作逻辑下的企业共同治理机制》，《中国工业经济》1998 年第 1 期。

杨瑞龙：《论制度供给》，《经济研究》1993 年第 9 期。

杨瑞龙：《论我国制度变迁方式与制度选择目标的冲突及其协调》，《经济研究》1994 年第 5 期。

杨瑞龙：《我国制度变迁方式转换的三阶段论》，《经济研究》1998 年第 1 期。

杨小凯：《经济学原理》，中国社会科学出版社，1998。

姚开建主编《马克思主义经济学说史》，中国人民大学出版社，2010。

伊藤诚：《价值与危机——关于日本的马克思经济学流派》，中国社会科学出版社，1990。

伊藤诚、拉帕维查斯：《货币金融政治经济学》，经济科学出版社，2001。

余章宝、杨玉成、谢寿光：《经济学的理解与解释》，社会科学文献出版社，2005

俞可平主编《全球化时代的马克思主义》，中央编译出版社，1998。

俞吾金：《解读罗默的"一般剥削理论"》，《上海交通大学学报（社科版）》2002 年第 3 期。

袁建国、后青松、程晨：《企业政治资源的诅咒效应——基于政治关联与企业技术创新的考察》，《管理世界》2015 年第 1 期。

越村信三郎：《〈资本论〉图解》，陕西人民出版社，1983。

詹森、梅克林：《企业理论：管理行为、代理成本与所有权结构》，载《所有权、控制权与激励 - 代理经济学文选》，上海三联书店，1998。

张车伟、程杰：《中国收入分配问题表现与本质》，载蔡昉、张车伟等著：《中国收入分配问题研究》，中国社会科学出版社，2016。

张成、陆旸、郭路、于同申：《环境规制强度和生产技术进步》，《经济研究》2011 年第 2 期。

张东辉：《经济学研究方法的变革与现代经济学发展》，《东岳论丛》2004 年第 1 期。

张军：《中央计划经济下的产权和制度变迁理论》，《经济研究》1993 年第 5 期。

张军：《社会主义的政府与企业：从"退出"角度的分析》，《经济研究》1994 年第 9 期

张军：《双轨制经济学：中国的经济改革（1978 - 1992）》，上海三联书店，1997。

张军：《需求、规模效应与中国国有工业的亏损：一个产业组织的方法》，《经济研究》1998 年第 6 期。

张俊山：《经济学方法论》，南开大学出版社，2003。

张克难：《作为制度的市场和市场背后的制度——公有产权制度与市场经济的亲和》，立信会计出版社，1996。

张亮：《格罗斯曼的资本主义危机理论：批判的再考察》，《国外理论动态》2008 年第 11 期。

张曙光主编《中国制度变迁的案例研究》（第二集），中国财政经济出版社，1999。

张维迎、栗树和：《地区间竞争与中国国有企业的民营化》，《经济研究》1998 年第 12 期。

张维迎：《公有制经济中的委托人 - 代理人关系：理论分析和政策含

义》，载张维迎：《企业的企业家——契约理论》，上海三联书店，1995。

张旭：《关于混合所有制的两个问题》，《理论学刊》2004 年第 2 期。

张一兵主编《资本主义理解史》，江苏人民出版社，2009。

张宇、孟捷：《马克思主义经济学从经典到现代的发展》，《政治经济学评论》2002 年第 1 辑。

张宇：《过渡之路：中国渐进式改革的政治经济学分析》，中国社会科学出版社，1997。

张宇等：《高级政治经济学——马克思主义经济学的最新发展》，经济科学出版社，2002。

张卓元、黄范章、利广安主编《20 年经济改革回顾与展望》，中国计划出版社，1998。

赵建：《逻辑与历史的取舍及其得失——约翰·E·罗默的马克思主义经济哲学述评》，《厦门大学学报》（哲学社会科学版）2006 年第 1 期。

赵伟、古广东、何元庆：《外向 FDI 与中国技术进步：机理分析与尝试性实证》，《管理世界》2006 年第 7 期。

郑海航主编《国有企业亏损研究》，经济管理出版社，1998。

郑林：《事实与价值的纠缠与"是－应该"问题——兼评普特南对"事实－价值"二分法的颠覆》，华南师范大学硕士学位论文，2007。

郑玉歆、罗斯基：《体制转换中的中国工业生产率》，社会科学文献出版社，1993。

中国改革基金会：《现实的选择：国有中小企业改革实践的初步总结》，上海远东出版社，1997。

中国经济体制改革研究所宏观经济研究室：《改革中的宏观经济：国民收入的分配与使用》，《经济研究》1987 年第 8 期。

中国经济增长与宏观稳定课题组：《干中学、低成本竞争和增长路径转变》，《经济研究》2006 年第 4 期。

中国社会科学杂志社编《商品经济——新起点上的探索》，中国社会科学出版社，1987。

仲良：《加速企业技术进步的关键一环——改革现行折旧制度》，《科学学与科学技术管理》1993 年第 2 期。

钟世川：《技术进步偏向与中国工业行业全要素生产率增长》，《经济学家》2014 年第 7 期。

周天勇:《总需求萎缩的深层梗阻及其扩张途径》,《经济研究》1999年第 1 期。

周维富:《我国公有制实现形式的理论深化和实践中的创造性发展》,《社会科学辑刊》2004。

周兴,张鹏.市场化进程对技术进步与创新的影响——基于中国省级面板数据的实证分析 [J].上海经济研究,2014 (02):71 - 81. 年第6 期。

周振华:《市场经济主体的培育:非国有经济发展与国有企业改革》,载樊纲、李扬、周振华编《走向市场 (1978 - 1993)》,上海人民出版社,1994。

周振华:《体制变革与经济增长——中国经验与范式分析》,上海三联书店,1999。

朱光华:《大力发展混合所有制:新定位、新亮点》,《南开大学学报》2004 年第 2 期。

朱绍文:《经典经济学与现代经济学》,北京大学出版社,2000。

左大培:《对"大爆炸"改革战略的评论》,《经济研究》1995 年第7 期。

Acemoglu, D. , *Economic Origins of Dictatorship and Democracy* (Cambridge: Cambridge University Press, 2006).

Acemoglu, D. , Robinson, J. A. , "The Political Economy of the Kuznets Curve", *Review of Development Economics*, 2002, Vol. 6 (2).

Acemoglu, D. , Verdier, T. , "Property Rights, Corruption and the Allocation of Talent", *Economic Journal*, 1998, Vol. 108 (450).

Acemoglu, D. , Verdier, T. , "The Choice Between Market Failures and Corruption", *The American Economic Review*, 2000, Vol. 90 (1).

Ackerman, S. R. , The economics of corruption, Journal of Public Economics, 1975, Vol. 4 (2).

Amable, B. , *The Diversity of Modern Capitalism* (Oxford University Press, 2003).

Andvig, J. , Moene, K. O. , "How Corruption May Corrupt", *Journal of

Economic Behaviour and Organization, 1990, Vol. 13 (1).

Attewell, P. , *Radical Political Economy Since the Sixties*: *A Sociology of Knowledge Analysis* (Rutgers University Press, 1984).

Baker, M. , Benjamin, D. , et al, "The Highs and Lows of the Minimum Wage Effect: A Time – series Cross – section Study of the Canadian Law", *Journal of Labor Economics*, 1999, Vol. 17 (2).

Barro, R. J. , Sala – i – Martin, X. , "Public Finance in Models of Economic Growth", *Review of Economic Studies*, 1992, Vol. 59 (4).

Bayley, D. H. , "The Effects of Corruption in Developing Nation", *The Western Political Quarterly*, 1966, Vol. 19 (4).

Benn, S. , *A Theory of Freedom* (Cambridge University Press, 1988).

Besley, T. , Mclaren, J. , "Taxes and Bribery: The Role of Wage Incentives", *The Economic Journal*, 1993, Vol. 103 (416).

Bhaskar, V. , To, T. , "Minimum Wages for Ronald McDonald Monopsonies: A Theory of Monopsonistic Competition", *The Economic Journal*, 1999, Vol. 109 (455).

Blackburn, K. , Bose, N. , Haque, M. E. , "The Incidence and Persistence of Corruption in Economic Cevelopment", *Journal of Economic Dynamics and Control*, 2006, Vol. 30 (12).

Blanchard, O. , Aghion, P. , "On Insider Privatization", *European Economic Review*, 1996, 40 (3).

Bliss, C. , Rafael, T. D. , "Does Competition Kill Corruption? ", *The Journal of Political Economy*, 1997, Vol. 105 (5).

Bohm – Bawerk, E. , "Karl Marx and the Close of His System", in Sweezy, P. M. (eds), *Karl Marx and the Close of His System & Bohm – Bawerk's Critism of Marx* (M. Kelley, 1949).

Bowles, S. , Gintis, H. , "Contested Exchange : New Microfoundations for the Political Economy of Capitalism", *Politics and Society*, 1990, Vol. 18 (2).

Brewer, J. , "Exploitation in the New Marxism of Collective Action", *Sociological Review*, 1987, Vol. 2 (35).

Bronfenbrener, M. , Wolfson, M. , " Marxian Macrodynamics and the Harrod Growth Model" , *History of Political Economy* , 1984 , Vol. 16 （2）.

Brown, C. , "Minimum Wages, Employment, and the Distribution of Income" , *Handbook of Labor Economics* , 1999 , Vol. 3 （Part B）.

Buchanan, A. , *Ethics, Efficiency, and the Market* （Rowmsn and Allanheld, 1985）.

Buchanan, J. M. , *The Calculus of Consent* （University of Michigan Press, 1962）.

Burdett, K. , Mortensen, D. T. , "Wage Differentials, Employer Size, and Unemployment" , *International Economic Review* , 1998 , Vol. 39 （2）.

Burkhauser, R. V. , Sabia, J. J. , "The Effectiveness of Minimum Wage Increases in Reducing Poverty: Past, Present and Future" , *Contemporary Economic Policy* , 2007 , Vol. 25 （2）.

Cadot, O. , "Corruption as a Gamble" , *Journal of Public Economics* , 1987 , Vol. 33 （2）.

Cairncross, A. , *Economics and Economic Policy* （Basil Blackwell Ltd, 1986）.

Card, D. E. , *Myth and Measurement: the New Economics of the Minimum Wage* （Princeton University Press, 1995）.

Carlin, W. , Landesmann, M. , "*From Theory into Practice Restructuring and Dynamism in Transition Economies*" , *Oxford Review of Economic Policy* , 1997 , Vol. 13 （2）.

Chesnais, F. , "Marx's Crisis Theory Today" , in Freeman, C. （eds）, *Design, Innovation and Long Cycles* （Frances Pinter, 1984）.

Clark, C. , "Spontaneous Order Versus Instituted Process: the Market as a Cause and Effect" , *Journal of Economic Issues* , 1993 , Vol. 27 （2）.

Cockcroft, L. , *Global Corruption: Money, Power, and Ethics in the Modern World* （University of Pennsylvania Press, 2012）.

Cogoy, M. , "Neo – Marxist Theory, Marx and the Accumulation of Capital" , *International Journal of Political Economy* , 1987a , Vol. 17 （2）.

Cogoy, M. , "The Falling Rate of Profit and the Theory of Accumulation:

A Reply to Paul Sweezy", *International Journal of Political Economy*, 1987b, Vol. 17 (2).

Cogoy, M. , "The Theory of Value and State Spending", *International Journal of Political Economy*, 1987c, Vol. 17 (2).

Colander, D. , "From Muddling Through to the Economics of Control: Views of Applied Policy from J. N. Keynes to Abba Lerner", in Medema, S. G. , Boettke, P. , (eds), *The Role of Government in the History of Economic Thought* (Duke University Press, 2005).

Corey, L. , *The Decline of American Capitalism* (Covici Friede Publishers, 1934).

Cottrell, A. , Darity, W. A. , "Marx, Malthus, and Wages", *History of Political Economy*, 1988, Vol. 20 (2).

Dasgupta, P. , "Reply to Putnam and Walsh", *Economics and Philosophy*, 2007, Vol. 23 (3).

Dasgupta, P. , "What do Ecnomists Analyze and Why: Values or Facts", *Economics and Philosophy*, 2005, Vol. 21 (2).

Delanty, G. , *Social Science: Philosophical and Methodological Foundations* (Open University Press, 2005).

Dixit, A. , and Olson, M. , "Does Voluntary Participation Undermine the Coase Theorem",? Journal of Public Economics, 2000, Vol. 76 (3).

Dobb, M. , *Political Economy and Capitalism: Some Essays in Economic Tradition* (Routledge, 1937).

Drugov, M. , "Competition in Bureaucracy and Corruption", *Journal of Development Economics*, 2010, Vol. 92 (2).

Dugger, W. M. , Sherman, H. J. , "Institutionlist and Marxist theories of Evolution", *Journal of Economic Issues*, 1997, Vol. 31 (4).

Dyck, J. I. , "Privatization in Eastern Germany: Management Selection and Economic Transition", *The American Economic Review*, 1997, Vol. 87 (4).

Ehrlich, I. , Lui, F. T. , "Bureaucratic Corruption and Endogenous Economic Growth", *Journal of Political Economy*, 1999, Vol. 107 (S6).

Ellman, M. , "The Political Economy of Transformation", *Oxford Review of Economic Policy*, 1997, Vol. 13 (2).

Ericson, R. , "The Classic Soviet – Type Economy: Nature of the System and Implication for Reform", *Journal of Economic Perspective*, 1991, Vol. 5 (4).

Feinberg, J. , *Harmless Wrongdoing* (Oxford University Press , 1990).

Flinn, C. J. , "Minimum Wage Effects on Labor Market Outcomes under Search, Matching, and Endogenous Contact Rates", *Econometrica*, 2006, Vol. 74 (4).

Foley, D. K. , "Recent Developments in the Labor Theory of Value", *Review of Radical Political Economics*, 2000, Vol. 32 (1).

Fourcade – Gourinchas, M. , "Politics, Institutional Structure, and the Rise of Economics: A Comparative Study", *Theory and Society*, 2001, Vol. 30 (3).

Gauthier, D. , Morals By Agreement, (New York: Oxford University Press, 1986).

Gomulka, S. , "The IMF – Supported Programs of Poland and Russia: 1990 – 1994: Principles, Errors, and Results", *Journal of Comparative Economics*, 1995, Vol. 20 (3).

Goodin, R. E. , "Exploiting a Situation and Exploiting a Person", *in Modern Theories of Exploitation*, (Department of Government, University of Essex, 1985).

Reich, Michael, David M. Gordon, and Richard C. Edwards. , "A Theory of Labor Market Segmentation", *The American Economic Review*, 1973, Vol. 63 (2).

Gordon D. M. , Edwards R. , Reich M. , *Segmented world. divided workers: The historical transformation of labor in the United States* (Cambridge: Cambridge University Press, 1982)

Gottheil, F. M. , "Increasing Misery of the Proletariat: An Analysis of Marx's Wage and Employment Theory", *Canadian Journal of Economics and Political Science*, 1962, Vol. 28 (1).

Gramlich, E. M. , Flanagan, R. J. , et al. , "Impact of Minimum Wages on Other Wages, Employment, and Family Incomes", *Brookings Papers on Economic Activity*, 1976, Vol. 1976 (2).

Moore, G. , "John Kells Ingram, the Comtean Movement, and the English Methodenstreit", *History of Political Economy*, 1999, Vol. 31 (1).

Grimmer – Solem, E. , *The Rise of Historical Economics and Social Reform in Germany 1864 – 1894* (Clarendon Press, 2003).

Grossmann, H. , *Das Akkumulations und Zusammenbruchsgesetz des kapitalistischen Systems (ZugleicheineKrisentheorie)* (C. L. Hirschfield, 1929).

Grossmann, H. , "Die Wert – Preis – Transformation bei Marx und das Krisenproblem. ZeitschriftfürSozialforschung", *Jahrgang* I , 1932a.

Grossmann, H. , "SozialistischeIdeen und Lehren", in: Ludwig Elster (eds), *Wörterbuch der Volkswirtschaft* (Dritte Band, 1932b).

Grossmann, H. , *Marx, die klassischeNationaloekonmie und das Problem der Dynamik* (EuropaeischeVerlagsanstalt Frankfurt & Europa Verlag Wien, 1969).

Grossman, H. , *The Law of Accumulation and Breakdown of the Capitalist System: Being Also a Theory of Crises* (Pluto Press, 1992).

Gundersen, C. , Ziliak, J. P. , "Poverty and Macroeconomic Performance across Space, Race, and Family Structure", *Demography*, 2004, Vol. 41 (1).

Gyimah – Brempong, K. , "Corruption, Economic Growth, and Income Inequality in Africa", *Economics of Governance*, 2002, Vol. 3 (11).

Hall, P. A. , Soskice, D. , *Varieties of Capitalism: The Institutional Foundations of Comparative Advatange* (Oxford University Press, 2001).

Hal R. Varian. , "Coase, competition, and compensation", *Japan and the World Economy*, 1995, Vol. 7 (1).

Hamermesh, D. S. , "Myth and Measurement: the New Economics of the Minimum Wage: Comment", *Industrial and Labor Relations Review*, 1995, Vol. 48 (4).

Hamermesh, D. S. , "The Demand for Labor in the Long Run", *Handbook of Labor Economics*, 1986, Vol. 1.

Hansen, F. R. , *The Breakdown of Capitalism*: A history of the Idea in *Western Marxism* (Routledge & Kegan Paul, 1985).

Hart, O. , Drago, R. , Lopez – de – Silannes, F. , Moore, J. , "A New Bankruptcy Procedure that Uses Multiple Auctions", *European Economic Review*, 1997, Vol. 41 (3 – 5).

Harvey, P. , "Marx's Theory of the Value of Labor Power", *Socialism Research*, 1983, Summer Volume.

Hauk, E. , Saez – Marti, M. , "On the Cultural Transmission of Corruption", *Journal of Economic Theory*, 2002, Vol. 107 (2).

Heartfield, J. , "Why Grossman Still Matters", 2007, printed on: http:// www. spiked – online. com/index. php? /site/reviewofbooks_ article/3632/.

Heinrich, M. , *An Introduction to the Three Volumes of Karl Marx' s Capital* (Monthly Review Press, 2004).

Hicks, J. R. , *The Theory of Wages.* (London: Macmillan, 1932).

Hill, J. L. , "Exploitation", *Cornell Law Review*, 1979, Vol. 631.

Hirschman, A. O. , *Exit, Voice, and Loyalty*: Responses to Decline in *Firms, Organizations, and States* (Harvard University Press, 1970).

Hodgson, G. M. , "*The Approach of Institutional Economics*", *Journal of Economic Literature*, 1998, Vol. 36.

Hollander, S. , "Marx and Malthusianism: Marx's Secular Path of Wages", *The American Economic Review*, 1984, Vol. 3.

Howard, M. C. , King, J. , *A History of Marxian Economics. Volume* I , 1883 – 1929 (Princeton University Press, 1989).

Howard, M. C. , King, J. , *A History of Marxian Economics. Volume* II , 1929 – 1990 (Macmillan, 1992).

Howard, M. C. , King, J. , "Henryk Grossmann and the Breakdown of Capitalism", *Science & Society*, 1988, Vol. 52 (3).

Howard, M. C. , King, J. , "The 'Second Slump': Marxian Theories of Crisis after 1973", *Review of Political Economy*, 1990, Vol. 2 (3).

Hurwicz, L. , "What is the Coase theorem? Japan and the World Economy", 1995, Vol. 7 (1).

Jessop, O. , "RegulutionTheories in Retrospect and Prospect", *Economy and Society*, 1990, Vol. 19 (2).

Jin, D. J. , Hayes, K. E. , *"Economic Transition at the Edge of Order and Chaos: China's Dualist and Leading Sectoral Approach"*, *Journal of Economic Issues*, 1997, Vol. 11 (1).

Jin, H. H. , Qian, Y. Y. , Weingast, B. R. , *Regional Decentralization and Fiscal Incentives: Federalism, Chinese – style*, Journal of Public Economics, 2005, Vol. 89 (9 – 10).

Johnston, M. , *Syndromes of Corruption : Wealth, Power, and Democracy* (Cambridge University Press, 2005).

King, J. , "Review of The Law of Accumulation and Breakdown of the Capitalist System, Being Also a Theory of Crises by Henryk Grossmann", *Science & Society*, 1995, Vol. 59 (1).

Kliman, A. J. , McGlone, T. , "A Temporal Single – System Interpretation of Marx's Value Theory", *Review of Political Economy*, 1999, Vol. 11 (1).

Kornai, J. , "Transformational recession: the main causes", *Journal of Comparative Economics*, 1994, Vol. 19.

Kornai, J. , *The Road to a Free Economy* (Norton, 1990).

Koslowski, P. , "Economics as Ethical Economy and Cultural Economics in the Historical School", in Heino H. N. , Schefold, B. (eds), *The Historicity of Economics: Continuities and Discontinuities of Historical Thought in 19th and 20th Century Economics* (Springer, 2002).

Koslowski, R. , "Market Institutions, East European Reform, and Economic Theory", *Journal of Economic Theory*, 1992, Vol. 26.

Kotz, D. M. , McDonough, T. , Reich, M. , *Social structures of accumulation: The Political Economy of Growth and Crisis* (Cambridge University Press, 1994).

Kuhn, R. , "Henryk Grossman and the Recovery of Marxism", *Historical Materialism*, 2005, Vol. 13 (3).

Kuhn, R. , *Henryk Grossman and the Recovery of Marxism* (University of

Illinois Press, 2007).

Kuhn, R. , "Economic Crisis, Henryk Grossman and the Responsibility of Socialists", *Historical Materialism*, 2009, Vol. 17 (2).

Kurihara, K. , *Post - Keynesian Economics* (Rutgers University Press, 1954).

Kymlicka, W. , *Liberalism, Community, and Culture* (Clarendon Press, 1989).

Lackburn, K. , Bose, N. , Haque, M. E. , "Endogenous Corruption in Economic Development", *Journal of Economic Studies*, 2010, Vol. 37 (1).

Lapides, K. , Grossmann, H. , "On Marx's Wage Theory and the 'Increasing Misery' Controversy", *History of Political Economy*, 1994, Vol. 26 (2).

Levine, A. , *Arguing for Socialism* (Verso, 1988).

Lewis, W. A. , "Economic Development with Unlimited Supplies of Labour", *Manchester School of Economic and Social Studies*, Vol. 22.

Litwack, J. , "Legality and Market Reform in Soviet - Type Economies", *Journal of Economic Perspectives*, 1991, Vol. 5 (4).

Lui, F. T. , "A Dynamic Model of Corruption Deterrence", *Journal of Public Economics*, 1986, Vol. 31 (2).

Mandel, E. , *The Formation of the Economics Thought of Karl Marx* (Monthly Review Press, 1971).

Mattick, P. , *Die Todskrise des Kapitalismus und die Aufgaben des Prolatariats* (Industrial Workers of the World, 1933).

Mattick, P. , "The Permanent Crisis: Henryk Grossman's Interpretation of Marx's Theory Of Capitalist Accumulation", *International Council Correspondence*, 1934, Vol. 1 (2).

Mattick, P. , *Marx & Keynes: The Limits of the Mixed Economy* (Porter Sargent Publisher, 1969).

Mattick, P. , "The American Economy: Crisis and Policy", *Root and Branch*, 1971, No. 3.

Mattick, P. , *Economics, Politics and the Age of Inflation* (M. E. Sharpe,

1978).

Mattick, P. , *Economic Crisis and Crisis Theory* (Merlin Press, 1981).

Mauro, P. , "Corruption and Growth", *The Quarterly Journal of Economics*, 1995, Vol. 110 (3).

Mayhew, K. , Seabright, P. , "Incentives and the Management of Enterprises in Economic Transition: Capital Market are Not Enough", *Oxford Review of Economic Policy*, 1992, Vol. 8.

Mcdonough, T. M. , Kotz, D. M. , *Contemporary Capitalism and Its Crises: Social Structure of Accumulation Theory and Transformations of the Capitalist Periphery* (Cambridge University Press, 2010).

Mcmillan, J. , Naughton, B. , "How to Reform a Planned Economy: Lessons from China", *Oxford Review of Economic Policy*, 1992, Vol. 8 (1).

Michl, T. R. , "Can Rescheduling Explain the New Jersey Minimum Wage Studies?", *Eastern Economic Journal*, 2000, Vol. 26 (3).

Mincer, J. , "Unemployment Effects of Minimum Wages", *Journal of Political Economy*, 1976, Vol. 84 (4).

Morris, D. , "The Reform of State – Owned Enterprises in China: The Art of the Possible", *Oxford Review of Economic Policy*, 1995, Vol. 11 (4).

Murphy, K. , Shleifer, A. , Vishny, R. , "The Transition to a Market Economy: Pitfalls of Partial Reforms", *The Quarterly Journal of Economics*, 1992, August.

Murphy, K. M. , Shleifer, A. , Vishny, R. W. , "Why is Rent – seeking So Costly to Growth", The American Economic Review, 1996, Vol. 83 (2).

Murrell, P. , "Can Neoclassic Economics Underpin the Reform of Centrally Planned Economies?", *Journal of Economic Perspectives*, 1991, Vol. 5 (4).

Murrell, P. , "The transition according to Cambridge Massachusetts", *Journal of Economic Literature*, 1995, Vol. 33.

Naughton, B. , *Growing out of the plan: Chinese economic reform, 1978 – 1993* (Cambridge University Press, 1994).

Neumark, D. , Wascher, W. L. , *Minimum Wages* (MIT Press, 2008).

Gianaris, N. V. , *Modern Capitalism: Privatization, Employee Ownership, and Industrial Democracy* (Praeger, 1996).

Norton, B. , "Radical Theories of Accumulation and Crisis: Developments and Directions", in Roberts, B. , Feiner, S. (eds), *Radical Economics* (Kluwer, 1992).

Nye, J. , "Corruption and Political Development: a Cost – Benefit Analysis", *American Political Science Review*, 1967, Vol. 61 (2).

O'Connor, J. , *The Fiscal Crisis of the State* (Transaction Publishers, 1979).

Ong, N. P. , "Marx's Classical And Post – Classical Conceptions of the Wage", *Australian Economic Papers*, 1980, Vol. 19 (35).

Paul Zarembka, Susanne Soederberg (ed.), "Neoliberalism In Crisis, Accumulation, And Rosa Luxemburg'S Legacy",? Research in Political Economy, 2004, Vol. 21.

Pranab, K. , Romer, J, E. , *Market Socialism* (Oxford University Press, 1993).

Putterman, L. , "Dualism and reform in China", *Economic Development & Cultural Change*, 1992, Vol. 40.

Rebitzer, J. B. , Taylor, L. J. , "The Consequences of Minimum Wage Laws Some New Theoretical Ideas", *Journal of Public Economics*, 1995, Vol. 56 (2).

Reiman, Jeffrey. "Exploitation, force, and the moral assessment of capitalism: Thoughts on Roemer and Cohen", *Philosophy and Public Affairs*, 1987, Vol. 16 (1).

Reinganum, J. , Wilde, L. , "Equilibrium Verification and Reporting Policies in a Model of Tax Compliance", *International Economic Review*, 1986, Vol. 27 (3).

Reinganum, J. , Wilde, L. , "Income Tax Compliance in a Principal – Agent Framework", *Journal of Public Economics*, 1985, Vol. 26 (1).

Robert, W. , "Do Economists Agree on Anything? Yes!", *The Economists' Voice*, 2006, Vol. 3 (9).

Roland, G. , "On the Speed and Sequencing of Privatization and Restructuring", *Economic Journal*, 1994, Vol. 104 (426).

Romer, J. E. , *A Future For Socialism* (Harvard University Press, 1994).

Rosdolsky, R. , *ZurEntstehungsgeschichte des Marxschen Kapital. Band* I, II (EuropaeischeVerlagsanstalt Frankfurt & Europa Verlag Wien, 1968).

Rowthorn, B. , *Capitalism, Conflict and Inflation: Essays in Political Economy*, (Lawrence & Wishart Ltd , 1980).

Russell, R. , Rus, V. (eds), *Ownership and Participation* (Oxford University Press, 1991).

Ruttan, V. W. , Hayami, Y. , "Toward a Theory of Induced Institutional Innovation", *Journal of Development Studies*, 1984, Vol. 20.

Sachs, J. , Woo, W. , "Structural Factors in the Economic Reforms of China, Eastern Europe and the Former Soviet Union", *Economic Policy*, 1994, April.

Scotchmer, S. , "Audit Classes and Tax Enforcement Policy", *The American Economic Review*, 1987, Vol. 77 (2).

Shaikh, A. , *An introduction to the history of crisis theories, in US Capitalism in Crisis*, (New York: Union for Radical Political Economics, 1978).

Shionoya, Y. , *The Soul of the German Historical School* (Springer, 2005).

Shoul, B. , *The Marxian Theory of Capitalist Breakdown*, thesis submitted in partial fulfillment of the requirements for the PhD, Radcliffe College, 1947.

Solinger, D. J. , *China's Transition from Socialism: Statist Legacy and Market Reform*, 1980 – 1990 (M. E. Sharpe, 1993).

Soto, H. , *The Mystery of Capital: Why Capitalism Triumphs in The West snd Fails Everywhere Else* (Basic Books, 2000).

Stigler, George J. , "The Optimum Enforcement of Laws", Journal of Political Economy, 1970, Vol. 78 (3).

Strachey, J. , *The Nature of Capitalist Crisis* (Covici – Friede Publishers, 1935).

Strobl, E. , Walsh, F. , "The Ambiguous Effect of Minimum Wages on

Hours", *Labour Economics*, 2011, Vol. 18 (2).

Susan, R., *Corruption*: *A Study in Political Economy* (Academic Press, 1978).

Tirole, J., "A Theory of Collective Reputations", *Review of Economic Studies*, 1996, Vol. 63 (2).

Trigg, A., *Marxian Reproduction Schema*: *Money and Aggregate Demand in a Capitalist Economy* (Routledge, 2006).

Trottmann, M., *Zur Interpretation un Kritik der Zusammenbruchstheorie von Henryk Grossmann* (Polygrapischer Verlag AG, 1956).

Tugan – Baranowksy, M., *Studien zur Theorie und Geschichte der Handelskrisen in England* (G. Fischer, 1901).

Tugan – Baranowksy, M., *TheoretischeGrundlagen des Marxismus* (Dunker &Humblot, 1905).

Van de Klundert, T. C. M. J., & David, P. A., "Biased Efficiency Growth and Capital – Labor Substitution in the U. S., 1899 – 1960", *The American Economic Review*, 1965, Vol. 55 (3).

Van Den Berg, Gerard J., and Geert Ridder., "An Empirical Equilibrium Search Model of the Labor Market. " *Econometrica*, 1998, Vol. 66 (5).

Vanek, J., *The General Theory of Labour – Managed Market Economies* (Cornell University Press, 1970).

Vira, B., "The Political Coase Theorem: Identifying Differences between Neoclassical and Critical Institutionalism", *Journal of Economic Issues*, 1997, Vol. 31 (3).

Ward, B., "*The Firm in Illyria*: *Market Syndicalism*", *The American Economic Review*, 1958, Vol. 48 (4).

Williamson, O., *The Economic Institutions of Capitalism* (Free Press, 1985).

Xu, C. G., "Innovation and Bureaucracy under Soft and Hard Budget Constraints", *Review of Economic Studies*, 1998, Vol. 65.

Yaffe, D., "Review of Imperialism and the Accumulation of Capital", *Bulletin of the Conference of Socialist Economists*, 1972a, Vol. 2, No. 2.

Yaffe, D. , "Why the Organic Composition of Capital must Rise with Accumulation", 1972b, typewritten manuscript printed on http://www. marxists. org/subject/economy/authors/yaffed/1972/note. htm.

Yaffe, D. , "The Marxian Theory of Crisis, Capital and the Sate", *Economy and Scoiety*, 1973a, Vol. 2, No. 2.

Yaffe, D. , "The Crisis of Profitability: a Critique of the Glyn – Sutcliffe Thesis", 1973b, manuscript printed on http://www. marxists. org/subject/economy/authors/yaffed/1973/bcwps. htm.

Yaffe, D. , "Value and Price in Marx's Capital", *Revolutionary Communist*, 1976, Vol. 1.

Yaffe, D. , Bullock, P. , "Inflation, the Crisis and the Post – War Boom", *Revolutionary Communist*, 1979, reprinted on https://www. marxists. org/subject/economy/authors/yaffed/1979/index. htm.

图书在版编目（CIP）数据

马克思经济学经典问题阐释与当代发展 / 方敏著
. -- 北京：社会科学文献出版社，2021.5（2022.8 重印）
国家社科基金后期资助项目
ISBN 978 - 7 - 5201 - 7851 - 8

Ⅰ.①马… Ⅱ.①方… Ⅲ.①马克思主义政治经济学
- 研究 Ⅳ.①F0 - 0

中国版本图书馆 CIP 数据核字 (2021) 第 021280 号

国家社科基金后期资助项目
马克思经济学经典问题阐释与当代发展

著　　者 /	方　敏
出 版 人 /	王利民
责任编辑 /	恽　薇
责任印制 /	王京美

出　　版 / 社会科学文献出版社
　　　　　　地址：北京市北三环中路甲 29 号院华龙大厦　邮编：100029
　　　　　　网址：www. ssap. com. cn
发　　行 / 社会科学文献出版社 （010）59367028
印　　装 / 北京虎彩文化传播有限公司

规　　格 / 开　本：787mm × 1092mm　1/16
　　　　　　印　张：19　字　数：302 千字
版　　次 / 2021 年 5 月第 1 版　2022 年 8 月第 2 次印刷
书　　号 / ISBN 978 - 7 - 5201 - 7851 - 8
定　　价 / 98.00 元

读者服务电话：4008918866